湖北省学术著作出版专项资金资助项目

现代航运与物流:安全·绿色·智能技术研究丛书

中部崛起与构建武汉长江中游航运中心自生能力研究

蒋惠园　田小勇　曹玉姣　谢奔一　编著

武汉理工大学出版社

·武汉·

内 容 提 要

本专著立足于武汉长江中游航运中心自生能力的现状与内河航运特色,在研究自生能力形成与演进机理的基础上,就如何建立和完善自生能力形成机制进行理论与实证研究,并为提出武汉长江中游航运中心自生能力的提升战略与制定提升自生能力的相关政策提供参考。首先,本书从中部地区发展的历史和现实反思中,提出中部崛起的合理性和迫切性,指明武汉长江中游航运中心在中部崛起中的重要抓手作用;在深入分析武汉长江中游航运中心自生能力内涵的基础上,指明自生能力在武汉长江中游航运中心的形成和发展过程中起着核心和基础的作用。其后,从武汉长江中游航运中心的演进中,研究自生能力在武汉长江中游航运中心形成和发展过程中的决定作用,揭示自生能力的形成机制。最后,从完善自生能力形成机制的角度,提出武汉长江中游航运中心自生能力提升战略和政策建议,从而更好地服务于中部崛起战略。

图书在版编目(CIP)数据

中部崛起与构建武汉长江中游航运中心自生能力研究/蒋惠园等编著.—武汉:武汉理工大学出版社,2016.10

ISBN 978-7-5629-5090-5

I.①中… Ⅱ.①蒋… Ⅲ.①长江-中游-航运中心-研究 Ⅳ.①F552.75

中国版本图书馆 CIP 数据核字(2016)第 085569 号

项目负责:陈军东 陈 硕		责任编辑:夏冬琴	
责任校对:赵 婧		封面设计:兴和设计	

出版发行:武汉理工大学出版社

地　　址:武汉市洪山区珞狮路 122 号

邮　　编:430070

网　　址:http://www.wutp.com.cn 理工图书网

E-mail:chenjd@whut.edu.cn

经 销 者:各地新华书店

印 刷 者:湖北恒泰印务有限公司

开　　本:787×1092　1/16

印　　张:16.5

字　　数:318 千字

版　　次:2016 年 10 月第 1 版

印　　次:2016 年 10 月第 1 次印刷

定　　价:72.00 元(精装本)

出 版 说 明

　　航运与物流作为国家交通运输事业的重要组成部分,在国民经济尤其是沿海及内陆沿河沿江省份的区域经济发展中起着举足轻重的作用。我国是一个航运大国,航运事业在经济社会发展中扮演着重要的角色。然而,我国航运事业的管理水平和技术水平还不高,离建设航运强国的发展目标还有一定的差距。为了研究我国航运交通事业发展中的安全生产、交通运输规划、设备绿色节能设计等技术与管理方面的问题,立足于安全生产这一基础前提,从航运物流与社会经济、航运物流与生态环境、航运物流与信息技术等角度用环境生态学、信息学的知识来解决我国水运交通事业绿色化和智能化发展的问题,促进我国航运事业管理水平与技术水平的提升,加快航运强国的建设。因此,武汉理工大学出版社组织了国内外一批从事现代水运交通与物流研究的专家学者编纂了《现代航运与物流:安全·绿色·智能技术研究丛书》。

　　本丛书第一期拟出版二十多种图书,分为船港设备绿色制造技术、交通智能化与安全技术、航运物流与交通规划技术、内河航运技术等四个系列。本丛书中很多著作的研究对象集中于内河航运物流,尤其是长江水系的内河航运物流。作为我国第一大内河航运水系的长江水系的航运物流,对长江经济带经济发展的促进作用十分明显。2011年年初,国务院发布《关于加快长江等内河水运发展的意见》,提出了内河水运发展目标,即利用10年左右的时间,建成畅通、高效、平安、绿色的现代化内河水运体系,2020年全国内河水路货运量将达到30亿吨以上,拟建成1.9万千米的国家高等级航道。2014年,国家确定加强长江黄金水道建设和发展,正式提出开发长江经济带的战略构想,这是继"西部大开发"、"中部崛起"之后的又一个面向中西部地区发展的重要战略。围绕航运与物流开展深层次、全方位的科学研究,加强科研成果的传播与转化,是实现国家中西部发展战略的必然要求。我们也冀望丛书的出版能够提升我国现代航运与物流的技术和管理水平,促进社会经济的发展。

　　组织一套大型的学术著作丛书的出版是一项艰巨复杂的任务,不可能一蹴而就。我们自2012年开始组织策划这套丛书的编写与出版工作,期间多次组织专门的研讨会对选题进行优化,首期确定的4个系列22种图书,将于2017年年底之前出版发行。本丛书的出版工作得到了湖北省学术著作出版专项资金项目的资助。本丛书涉猎的研究领域广泛,在这方面的研究成果众多,首期出版的项目不能完全包含所有的研究成果,难免挂一漏万。有鉴于此,我们将丛书设计成一个开放的体系,择机推出后续的出版项目,与读者分享更多的我国现代航运与物流业的优秀学术研究成果,以促进我国交通运输行业的专家学者在这个学术平台上的交流。

现代航运与物流:安全·绿色·智能技术研究丛书编委会
2015 年 8 月

前　言

　　中部崛起是党和国家促进区域经济发展的一个重大战略决策,也是一项长期的战略任务。促进中部地区崛起需要充分发挥中部地区优势,尤其是发挥水资源优势,加快长江航运发展。2011 年,武汉长江中游航运中心建设已被提升为国家战略。2013 年 7 月 21 日习近平总书记考察武汉新港时指出:"长江流域要加强合作,发挥内河航运作用,把全流域打造成黄金水道。"2014 年中共中央政治局召开会议,中共中央总书记习近平提出,推动京津冀协同发展和长江经济带发展。同年,李克强总理强调,长江黄金水道是贯通东中西部、通航能力最强的航道,要用黄金水道串起长江经济带"珍珠链"。2014 年国务院发布《关于依托黄金水道推动长江经济带发展的指导意见》,进一步开发长江黄金水道,加快推动长江经济带发展,标志着长江经济带建设正式上升为国家战略。其中,首次明确了武汉的长江中游航运中心地位。长江历来有"黄金水道"之称,拥有巨大的航运能力。习近平总书记和李克强总理都强调指出,要把长江全流域打造成黄金水道,依托黄金水道建设长江经济带,长江黄金水道建设和长江经济带开放开发,都是事关全局的国家战略。这意味着,长江经济带建设成为我国继沿海大开发、西部大开发、中部崛起战略之后,又一国家层面的重大战略部署,同时,长江经济带的建设发展也将有力助推中部崛起战略的实施与实现,有利于我国区域经济的平衡发展。从世界范围来看,凡是经济和航运相对发达的地区,都有一个重要的航运中心作支撑,同时航运中心对·个国家或地区的经济发展有着很强的推动作用。推进内河航运中心的建设,有利于发挥港口枢纽作用和内河的纽带作用,有利于实现地区间要素的有效利用和优势互补,有利于推动沿江沿河新型工业化布局和产业结构调整优化,有利于服务中西部地区承接产业转移,有利于缩小区域发展差距。本课题研究以武汉长江中游航运中心为典型的特殊经济区域的自生能力,力图为内河航运中心成长寻求一种强劲、持续且自生的发展动力,为内河航运中心的建设提供理论依据,具有重要的理论意义。同时,"努力打造促进中部地区崛起的重要战略支点"承载着国家战略。本课题研究如何提升武汉长江中游航运中心自生能力从而更好地服务于中部崛起,推动长江经济带发展,这是实现国家区域发展战略的现实需求,具有重要的现实意义。

　　自生能力的概念是林毅夫和他的合作者在研究转型中国家的企业时提出

的,他们认为如果一个企业具有自生能力,则在一个开放、竞争的市场中,只要有着正常的管理,就可以预期这个企业在没有政府或其他外力的扶持或保护的情况下,获得市场上可以接受的正常利润率。后来自生能力被运用到企业、产业和地理区域的研究中。结合现有研究成果和航运中心特点,课题组认为"航运中心自生能力"是在一定外部环境下通过航运中心内部机制,对某些航运要素进行集聚和对航运资源进行优化配置,将外部输入和内部投入转化为持续且内生的发展驱动力,并在扩散域内获得突出的区域影响力的能力。

本课题立足于武汉长江中游航运中心自生能力的现状与内河航运特色,在研究自生能力形成与演进机理的基础上,就如何建立和完善自生能力形成机制进行理论与实证研究,并为提出武汉长江中游航运中心自生能力的提升战略与制定提升自生能力的相关政策提供参考。本课题首先从中部地区发展的历史和现实反思中,提出中部崛起的合理性和迫切性,指明武汉长江中游航运中心在中部崛起中的重要抓手作用;在深入分析武汉长江中游航运中心自生能力内涵的基础上,指明自生能力在武汉长江中游航运中心的形成和发展过程中起着核心和基础的作用。其后,从武汉长江中游航运中心的演进中,研究自生能力在武汉长江中游航运中心形成和发展过程中的决定作用,揭示自生能力的形成机制。最后,从完善自生能力形成机制的角度,提出武汉长江中游航运中心自生能力提升战略和政策建议,从而更好地服务于中部崛起战略。

在课题专著即将出版之际,我们借此机会向为本课题提供资金资助的国家社科基金表示感谢!向为课题调研提供帮助的朋友们表示感谢!向为课题研究提出宝贵意见的张培林、詹斌、张矢宇、周红梅等专家、学者表示感谢!同时,在本课题专著撰写过程中,汪浪、陶加源、邬玉琴、李振兴、潘同浩、康燕燕、祝小红、张锐、陈夕、李响、王雪婷、黄永燊、郝伟杰、徐唯璐、匡银银、肖浩汉、姚铭、刘义、尹将帅等同学也参与了相关资料的收集、整理、校对及部分小节文字的撰写工作,在此一并表示感谢!

促进中部地区崛起、建设长江经济带需要充分发挥中部地区的水运优势,打造长江黄金水道。我们真诚期望有更多的人关注和支持武汉长江中游航运中心的建设,我们真诚期望发展得更好的武汉长江中游航运中心为促进中部地区崛起及长江经济带发展做出更大的贡献。

课题组

2015 年 11 月

目　　录

1 继续推动中部崛起战略的必要性

我国大陆地区可按地域划分为东部、西部、中部、东北部四个区域。东部地区包括河北、天津、北京、山东、江苏、上海、浙江、福建、广东、海南;西部地区包括重庆、广西、内蒙古、云南、贵州、四川、甘肃、陕西、西藏、新疆、宁夏和青海;中部地区包括江西、安徽、山西、湖南、湖北和河南;东北地区包括黑龙江、吉林和辽宁。

我国中部地区矿产资源丰富,是我国的能源基地和原材料基地;中部地区土地资源优厚;拥有包括长江、汉江在内的众多江河,水资源丰富;文化历史悠久,人才济济,科研教育资源丰富。但是中部地区发展却不够好。中部的经济发展相对于其他区域来说过于缓慢,形成了"中部塌陷"的局面。鉴于此,国家提出了中部崛起战略。自该战略实施以来,中部地区的经济发展取得了一定的成果。但是其经济地位并未得到根本扭转,距离真正崛起还存在一定的距离,继续推动中部崛起战略仍有必要。

1.1 提出中部崛起战略的背景分析

20 世纪 90 年代以来,高新技术以信息技术革命为中心迅猛发展,跨越了国界,缩小了各国和各地的距离,使世界经济越来越融为一体。中部地区地处我国的中心,自然资源禀赋具有很大的优势。但在 2006 年以前,由于中部开放滞后,并且国家对中部缺乏倾斜政策,中部出现塌陷现象,具体表现为:首先,中部地区的经济总量和总体发展水平不仅大大低于东部沿海发达地区,而且明显低于全国平均水平;其次,中部地区的发展势头和发展速度低于东部地区,也低于西部地区。为促进中部地区经济快速发展,中共中央提出了"中部崛起"的战略,该战略的提出是顺应当时中国的经济环境和社会环境需要的。

1.1.1 经济全球化促使中部崛起

中部地区拥有得天独厚的地缘优势和交通优势,在吸引投资、技术等方面具有得天独厚的条件。经济全球化不仅为我国带来了外资的注入,还促进了我国产业结构的升级。同时,也为中部崛起带来了机遇。

1)信息全球化加快中部崛起

经济全球化与信息全球化相辅相成。信息全球化是经济全球化的载体,使信息成为一种新的生产要素。通过信息的传播,发达国家的新技术给发展中国家的产业发展带来前所未有的机遇,尤其是跨国公司在发展中国家的大力发展使得信息的传播更为迅速。区域创新系统之间的协作使得信息技术产生乘数效应,从而提高了资源利用率以及生产能力。与此同时,高新技术的发展带来制造设备的更新换代,进一步提高了产业生产能力和工业化发展水平。信息技术的发展产生了新的需求,使得相关的法律、金融、信息和咨询等服务业得到了发展,促进了上下游以及相关产业的升级。

2)外资注入促进中部崛起

中国加入 WTO 后,熟悉国际竞争规则的外商为中国市场的潜力所吸引。经济全球化条件下,各国外汇管制的放宽和"电子货币"(信用卡)的流通为货币资本的全球流动提供了便利条件。20 世纪 90 年代以来,国际直接投资的资金流量迅速增加,投资总额越来越大,这就为中部地区扩大利用外资产生了可能性,给中部地区的崛起提供了经济上的支持。中部地区拥有得天独厚的地缘优势和交通优势,对于吸引外资具有十分有利的条件。可见,经济全球化的快速发展,为中部地区更多更好地利用国外的资金提供了前所未有的机会。

3)产业结构升级促进中部崛起

伴随着经济全球化进程的不断加快,在世界范围内再一次出现了产业结构调整的高潮。这种产业结构调整有两种方式:一种是发达国家间采用企业兼并的方式,使得经济基础规模增大,从而更有效地更新技术、开拓市场、配置资源,实现产业结构升级;另一种产业结构调整的方式为产业转移,由发展中国家承接发达国家的密集型企业,包括劳动密集型企业以及一些较低程度的技术密集型企业,甚至一些高新技术。发达国家对发展中国家的产业转移不但会带来资金的投入,解决发展中国家的就业问题,还会通过高新技术的注入从而提高发展中国家的产业结构水平,从而带动发展中国家的产业结构调整和升级。发展中国家在承接发达国家产业转移的同时,必然会顺应产业的转移调整资源的分配以及产业结构,从而形成新的,更顺应经济、信息全球化的贸易体系。

由于中部地区幅员辽阔,资源储备丰富,经济全球化必然会给中部地区带来契机,依据中部地区的条件和优势,顺应产业结构的调整,发展相关企业,不断优化自身的产业结构和资源分配,从而走上崛起之路。

1.1.2 拉动内需需要中部崛起为支撑

我国最开始制定的经济政策以外向型为导向,在依靠对外贸易使经济飞速发展的同时,我国对世界经济市场和国际金融市场的依赖程度日益加深。2008 年全球金融危机爆发,恶化了我国对外贸易面临的外部环境,经济增长受到了很大影响,主要依靠出口、投资拉动的经济增长模式不能适应我国经济持续稳定健康发展的目标。时任总理温家宝同志在博鳌亚洲论坛 2009 年年会开幕大会上做主旨演讲时指出,中国将加快形成内需为主和积极利用外需共同拉动经济增长的格局,使中国经济向更加均衡的发展方式转变。中部地区具有独特的地理优势和交通优势,是我国经济增长方式转变中不可或缺的一环。

1)外向型经济发展遭遇阻力

金融危机对世界经济产生的综合效应导致了世界经济的整体下滑,并且几乎没有任何一个国家或地区可以幸免于难。我国是一个贸易依存度非常高的国家,进出口贸易总额占国内生产总值的比重非常高,由 1978 年的9.7%一直提高到 2007 年的 66.8%。但是受金融危机影响,外部需求的下降和不足导致中国外贸的出口整体大幅下降。这次危机引起的中国外贸出口放缓,对中国外贸行业,乃至于其他相关行业都产生了巨大的影响。

我国的对外贸易迅速增长,影响了其他国家的利益。因此,越来越多的国家采取了措施,比如反倾销和反补贴来保护本国产品,限制进口中国产品,遏制中国经济增长,这导致中国的外向型经济发展阻力进一步加大了。根据商务部数据,截至 2010 年,中国已经连续 16 年成为全球遭受反倾销调查最多的国家,连续 5 年成为全球遭遇反补贴最多的国家。由于欧美国家受到金融危机的冲击,本国经济衰落,为了支持本国产业的发展,对中国产品的反倾销力度不断地加大,导致中国的外向型经济更加举步维艰。

外向型经济使沿海地区率先发展。我国的对外开放城市和区域全部集中在东部沿海省份,外向型经济使东部沿海省份经济飞速发展,远远超过中部、西部以及东北部。中国作为一个泱泱大国,采用外向型经济是不可能迅速扩展到全国,带来国民经济的整体增长的,因为外贸出口收益或外来直接投资的收益对于整个中国来说毕竟是有限的,只会导致沿海部分省份和地区的经济飞速增长。由于极化效应,全国其他地区的资源会加速流入东部沿海省份,从而导致我国区域经济发展的不平衡。

对于我国来说,产业结构的合理化对于我国的经济发展是非常重要的,也是经济现代化建设的一个重要方面。我国如果一直依靠外向型经济来推动发展,肯定是不能实现产业结构的合理化的。因为受出口导向的影响,我国东部沿海地区的产业结构一直是依照国外市场的需求来设置的,而我国东部区域经济的繁荣会导致大量资源流入东部沿海区域,从而影响我国产业结构的合理化。

2)拉动内需需要中部崛起作为支撑

由于金融危机的加剧,贸易问题的愈演愈烈以及国内产业结构和区域经济发展的不平衡导致我国的外向型经济越来越难以为继,我国的发展需要拉动内需作为新的增长点,政府开始研究部署扩大内需促进经济平稳较快增长的措施。而中部崛起战略正是政府研究部署扩大内需措施中十分重要的一环。

中部地区由于地理位置原因,在外向型经济方面与沿海、沿边的东部、东北部等区域相比有一定的劣势。只要国家经济增长仍然高度依赖外需拉动,东部相对中、西部就会享有天然的优势。但是,如果国家经济增长模式从过度依赖外需转向更加依靠内需,中部地区将起到至关重要的作用。中部地区具有独一无二的地缘优势,以武汉为中心画一个1000千米半径的圆,可以囊括全国几乎所有主要城市。拥有山西、河南、湖北、湖南、江西、安徽六省的中部地区是中华文明的发祥地,拥有全国28.1%的人口,是中国重要的粮食和能源基地,也是承东启西、贯通南北的交通枢纽,再加上东部地区经过长足的发展之后,面临着水、电、原材料等价格上涨,投资成本节节攀升,环境承载能力不断下降的问题。而另一方面,我国资源的优势主要集中在中、西部地区,中部地区的水、电、房价的成本优势,对于承接东部地区产业转移具有得天独厚的优势。在拉动内需方面,中部地区将成为重要的抓手。因此,继续推动中部崛起十分必要。

1.1.3　中部地区自然资源禀赋推动中部崛起

自然资源是其他各类资源形成的最初来源和物质基础,是区域生产力的重要组成部分。自然资源状况将影响区域经济效益的提高。相对宽裕的水资源和土地资源,将会产生在水、电、房价等方面的相对成本优势,对于吸引投资具有重要的作用。中部地区是我国重要的粮食生产基地和矿产资源中心,具有优良的水资源、土地资源、矿产资源以及旅游资源等。中部地区的自然资源禀赋不但为推动中部崛起提供了有利的条件,也恰是国家提出中部崛起战略的一个重要原因。

1）水资源

中部六省具有得天独厚的水资源条件,中国第一大流域长江流经中部湖北、湖南、江西、安徽四省,第二大流域黄河流经中部山西、河南二省,第五大流域淮河流经中部湖北、河南、安徽三省。同时全国五大淡水湖中,第一大的鄱阳湖、第二大的洞庭湖、第四大的巢湖也均分布在中部地区。

同时,中部地区地表、地下水资源丰富。中部地区秦岭-淮河线以南属于长江流域,年降水量在800毫米以上。长江流域及以南的地区,耕地占全国的30.5%,却拥有全国地表水资源的70%,是水资源富足有余的地区。地下水开采潜力大。据地质部门估计,华北平原地下浅层淡水资源多年平均总量为475亿立方米,年开采量为256亿立方米。

由于中部地区拥有非常丰富的水资源,在发展内河航运业上具有先天上的优势;并且相对于公路、铁路来说,内河航运具有投资少、占地少、运量大、成本低等多方面的显著优势。因此,中部的水资源优势为中部地区发展内河航运打下了良好的基础。经济要发展,交通必先行。中部的水资源优势对于航运业发展的推动作用为中部崛起提供了有力的支撑。

2）土地资源

中部地区土地面积为102.75万平方千米,占国土总面积的10.7%;而中部地区容纳了3.5亿人,占全国总人口的26.9%;人均土地资源为0.29平方千米,低于全国0.74平方千米的人均数。据国家统计局公布的数字,2005年全国耕地面积为130039.2千公顷,中部地区为30566.5千公顷,占23.5%,中部地区人均耕地面积为0.087公顷,并且中部地区的土地面积虽然仅仅占西部地区的七分之一左右,但是耕地面积接近西部地区的60%,具体见表1-1、图1-1。中部地区优良的土地资源和广袤的耕地面积为其崛起提供了很好的条件。

中部地区的土地资源为其农业发展打下了扎实的基础,尤其是长江以南的两湖平原和江汉平原,位于我国亚热带季风区,水热资源丰富,土壤类型多样,生物种类繁多,土地生产力高,作物一年两熟。中部地区耕地面积虽然只占全国的23.5%,但在粮食和油料产量上全国领先,2005年粮食和油料产量占全国的30.5%和40.7%,具体见表1-2、图1-2。中部地区土地资源类型多样,这为综合发展农业提供了极为有利的地理条件,也是实行中部崛起战略有力的保障。

表 1-1　2005 年中国经济分区域土地资源及人口状况

		土地面积（万平方千米）	年底总人口（万人）	耕地面积（千公顷）
全国总计		960	130756	130039.2
东部地区	绝对数	91.64	46388	28373.2
	占全国比重	9.547	36.15	21.82
中部地区	绝对数	102.75	35202	30566.5
	占全国比重	10.70	27.43	23.51
西部地区	绝对数	686.74	35976	49573.3
	占全国比重	71.54	28.04	38.12
东北地区	绝对数	78.79	10757	21526.2
	占全国比重	8.21	8.38	16.55

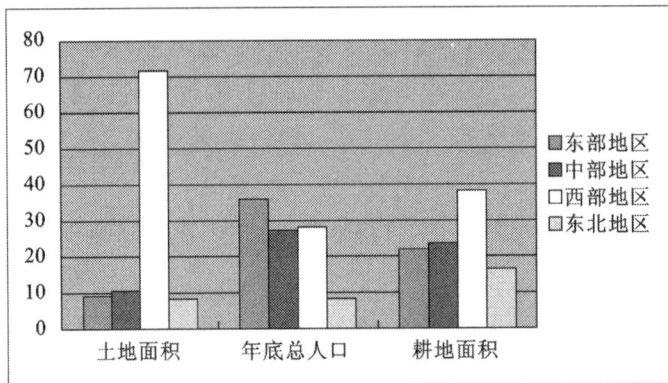

图 1-1　四大区域土地面积、年底总人口及耕地面积百分比

表 1-2　2005 年中国经济分区域主要农产品产量

主要农产品产量（万吨）		粮食	棉花	油料
全国总计		48402.19	571.42	3077.14
东部地区	绝对数	12766.19	185.50	906.40
	占全国比重	26.38	32.46	29.46
中部地区	绝对数	14778.28	176.42	1252.54
	占全国比重	30.53	30.87	40.70
西部地区	绝对数	13438.71	209.06	766.31
	占全国比重	27.76	36.59	24.90

主要农产品产量 （万吨）		粮食	棉花	油料
东北地区	绝对数	7419.01	0.44	151.88
	占全国比重	15.33	0.08	4.94

3）矿产资源

中部地区煤炭资源丰富，矿产资源种类多。从新中国成立至今，我国的地质勘查和矿产开发取得了巨大成就，已发现矿产 168 种，有探明储量的矿产 151 种。从现在已探明的矿产资源和开发利用情况来看，中部地区矿产资源优势最大。中部地区矿产资源以煤、铝土、硫铁、铜矿等占有绝对优势。

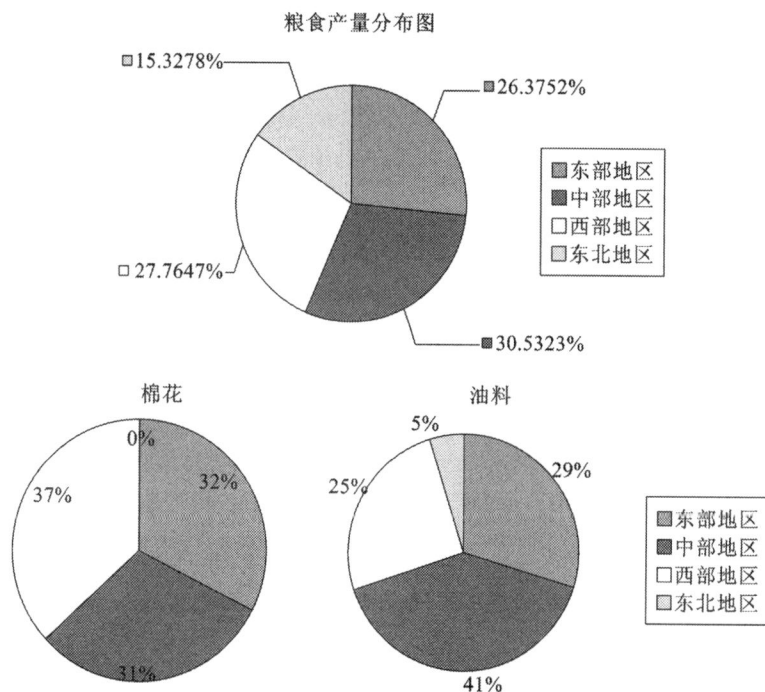

图 1-2　粮食、棉花、油料四大区域产量对比

2005 年全国煤炭储量为 3373.42 亿吨，仅山西一省的煤炭储量就达到 1040.1 亿吨，占全国的 30.8%。河南和安徽也为较大煤炭省份，其占全国煤炭比例分别为 3.93%、4.16%。中部六省煤炭储量占全国的 39.8%，具体情况见表 1-3。

表 1-3　2005 年中部六省煤炭储量

省份	煤炭（亿吨）	占全国比重（%）
山西	1040.10	30.83
安徽	140.39	4.16
江西	8.01	0.24
河南	132.57	3.93
湖北	2.37	0.07
湖南	20.26	0.60
总和	1343.70	39.83

中部地区有色金属、非金属矿产基础储量丰富。中部地区铜矿总储量为 15121.59 万吨，占全国的 51.6%。河南、山西的铝土矿储量位列全国的第二和第四位。安徽的硫铁矿储量位列全国第一。湖南锑的储量居世界首位。中部地区主要有色金属、非金属矿产基础储量占全国储量的 31.3%，具体情况见表 1-4、图 1-3。

表 1-4　2005 年中部地区主要有色金属及非金属矿产基础储量

省份	主要有色金属、非金属矿产基础储量（亿吨）	占全国比重（%）
山西	23142.07	2.67
安徽	47281.10	5.44
江西	28498.85	3.28
河南	32316.69	3.72
湖北	103643.40	11.92
湖南	37774.88	4.34
总和	272656.99	31.35

注：表中统计的主要有色金属及非金属矿产包括铜矿、铅矿、锌矿、铝土矿、菱镁矿、硫铁矿、磷矿、高岭土。

中部地区地处中国的中心，具有得天独厚的地理位置优势，优越的交通和区位，使中部地区既靠近原料市场，又靠近消费市场，成为沟通各地商品和要素流动的重要枢纽和桥梁，是我国客货运输的主要集散地和中转中心，也是我国主要的原材料输出地区，这为中部地区将矿产资源优势转化为经济优

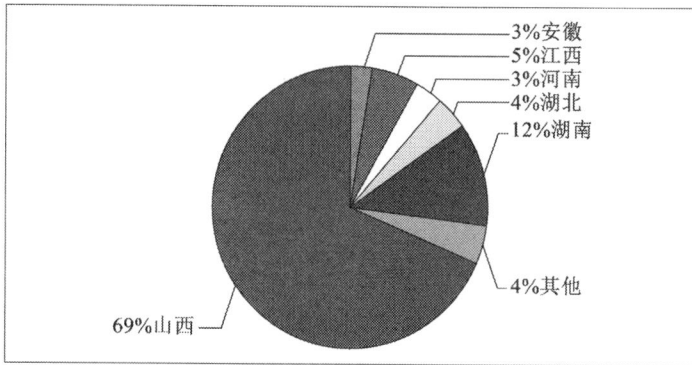

图 1-3 2005 年中部地区主要有色金属及非金属矿产基础储量

势提供了有利条件。并且中部地区矿产资源开发产值较高,只要能充分利用自身的优越条件,加大资源优势向经济优势转化的力度,必将成为中部崛起的强大驱动力。

4)旅游资源

中部地区有不胜枚举的天然山体和山岳。著名的有江西庐山、井冈山,湖南九嶷山,以及有"奇松、怪石、云海、温泉"四绝的安徽黄山等。它们都千姿百态,景色宜人,是旅游和避暑胜地,游客络绎不绝。我国佛教四大名山的五台山(山西)、九华山(安徽),道教圣地中的武当山(湖北)、龙虎山(江西),均位于中部地区。这些山环境清幽,云雾缥缈,拥有灿烂辉煌的文化遗产与寺庙建筑,成为世界佛教、道教人士与旅游者朝拜观光的圣地。中部地区南部江河密布,山水相依,山崖陡峭,水流湍急,风景极为壮观。如长江三峡两岸陡壁峭峰,江中水流湍急,景色变幻无穷,历史古迹众多。有文字记载的历史古迹有九朝古都洛阳、宋都开封、魏都许昌等,这些古都遗迹如璀璨群星,闪耀发光。还有体现佛教建筑的云冈石窟、龙门石窟、五泉寺、白马寺、少林寺、嵩岳寺塔等都凝结着悠久的历史文化和建筑艺术的光辉。中部地区丰富的旅游资源不但能够吸引游客带来旅游收入,还能够吸引企业投资相关产业,对中部地区的经济发展将产生重要作用。

综上所述,中部地区综合资源优势明显,促进中部地区崛起是实现优势互补、促进东中西部互动、统筹区域发展的最好选择;是充分发挥中部发展潜力、推进我国经济发展和扩大对外开放的迫切需要;是解决我国"三农"问题、推进工业化和城镇化、全面建设小康社会的重大举措。

1.2 继续推动中部崛起的必要性分析

1.2.1 中国经济发展要求中部崛起

1)中部崛起战略是区域经济协调发展的必然要求

在 2006 年提出中部崛起战略以前,我国区域发展存在不协调。二十多年的大开发之后东部地区形成了环渤海经济圈、长三角和珠三角三大增长极,经济飞速发展。西部地区的经济发展本来落后于中部地区,但是在西部大开发政策的带动下不断加快,发展速度超过了中部地区。我国区域经济发展发生改变,中部最低,西部第二,东部最高。由表 1-5 中可以看出,中部地区的国内生产总值远远落后于东部地区,甚至不到东部地区的一半。并且从国内生产总值的增长率上来看,中部地区只有 16.0%,与东部地区和西部地区还有差距(见表1-5、图 1-4)。

中部经济发展滞后导致东中西部生产要素流动被切断,东部地区的资源难以顺畅地流动到西部以及中部,使得我国区域经济发展格局呈现不平衡的态势。因此,为了我国区域统筹发展,中部崛起战略势在必行。

表 1-5　2005 年中国经济分区域 GDP 及其构成

		国内生产总值	第一产业	第二产业	第三产业
全国总计(亿元)		183084.80	23070.40	87046.70	72967.70
东部地区	绝对数(亿元)	109924.60	8681.83	56673.16	44569.65
	占全国比重	55.58	37.74	58.47	57.24
	增长率	24.30%	10.00%	20.30%	33.30%
中部地区	绝对数(亿元)	37230.3	6204.57	17412.66	13613.07
	占全国比重	18.82	26.97	17.97	17.48
	增长率	16.00%	8.40%	13.80%	23.00%
西部地区	绝对数(亿元)	33493.31	5924.63	14331.62	13237.06
	占全国比重	16.93	25.76	14.79	17.00
	增长率	21.40%	10.30%	17.20%	32.50%
东北地区	绝对数(亿元)	17140.78	2192.62	8505.79	6442.37
	占全国比重	8.67	9.53	8.78	8.27
	增长率	13.30%	14.30%	8.90%	19.30%

数据来源:统计年鉴。

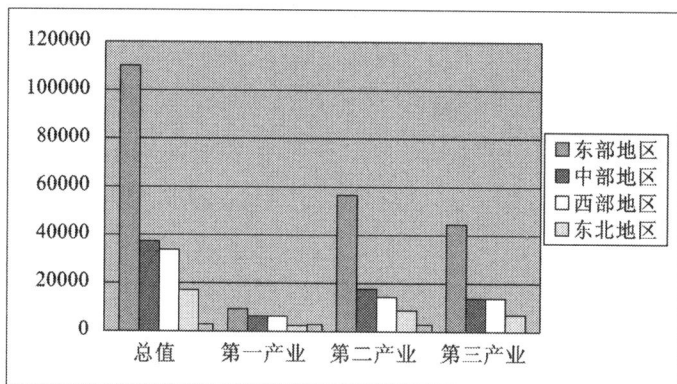

图 1-4 2005 年四大区域 GDP 绝对值及三大产业比较

注:中部崛起概念首次在 2004 年提出,但形成纲领性文件在 2006 年,故本节所用数据均为 2005 年。

2)中部崛起战略是工农业统筹发展的必然要求

党中央曾多次指出,没有农业的现代化,就不可能有整个国民经济的现代化。工业和农业互为市场、互相促进、协调增长、统筹发展是实现国家现代化的重要保障。但是我国农业的发展滞后,尤其是中部地区的工农业发展差距最为明显。"三农"的主体在中部地区,中部地区的工农业关系会影响到整个"三农"问题的解决,因此中部崛起战略的实施要求工农业统筹发展。

3)中部崛起战略是经济与社会统筹发展的必然要求

我国最初的发展战略是以经济发展为首要目标,经济的飞速发展必然会导致社会矛盾的出现。在这一点上,由于中部地区发展相对滞后,忽视社会矛盾和民众生活指标提高的问题尤为严重。涉农案件、下岗失业人口、农民负担问题在中部都有所体现。比如说中部地区的劳动力过剩问题就十分显著。中部地区农村劳动力数量高达 2.8 亿人,中部地区耕地仅能容纳 1.6 亿劳动力,过剩劳动力高达 1.2 亿。其次,中部地区的乡村债务和农民负担极高,而农民反响强烈的负担问题也以中部为甚。因此,扭转经济发展产生的社会矛盾需要以中部为突破口,经济和社会统筹发展需要中部崛起。

1.2.2 中部自身尚未完成崛起目标

在我国的区域发展战略中,先后实施了东部对外开放、西部大开发和东北振兴战略,在该三大战略下,东部、西部发展迅速,而中部地区发展滞后的弊端开始体现并有不断加剧之势。于是,"促进中部崛起"战略在中共中央的指导下应运而生。

2004年3月中部崛起的概念首次被提出。在《政府工作报告》中时任总理温家宝同志提出"促进中部地区崛起"的战略思想,还指出"加快中部地区发展是区域协调发展的重要方面"。2005年3月的两会上中部崛起战略被再次提出:《政府工作报告》中阐述了制定促进中部地区崛起的规划和措施。

2006年2月中旬,国务院出台了《促进中部崛起的若干意见》文件,这标志着中部崛起战略正式进入实施阶段。目前国家对中部地区的战略定位是"三个基地、一个枢纽",即努力把中部地区建设成全国重要的粮食生产基地、能源原材料基地、现代装备制造及高新技术产业基地,以及连接东西、纵贯南北的全国重要的综合交通运输枢纽。

在这之后,中部六省联系更加紧密。2006年9月18日,该六省的省委书记以及省长,一些中央部委相关负责人在郑州会聚,并参加郑州会议"中部论坛"。横向合作"中部崛起"付诸行动。

2008年1月,由国家发展改革委员会(以下简称国家发改委)牵头建立促进中部地区崛起工作部际联席会议制度。该联席会议制度的主要职能是:贯彻落实党中央、国务院关于促进中部地区崛起的重大部署;研究促进中部地区崛起的有关重大问题,向国务院提出建议;协调促进中部地区崛起的重大政策,推动部门间沟通与交流;完成国务院交办的其他事项。

国务院的工作日程表在2008年初将《促进中部地区崛起规划》的编制列入。2008年下半年,《促进中部地区崛起规划(初稿)》由国家发改委制定并下发,多个部门以及地方都就修改提出了自己的意见。分别根据自己的情况,各个省出台编制了相关规划。

国务院时任总理温家宝同志在2009年9月23日主持召开国务院常务会议,在会议上提出了中部崛起的中远期目标,该目标是在讨论并通过《促进中部地区崛起规划》中出现的。

2010年8月,国家发改委通过《促进中部地区崛起规划实施意见的通知》和《关于促进中部地区城市群发展的指导意见的通知》,旨在深入实施《促进中部地区崛起规划》(下称《规划》),《规划》明确2015年中部地区崛起的12项主要量化目标和一系列任务要求,提出2020年促进中部地区崛起的总体目标,并要求各省在2010年12月底前完成《规划》实施的具体工作方案。

2012年8月27日在《国务院关于大力实施促进中部地区崛起战略的若干意见》(下称《意见》)中对中部发展再次提出意见:1)促进中部地区崛起面临的新形势和新任务;2)稳步提升"三基地、一枢纽"地位,增强发展的整体实力和竞争力;3)推动重点地区加快发展,不断拓展经济发展空间;4)大力发展社会事业,切实保障和改善民生;5)加强资源节约和环境保护,坚定不移走可持续发展道路;6)大力推进改革创新,增强发展的活力和动力;7)全方位扩大开放,加快形成互利共赢开放新格局;8)加强政策支持。《意见》中还指出,促进中部地区崛起是一项长期、艰巨的历史任务,中部六省和国务院有关部门要进一步解放思想、提高认识、周密部署、通力协作,切实把促进中部地区崛起的各项政策措施落到实处,不断开创促进中部地区崛起工作新局面。

从国家"中部崛起"战略提出,到现在确立清晰的发展脉络,制定严谨的发展方针,经历了 10 年的时间。在这 10 年中中部地区积极响应中央号召,全面进行崛起,使得中部地区发展出现了日新月异的变化。

2006 年以来,随着区域发展总体战略的实施,中部地区发展速度明显加快,东部地区"一马当先"的增长格局逐渐被打破。2007 年,西部经济增速首次超过东部。2008 年,中、西部和东北地区经济全面加速,均超过东部增长速度。2011 年中部经济增速为 21.33%,西部经济增速为 23.13%,东北部经济增速为 21.03%,东部经济增速为 16.95%,中、西部和东北部同比增长高于东部。

以重化工业为主的制造类产业正在加速向中西部转移。东部在产业转移后,以轻工类、附加值更高的服务业为主,此类产业增长速度不及工业那么高。伴随中西部经济增速加快,我国经济重心在转变。中西部地区所占 GDP份额不断提高,2011 年所占份额达到 39.2%,相比 2010 年所占份额提高了0.9 个百分点。

2010 年全国商务工作会议透露,中西部地区吸收外资比重由 11.2% 上升到了 13.7%,赣、湘、川、渝、豫、吉等一批内陆开放高地正在形成。目前,境内外资本正加速流向中西部地区,东部沿海地区产业向中西部地区转移呈加速趋势。

除西部大开发、中部崛起等政策优势外,中西部拥有资源优势,人力成本低于东部,高铁的飞速建设又拉近了与东部市场的距离,从而使更多目光投向这里。加大二三线城市和中西部网点铺设,已成为不少行业的发展方向。在中国人民大学经济研究所发布的《2010—2011 年中国宏观经济分析与预测报告》中判断,"中国经济的重心开始向中西部转移"。该报告指出,在区域规划和产业加速梯度转移的作用下,中部持续的高速增长弥补了东部经济增长乏力的缺口。

中部崛起战略已经取得的成果显而易见,但是同样也要看到,中部地区距离真正崛起仍然存在一定的差距。

到 2015 年,中部地区崛起要努力实现以下目标:

——经济发展水平显著提高。重点地区开发开放取得成效,"三个基地、一个枢纽"地位进一步提升,经济发展方式明显转变,经济总量占全国的比重进一步提高,人均地区生产总值力争达到全国平均水平,城镇化率提高到 48%。

——经济发展活力明显增强。公有制经济不断巩固和发展,非公有制经济加速发展,承接产业转移取得积极成效,自主创新能力显著提高。

——可持续发展能力不断提升。万元地区生产总值能耗累计下降 25%,万元工业增加值用水量累计减少 30%,单位地区生产总值和固定资产投资新增建设用地消耗量持续下降,耕地保有量保持稳定,大江大河防洪体系基本形成,生态环境质量总体改善。

——和谐社会建设取得新进展。社会主义新农村建设取得显著成效,高中阶段教育基本普及,城乡公共卫生和公共文化服务体系基本建立,城乡就业更加充分,覆盖城乡居民的社会保障体系逐步形成,城乡居民收入年均增长率均超过 9%。

到 2020 年,中部地区现代产业体系基本建立,创新能力显著增强,体制机制更加完善,区域内部发展更加协调,与东西部合作更加紧密,人与自然和谐发展,基本公共服务趋于均等化,城乡一体化发展格局基本形成,整体经济实力大幅提升,对全国经济发展的支撑作用明显增强,全面实现建设小康社会目标,使中部地区成为彰显发展优势、充满发展活力、城乡欣欣向荣、人民安居乐业、社会和谐稳定、生态环境良好,支撑全国发展的重要人口和产业承载地区。

虽然中部的经济取得了巨大的增长,以 GDP 为例,2006 年中部地区的地区生产总值为 43030 亿元,占全国 GDP 的 18.7%,到 2011 年达到 104473.9 亿元,占全国 GDP 的 20%;人均 GDP 与全国平均水平的比值从 2006 年的 76.2%提高到 2010 年的 83.08%。中部地区占据全国 10.7%的土地,承载着全国 26.7%的人口,所以无论是总量指标还是人均水平,中部地区的发展仍然落后于全国平均水平。从 2012 年的部分经济数据可以看出,受全球经济下行趋势不断加大、外需疲软等因素的影响,中部地区对外贸易呈现放缓态势。其中在进出口总额方面,江西、山西、湖北三省增速均在 10%以下,湖北其至出现负增长。2012 年,湖北省城镇化率为 53.5%,安徽省城镇化率为 46.5%,江西省城镇化率为 47.51%,山西省城镇化率为 51.26%,湖南省城镇化率为 46.65%,均接近其至超过国家发改委《促进中部崛起规划》制定的 2015 年中部城镇化率目标,但是河南省城镇化率仅为 42.2%,距离目标仍有很大差距。

虽然中部地区在中部崛起战略的推动下发生了很大改变,但并没有发生质的飞跃,距离国家制定的战略仍有一定距离。

1.2.3　中部区域经济状况相对落后

在 2006 年以前,"中部塌陷"是中部地区的现实情况,中部经济总量比不上东部,发展速度比不上西部,出现"不东不西,不是东西"的现象。2000 年中部地区的 GDP 占比为全国的 20.4%,2005 年 GDP 占比下滑到 18.8%,中部塌陷的现象开始加剧,而在 2006 年之后,中部崛起战略的实施促进了中部地区的经济发展,中部地区的经济占比也呈现好转的态势,但仍未扭转其落后地位。从中部的发展过程中,我们可以看到中部崛起战略已经取得了一定成效,但是从中部与其他区域的比较中可以看出,中部地区的区域经济状况仍然十分落后。

1)地区生产总值(GDP)

2006 年东部、中部、西部和东北地区 GDP 在全国的比重分别为 55.7%、18.7%、17.1%、8.5%;到 2012 年各地区 GDP 占全国的比重分别调整为51.3%、20.2%、19.8%、8.8%,见表 1-6、图 1-5。

表 1-6　2006—2012 年中部与其他地区 GDP 占全国的比重

年份/地区	2006	2007	2008	2009	2010	2011	2012
东部地区	55.7%	55.3%	54.3%	53.7%	53.1%	52.0%	51.3%
中部地区	18.7%	18.9%	19.3%	19.4%	19.7%	20.0%	20.2%
西部地区	17.1%	17.4%	17.8%	18.5%	18.6%	19.2%	19.8%
东北地区	8.5%	8.4%	8.6%	8.4%	8.6%	8.7%	8.8%

数据来源:《中国统计年鉴 2007—2013》及相关资料整理。

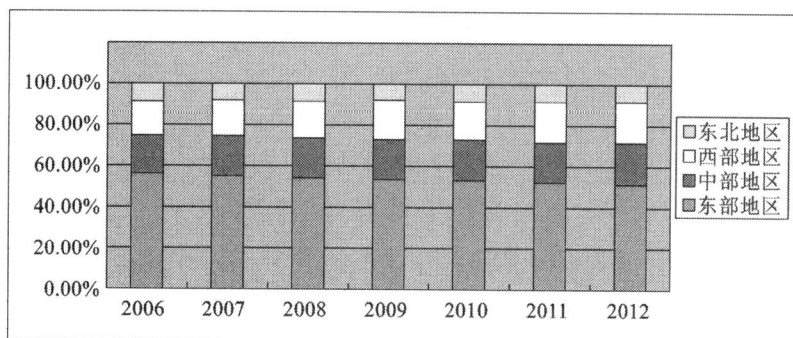

图 1-5　2006—2012 年四大区域 GDP 占全国比例

从表 1-6 中可以看出,中部地区 GDP 占全国的比重在中部崛起战略实施的 6 年内增长了 1.3 个百分点,比重在这 6 年内相对增加,但是幅度不大;虽然东部地区 GDP 占比不断下降,6 年内从 55.7% 下降到 52.0%,但是相对中部地区的 20.0% 仍然处于绝对优势地位。

2)人均地区生产总值(人均 GDP)

中部崛起战略实施之前,中部地区人均 GDP 占比相对滞后,与落后的西北地区类似。而随着中部崛起战略的实施,中部地区的经济增速加快,经济总量也在不断提高,在人均 GDP 方面中部崛起战略的效果得到了相应的体现,但是从人均 GDP 数据的比较来看,中部地区的经济地位仍未得到根本扭转,与东部地区相比仍然很弱,具体情况见表 1-7、图 1-6。

表 1-7 2006—2012 年中部与其他地区人均 GDP 的比较　　　（单位:元）

年份/地区	2006	2007	2008	2009	2010	2011	2012	年均增速
东部地区	27576	32283	37213	40186	46354	53350	57519	13.04%
中部地区	12269	14754	17860	19862	24242	29229	30242	16.23%
西部地区	10959	13212	16000	18126	22476	27731	31298	19.11%
东北地区	18277	21573	25955	28566	34303	41400	45913	16.59%
全国平均水平	16084	18934	22698	25575	29992	35181	41243	16.99%

数据来源:《中国统计年鉴 2007—2013》及相关资料整理。

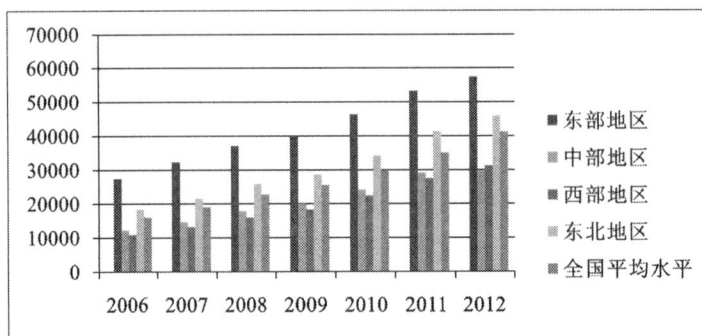

图 1-6 2006—2012 年四大区域人均 GDP 对比

从表 1-7 中可以看出,从中部崛起战略开始实施以来,就年均增长速度来说,虽然中部地区的人均 GDP 的年均增长速度达到了 16.23%,超过了东部地区,但仍然落后于西部地区以及全国平均水平。而就人均 GDP 的绝对数据来说,从中部崛起战略实施以来,2006 年到 2012 年中部地区的人均 GDP 分别为 12269 元、14754 元、17860 元、19862 元、24242 元、29229 元以及 30242

元,而东部地区 2006 年到 2012 年的经济数据分别为 27576 元、32283 元、37213 元、40186 元、46354 元、53350 元和 57519 元,从 2006 年到 2009 年中部地区的人均 GDP 的绝对数据都不超过东部地区的 50%,2010 年以后才超过东部地区的 50%,但与东部地区相比还有巨大差距。

3)产业结构

在中部崛起战略实施以前,中部地区的产业结构为"二产、三产、一产"的格局,但是第一产业的比重仍然偏高,比如 2004 年三大产业结构的比例为 17.82:47.67:34.51。2006—2012 年,由于中部崛起战略的实施,中部地区的产业结构得到优化和提升,第一产业比重开始逐步下降,第三产业比重开始增长,体现了中部崛起战略的成效。但是,与东部产业结构对比可以看出,中部地区的产业结构水平仍然较低,有待进一步优化,见表 1-8。

表 1-8 中部地区与东部地区产业结构比较

年份	东部地区	中部地区
2006	7.26:51.95:40.79	15.30:48.50:36.20
2007	6.88:51.46:41.66	14.60:49.45:35.95
2008	6.84:51.65:41.51	14.6:50.95:34.45
2009	6.50:49.34:44.16	13.61:50.37:36.02
2010	6.30:49.36:44.34	13.03:52.41:34.56
2011	6.22:48.92:44.86	12.35:53.54:34.11
2012	6.20:47.93:45.86	12.04:53.31:34.65

数据来源:《中国统计年鉴 2007—2013》及相关资料整理。

4)居民收入

中部崛起战略实施以来,中部地区的城乡居民收入都实现了较快增长,但是与其他区域相比,中部地区的增长还是相对缓慢的。值得注意的是经过 5 年的增长,中部地区不论是城镇居民人均可支配收入还是农村居民人均纯收入始终低于全国平均水平,且其差距有扩大趋势。其中,城镇居民人均可支配收入在"十一五"的前 3 年还高于西部地区,到了 2009 年、2010 年则出现了中部地区城镇居民人均可支配收入低于西部地区的现象,成为国内城镇居民人均可支配收入最低的区域,见表 1-9、图 1-7。总的来看,中部崛起实施这几年来,中部地区的城镇居民收入增长相对乏力。

表 1-9　2006—2012 年中部与其他地区城镇居民人均可支配收入比较

（单位：元）

年份/地区	2006	2007	2008	2009	2010	2011	2012
东部地区	14967	16974	19203	20953	23273	26406	29567
中部地区	9902	11634	13226	14367	15692	18323	20694
西部地区	9728	11309	12971	18126	15806	18159	20557
东北地区	9830	11463	13120	28566	15941	18301	20719
全国平均水平	11759	13786	15781	17175	19109	21810	24609

数据来源：《中国统计年鉴 2007—2013》及相关资料整理。

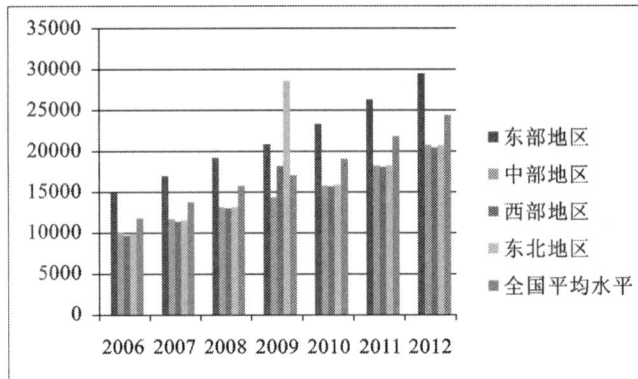

图 1-7　2006—2012 年中部与其他地区城镇居民人均可支配收入比较（单位：元）

2 武汉长江中游航运中心与 中部崛起相互作用分析

2011 年在国务院《关于加快长江等内河水运发展的意见》中明确提出了武汉长江中游航运中心的概念。武汉长江中游航运中心的提出不仅因为武汉建设航运中心具有得天独厚的区位优势,还因为武汉长江中游航运中心与中部崛起战略相辅相成,不仅武汉长江中游航运中心的建设能够成为推动中部崛起战略的重要抓手,中部崛起战略也会对武汉长江中游航运中心的建设产生反哺作用。

2.1 武汉航运资源分析

航运资源可以分为广义的航运资源与狭义的航运资源。狭义的航运资源主要指与航运直接相关的资源即基础航运资源,包括港口资源、航道资源、航运企业资源;而广义的航运资源则是囊括基础航运、服务航运、智能航运这三个业务层次的综合资源。广义的航运资源衍生的产业范围涉及广泛,包括港口直接产业、依存产业和关联产业。比如造船企业资源、航运服务资源、航运研发与教育资源、产业资源等。

武汉具备建设航运中心的条件,不仅因为武汉具备综合区位优势,还因为武汉狭义及广义上的航运资源丰富,已经具备了建设航运中心的基础条件。

2.1.1 狭义航运资源

2.1.1.1 港口资源

1)港口基础设施

随着武汉地区经济的快速发展,港口建设的不断推进,武汉港口基础设施发生了根本性的改变。武汉新港逐渐形成了以武汉航运大楼为中心的,沿长江上下游不断延伸的现代港口群,从而构成了"一主两翼"的空间格局。

到 2010 年底,包括 2 个预留港区在内武汉新港共计 27 个港区,由武汉15 个核心港区,及黄冈(3 个)、鄂州(3 个)、咸宁(6 个)等市的重点港区构成。到 2010 年,武汉新港现有生产泊位 502 个,最大可停靠 1 万吨级船舶,集装箱通过能力 150 万标箱,商品汽车通过能力 24 万辆,客运年通过能力 900 万人次。2010 年武汉港务集团经营状况见表 2-1。

2)港口企业情况

至 2010 年底,全省港口企业 6 家,平均拥有 33 个泊位,港口企业年平均吞吐量 922 万吨。现有生产泊位 51 个,最大靠泊能力 1 万吨级,锚地一次系泊能力 40 万吨,设备最大起重能力 500 吨,集装箱吞吐能力 150 万标箱,货物吞吐能力 500 万吨。

表 2-1　2010 年武汉港务集团经营状况

名称	货物吞吐量（万吨）	集装箱量（标箱）	汽车滚装量（辆）	营业收入（亿元）	利润总额（万元）
产值	3788	382725	209074	6.89	2909
增长率(%)	26.2	21.5	42.7	44	47.6

数据来源:2011 年中国港口统计年鉴。

2.1.1.2　航道资源

1)航道条件

武汉市航道以长江、汉江为骨干,与境内众多支流小河和水库湖泊共同构成天然水网,航道自然资源十分丰富。武汉境内共有通航河流 23 条,通航总里程 649.9 千米。长江在武汉境内 145.5 千米,全年通航。武汉市长江航道条件见表 2-2。

表 2-2　武汉市长江航道条件

	武汉长江大桥以上	武汉长江大桥以下
航道条件	二级航道 长度 74.5 千米 水深 3.2～4.5 米	一级航道 长度 71 千米 水深 4.0～6.0 米
通行船舶	1500 吨驳船组成的 6000 吨级船队,3000 吨级海船	2000 吨驳船组成的 30000 吨级船队,5000 吨级海船

数据来源:湖北·武汉航运资源调查研究。

汉江航道武汉段从汉江口(汉江与长江汇合口)至汉川,全长 75 千米。其中,河口段(汉江口至蔡甸)33 千米航道等级为双线三级航道,可常年通航 500 吨级船舶,中水期通航 1000 吨级船舶。

2)港口集疏运体系

武汉拥有完善的综合交通运输网络,是我国国家级的综合运输枢纽之一。武汉是全国铁路枢纽,具有的铁路网络"米"字形结构不断完善,即将形成"三纵两横"的布置格局;武汉又是全国公路交通主枢纽,通过数条高速公路实现向省内外的辐射;武汉还是全国六大区域航空枢纽之一,旅客吞吐量已超过 1100 万人次。武汉新港按照"一区、两港、五城、十二园"空间布局,规划范围包括武汉、黄冈、鄂州、咸宁 4 座城市沿江大部分区域。

2.1.1.3　航运企业资源

航运企业资源现状如下:

截至 2010 年底,武汉市船舶运力规模为 359 艘、106 万载重吨,单船平均吨位 2961 载重吨。武汉新港船舶运力规模达 1363 艘、157 万载重吨,单船平均吨位 1152 载重吨。加上中国外运长航凤凰股份有限公司运力规模,武汉新港范围内船舶实际拥有量达 3363 艘、421 万载重吨,平均吨位 1576 吨,运力规模占湖北省船舶运力总量的 44.7%,成为湖北省船舶运力的主要构成部分。2010 年完成货运量 1.6 亿吨,货运周转量 1145 亿吨公里,客运量 382 万人,客运周转量 2.8 亿人公里。

截至 2010 年底,在武汉设立的航运企业共有 87 家,其中以中国外运长航凤凰股份有限公司和武汉创新江海运输有限公司最具实力:长航凤凰拥有各类型拖轮船舶 67 艘,驳船 614 艘,船舶总运力达 99 万吨;创新江海拥有 5000 吨级至 12000 吨级江海直达货轮,总运力规模达 50 万吨。

在外贸集装箱运输中,经营船舶总吨位 2.8 万吨,船舶数为 12 艘,平均船舶吨位为 2349 吨,武汉长海集装箱航运有限公司最具实力,集装箱运力规模达 2.7 万吨。在江海直达普货运输上,船舶总吨位 50.3 万吨,船舶艘数为 95 艘,平均吨位达 5300 吨,船舶运力水平明显高于其他航线,实力突出的企业有武汉江裕海运发展有限公司、武汉创新江海运输有限公司和武汉华茂运贸有限责任公司,运力规模分别为 21.7 万吨、10.8 万吨和 7.1 万吨。从事长江干线液货危险品运输的船舶共 55 艘,总吨位 6.6 万吨,平均吨位 1025 吨,实力较大的企业有湖北汉通石油运输贸易有限责任公司、武汉江海恒通船务有限公司和武汉经纬液化气船务有限公司,运力规模分别为 2.6 万吨、0.9 万吨和 0.4 万吨。长江干线普货运输上,总的船舶数量为 307 艘,总吨位 80 万吨,平均吨位为 2630 吨,实力较大的企业有华中航运集团有限公司、武汉市江顺达航运有限公司和武汉保盛物流有限责任公司。各航线上的优势航运企业运力情况见表 2-3。

表 2-3　长江干线各航线上优势企业运力情况

排名	外贸集装箱运输企业运力吨位（万吨）		江海直达普货运输企业运力吨位（万吨）		长江干线液货危险品运输企业运力吨位（万吨）		长江干线普货运输企业运力吨位（万吨）	
1	武汉长海集装箱航运有限公司	2.7	武汉江裕海运发展有限公司	21.7	湖北汉通石油运输贸易有限责任公司	2.6	华中航运集团有限公司	26.4
2	—	—	武汉创新江海运输有限公司	10.8	武汉江海恒通船务有限公司	0.9	武汉市江顺达航运有限公司	23.4
3	—	—	武汉华茂运贸有限责任公司	7.1	武汉经纬液化气船务有限公司	0.4	武汉保盛物流有限责任公司	7.0
4	—	—	武汉佳和船务有限责任公司	2.0	武汉海通船舶运输有限公司	0.4	武汉港申船务有限公司	1.1
5	—	—	武汉东和江海运输有限公司	1.7	武汉市腾龙油品运输有限责任公司	0.3	武汉市启星水运有限公司	0.9

数据来源：湖北·武汉航运资源调查研究。

2.1.2　广义航运资源

2.1.2.1　造船资源

武汉已成为内陆最大的造船基地，拥有内陆最大的船舶设计制造基地、国内军用船舶科研设计开发中心，船舶研发实力强大，科研院所众多，船舶企业具有独特优势。

1）龙头企业实力雄厚

武汉是长江内河航运中心，以武汉为中心，湖北省境内涉船企业布点密集。其中位于武汉市的武昌船舶重工有限责任公司（以下简称武船）、中国长航集团青山船厂（以下简称青山船厂）、武汉南华高速船舶工程股份有限公司（以下简称南华高速）3 家造船龙头企业具备了船舶设计、制造、修理等较完备的综合生产能力，产业优势明显，产品特色鲜明，具有较强的市场竞争力，使武汉市形成了具有自身特色的区域性船舶制造中心。

武船现已成为我国重要的军工生产基地和大型现代化造船综合性企业，形成武汉总部、新洲双柳、青岛海西湾三大经济板块，以军品军贸、民船产业、桥梁装备、海洋工程、能源装备和大型成套设备为六大核心产业；青山船厂已成为我国内河最大的船舶生产基地和武汉最大出口船舶建造基地，现具有设计、制造载重10万吨以下散货轮、集装箱船、油轮、化学品船、液化气船和各类客轮、工程船、沥青船、散装水泥船、滚装船等的综合能力；南华高速在船型优化设计、铝合金船舶制造能力、船舶内装与减振降噪等方面有较强的核心竞争力和技术优势；461厂是在上海证券交易所上市的"中国重工"核心骨干企业和国家152家重点保军企业之一，是我国最强最大的海军装备特辅机制造中心和中国船舶配套企业的旗舰；471厂是国家大型一类综合机械制造企业，是中国船舶工业和中南地区最大的铸锻中心，为中国机械工业企业500强之一。

2）船舶产品竞争力强

武汉市造船企业的优势和特色在于中小型特种船舶和船舶配套用品。

武船的工程船、海上石油多用船、公务船、小水线面双体船、穿浪船等特种多用途船在国内处于领先地位或达到了国际先进水平，竞争力在国内外市场都毋庸置疑；双相不锈钢化学品船由青山船厂独家制造，国际影响力不凡；南华高速在国内高速客船、公务船和特种船市场处于领先地位，其高速船约占有国内高速船市场70%的份额。

461厂船用产品及焊接材料市场占有率高，在国内处于龙头地位，甲板机械占国内远洋船舶配套市场份额45%以上。471厂的大型船用铸锻件生产能力位居国内前列，船用轴舵系产品、柴油机运动部件的国内市场占有率均达到80%，低速柴油机大型曲轴则达到40%，螺旋桨达30%。

3）自主创新能力突出

武船是"创新能力十强"的国家船舶工业企业，企业技术中心为国家级，拥有多个研究机构，具有核心工艺技术创新与应用、联合设计、独立设计、重大工艺技术攻关的业绩和能力；武船自行设计建造了1000立方米液化气船，其建造的1500吨小水线面双体船、穿浪船具有国家自主知识产权。南华高速拥有消波型高速船的自主知识产权和设计能力，并依托武汉理工大学共享研发资源和信息，联合成立了教育部高速船重点实验室。

4）配备良好的产业基础

非船产品快速发展形成产业互补优势，厚壁无缝钢管、钢箱梁、大型钢结构和非标成套设备制造安装能力在国内占有重要地位。武汉及周边地区拥有良好的产业基础，具备承接造船工业转移的客观条件。同时，如武钢二热轧成为国内优质船用板基地,武汉市机电工业存量较大,可以为船舶制造提供更广泛的配套空间。

2.1.2.2 武汉航运服务资源

1)行政资源

武汉市因水而兴,是我国中部地区航运资源最丰富的中心城市,武汉是长江全线水利、航运管理中心所在地,汇集了国家、省、市三个层面的航运管理机构,见表2-4。

表 2-4 武汉市行政资源

行政资源	涉及机构
长江航务行政管理资源	长江航务管理局 长江海事局 长江航道局
长江水利行政管理资源	长江水利委员会
湖北港航及海事管理资源	湖北省交通厅港航管理局 湖北省地方海事局
武汉港航及海事管理资源	武汉市港航管理局 湖北省武汉市地方海事局

2)航运金融服务资源

武汉市内已有银行业金融机构22家、外资银行5家、保险公司39家、证券公司总部2家(长江证券,天风证券),银行密度居中部第一,已初步显现出区域性金融中心的雏形。拥有汇丰银行、法国兴业银行、东亚银行、瑞穗实业银行等外资银行以及总部在武汉的银行(汉口银行、湖北银行以及武汉农村商业银行)。中国工商银行、中国建设银行、中国农业银行、中国银行在武汉网点均超过100家。继工行、建行、交行、民生、招行等银行先后组建了金融租赁公司后,光大金融租赁公司于2010年在汉开业。目前,武汉已形成盘龙城第一企业社区、建设大道金融街总部区、武昌中南路总部经济区等几个重要的总部经济基地。武汉成为我国首批现代物流示范城市、首批"三网融合"试点城市。

毫无疑问,近年来武汉港口经济的蓬勃发展,金融的支持功不可没。但武汉同全国其他港口城市一样,航运金融发展非常落后,与国际上航运中心城市相比差距很大,很难适应国际航运中心建设的需要。下面从四个方面分析和总结武汉航运金融发展的现状。

（1）航运贷款

船舶抵押贷款、租赁贷款是沿海省市航运企业主要融资方式。目前国内船舶融资市场的分布情况，交行、工行和中行3家银行占据融资市场总体比例的75%，其他融资机构占据25%。目前武汉新港范围内开展航运金融业务的机构较少。

2008年11月8日，在武汉召开了"黄金水道"武汉市中小水运企业船舶融资产品发布会，该发布会由上海浦发银行武汉市分行和武汉市港航局共同推行，是武汉市政银合作正式启动的起点，为促进武汉市中小水运企业发展、搭建融资平台产生了积极的作用。

（2）航运保险

2010年武汉保险业实现保费收入166.23亿元，同比增长35.25%，占全省总保费的33.22%，出现了超常规增长的良好势头（数据来源：湖北省保监局网站）。发展航运保险的基础是武汉保险业的飞速发展。但目前武汉航运保险市场的主导仍然是外资，包括境外知名的保险公司及外资保险公司。

（3）其他航运金融情况

在新兴航运金融业方面，武汉的发展相对滞后。近年来国际市场上航运金融产品创新层出不穷，船舶融资租赁、海运信托计划、船舶产业基金、运费衍生品等新兴航运产品越来越受到航运企业的欢迎。但武汉目前此类航运金融产品尚属空白。

3）航运交易资源

（1）航运交易

近年来武汉港口经济的蓬勃发展，金融的支持功不可没，已初步显现出区域性金融中心的雏形。航运交易资源方面，2011年11月，武汉航运交易所揭牌，这是继上海、重庆、广州之后我国第四个航交所。武汉航运交易所是武汉长江中游航运中心市场服务体系的重要组成部分，是武汉航运中心的标志性机构，是武汉航运中心的重要载体，也是通过市场进行资源配置的重要环节。

（2）船舶交易

武汉市是全国最早成立船舶交易管理机构的城市之一。据统计，武汉市拥有从事船舶交易的中介组织50家，2010年全年交易本籍船舶30余艘，总交易额为0.7亿元左右。相对于船舶交易较发达的舟山等地，武汉市的船舶交易市场开放程度和发展水平较低，没有健全的诚信体系，存在企业分布零散、规模偏小、市场组织无序等问题。随着近年来湖北武汉水运事业迅猛发展，运量大幅增长，市场规模不断扩大，2010年交通运输部出台了相关规定，使船舶交易环境更加良好,推动了船舶交易业的发展。

武汉船舶交易中心目前正由武汉市港航局筹建。武汉初步规划投资 1 亿元建设武汉船舶交易服务中心,包括位于汉南区的船舶交易船舶停靠码头和 8000 平方米的船舶交易大厅。建设期主要采取政府出资的方式进行投资,市港航局现有的船舶交易所通过入股的方式加入。武汉船舶交易中心的功能主要有提供船舶交易大厅、提供待交易船舶的集中停泊区、引入船舶交易经纪人、引入船舶价格资产评估机构、引入金融服务机构等。

2.1.2.3　航运中介资源

在航运中介方面,主要是指船代、货代、外代以及船员劳务等。湖北省现有航运代理企业 238 家,主要经营水运货运代理以及国内船舶运输代理业务。

近年来湖北正着力打造"湖北船员"品牌,力争把湖北省建设成为全国重要的船员培训外派基地。2004 年至 2007 年,全省共招收培训各类外派船员近 4600 人。2007 年,向外输送各类船员 2510 人次,比 2003 年增长近 3 倍,在国内外的影响逐年扩大,国内很多船员劳务经营公司对湖北省船员产生了浓厚的兴趣,多家航运企业在武汉设立了招募分支机构。2008 年 4 月 5 日,全球最大航运公司——马士基集团宣布,在武汉成立船舶管理公司武汉有限公司,作为该公司在全国唯一的培训基地,培养甲板及机舱高级船员,形成"国际船员库"。

2.1.2.4　海事法律服务资源

海事法律服务作为航运业软环境建设的重要一环,是发展武汉港口经济,建设武汉航运中心,提高城市竞争力的一个重要保障。

1)海事法院

目前全国有 10 家海事法院。作为全国 10 家海事法院中唯一设立在长江港口的武汉海事法院地处"九省通衢"的湖北省武汉市,它是我国内地唯一涉外的海事审判机关。在全国 10 家海事法院中,武汉海事法院管辖区域最长最广,负责管辖区域内发生的各类海事、海商纠纷案件以及与海事、海商纠纷相关的特别程序案件的审理和执行。

截至 2007 年 4 月底,武汉海事法院共受理一审海事、海商案件 13940 件,立案标的额 107.52 亿元;扣押各类船舶 368 艘,其中外轮 129 艘;结案 13601 件,结案标的额 102.73 亿元;审理的案件类型达 30 多种,案件当事人涉及美国、英国、俄罗斯、日本、巴拿马和我国台湾、香港、澳门等 40 多个国家和地区。

2)海事仲裁

我国专门受理海事纠纷的仲裁机构只有中国海事仲裁委员会,附设于中国国际贸易促进会,该机构设在北京,于上海、广州、大连、天津、宁波、青岛等地设有办事处。武汉市仲裁委员会现有仲裁员 597 名,遍布全国 16 个省、自治区、直辖市及香港、台湾地区,在英国、法国、美国、新加坡、韩国也聘有一定数量的仲裁员,其中包括部分能够处理海商海事案件的专业仲裁员。

此外,开展海事仲裁最基本的条件是需要有高水平的仲裁员。以中国海事仲裁委员会的仲裁员名册(2011 年 5 月执行)为例,内地的仲裁员共 184 名,其中居住在武汉的仲裁员 1 名。

2.1.2.5　行业协会和专业学会资源调查

各类行业协会是航运活动的市场主体之一。武汉市因水而兴,是全国重要的工业基地、科教基地和交通通信枢纽,在湖北省及中部地区发展中发挥着重要的引领作用。作为我国中部地区的中心城市,武汉与航运相关的行业协会与专业学会数量繁多,规模大小不一,其中在航运领域的影响力较大的行业协会和专业学会见表 2-5。

表 2-5　武汉航运行业协会及专业学会

名称	成立时间	会员单位	业务范围
武汉市交通运输协会	1986 年	700 余家,涉及铁、水、公、空、城市公交、邮政行业等多个领域	咨询调研、企业服务、交通物流等方面
中国港口协会长江港口分会	1993 年	长江干线港口、地方港口、地方交通部门、交通科研院校、港航单位及航道海事等团体会员单位	范围为长江水系,属交通部部管社团组织
武汉造船工程学会	1952 年	涉及内河及江海直达船舶设计与建造,分节驳顶推技术,船舶振动与噪声、舰船消磁理论与研究、舰艇设计与建造,船型研究及肋骨弯曲加工装备新工艺等方面的单位	紧密围绕各单位生产、科研的关键课题开展学术活动
中国船东协会	2001 年	从事水上运输的商船所有人和经营人、管理人	非营利性社会组织,业务范围广泛

续表 2-5

	名称	成立时间	会员单位	业务范围
中国航海学会	武汉航海学会	1979 年	湖北省和长江干线航海科技工作者及交通系统中有关单位	学术交流、科技咨询、人才培训、科普教育等
	中国航海学会内河船舶驾驶专业委员会	1982 年	武汉理工大学,全国航运企、事业单位	科技服务、教育及培训、学术交流、国际合作等
	中国航海学会内河海事专业委员会	1988 年	全国内河省级地方海事机构和部属部分海事单位	用于党和政府联系海事科技工作者,发展海事事业

资料来源:湖北·武汉航运资源调查研究。

2.1.2.6 航运研发与教育资源

武汉是全国的科教重镇,也是最具规模和影响力的航运科技研发机构、航运人才培训基地的集聚地。以武汉理工大学、海军工程大学为代表的高等院校,以长江船舶设计院等为代表的船舶科研设计院所,以长江航运规划设计院为代表的水运规划单位,以武汉理工大学船员培训中心为代表的航运人才培训机构,为武汉长江中游航运中心的建设提供了全方位的科技与人才支持,使武汉成为现代航运科技与人才的高地。截至目前,武汉市共有航运研发机构 15 家、航运类教育机构 19 家。

1)航运研发资源

航运研发资源主要是指涉及航运科研业务的科研院所。包括港口、航道设计院所及船舶设计院所。目前,武汉市共有 15 家航运研发机构,其中航运类科研单位 9 所,船舶研发单位 9 家,见表 2-6。武汉拥有的长江航运研发资源丰富多样,居全国之冠,其船舶研发设计能力全国第一,明显优于长江上游的重庆、下游的南京和周边的岳阳,是长江流域的航运研发中心。

表 2-6　武汉航运研发机构一览表

类型	名称
航运类	长江航道规划设计研究院;长江航运规划设计院;中交武汉港湾工程设计研究院;中交第二航务工程勘察设计院;长江勘测规划设计研究院;中交第二航务工程局有限公司;武汉理工大学;海军工程大学;华中科技大学

类型	名称
船舶类	中国舰船研究设计中心(701 所);中国船舶重工集团公司第七一二研究所;武汉第二船舶设计研究所(719 所);长江船舶设计院;武昌造船厂技术中心;南华船舶设计研发中心;武汉理工大学;海军工程大学;华中科技大学

2)航运教育资源

航运教育资源主要是指涉及航运类教学、培训的相关院校。目前,武汉市共有 19 家从事航运教育的单位,其中开设航运类专业的高校有 9 所,开展航运人才培训的机构 10 所,见表 2-7。武汉市开设船舶、水运、港口贸易等航运相关专业的高等院校众多,培训机构数排名第一,开展培训项目数全国第三。另外,开设金融、法律、贸易等配套专业的高校数也在全国数一数二。每年为航运业培养大批人才,航运教育、培训能力在全国名列前茅。同时,武汉市航运教育培训层次鲜明,可培养多层次的航运人才,满足航运业的不同需求。

表 2-7 武汉航运教育机构一览表

类型	机构名称
高校	武汉理工大学;海军工程大学;华中科技大学;武汉航海职业技术学院;湖北交通职业技术学院;武汉船舶职业技术学院;武汉交通职业技术学院;武汉海事中等职业技术学校;武汉航道学校
培训中心	中国长航国际海员培训中心;武汉长江船员培训中心;长江海事局职工培训中心;武汉斯考根海员培训中心;武汉理工大学船员培训中心;武汉海员培训中心;湖北圣彼德船员培训服务有限公司;湖北交通职业技术学院培训中心;武汉交通职业技术学院培训中心;武汉海事中等职业技术学校培训中心

2.2 武汉长江中游航运中心的提出

武汉位于长江中游,长江与汉江在此交汇,素有"九省通衢"之称,是湖北省省会,是长江流域四个特大中心城市之一。武汉依水而建,因水而兴,在历史上就是我国内陆最大的航运中心、贸易中心和金融中心。改革开放以来,尤其是我国加入 WTO 后,我国内外贸易发展迅猛,长江航运在我国经济社会发展中的地位和作用日显重要。武汉以其独特的区位优势和综合实力,在长江流域经济发展中发挥着重要作用,将武汉建设成为长江中游航运中心是十分必要的。

2.2.1 武汉长江中游航运中心的定位

航运中心是一个功能性的综合概念,是集金融发达的航运市场、丰沛的物流、众多的航线航班于一体,一般以贸易、金融、经济中心为依托的航运枢纽,是港口功能不断拓展和延伸的产物。其核心内涵是以航运为核心纽带,凭借航线稠密的集装箱枢纽港、深水航道、集疏运网络等硬件设施通过提供优越的航运、口岸、金融、信息等服务,提高地区整体竞争力、促进区域协调发展的航运综合服务体系。航运中心按照其发展的阶段可以分为四个层次:

萌芽阶段的航运中心,航运要素向港口集中,扩散效应小,主要集聚物质资金,以港航业发展为主,比如码头、造船。港航产业集群还处于发展阶段。

第一代航运中心是指基本航运业务聚集地,主要业务是提供航运需求和航运供给。航运需求是指水路运输货物;航运供给是指造船、船员、船公司等船舶运力供给。

第二代国际航运中心的主要业务是航运服务,航运服务是指为了完成货物水路运输所提供的服务,航运服务包括船舶中介代理、船舶保险、船舶经营等业务。

第三代国际航运中心的主要业务是智能航运。第三代国际航运中心是航运知识的集散地,拥有专门航运研究及咨询机构,是航运界重要组织和决策制定的所在地,积极推广航运新标准、新理念、新方法、新技术。

2012 年 4 月 16 日,《武汉长江中游航运中心建设发展战略纲要》将武汉长江中游航运中心定位为:中部地区主要的集装箱运输基地、船舶制造基地、航运综合服务基地、物流及贸易基地、航运科技与教育基地和信息服务基地;我国重要的水运交通枢纽、物资集散枢纽、港口经济枢纽;具有国际影响力的现代化、规模化内河航运中心。

由此定位可知,武汉长江中游航运中心的发展方向为腹地型、区域性航运中心,以武汉新港为依托,以现代化枢纽港和较发达的集疏运网络为基础,实现航运产业要素聚集、航运服务体系完善、航运市场规范、物流服务高效,连接内陆腹地与沿海地区,承接上海和重庆两个航运中心,促进国际、国内两个市场协调发展,全面促进长江经济带的整体联动。

武汉长江中游航运中心的主要功能定位如下：

1)综合物流中心。大力发展综合物流体系，在提供传统业务的同时，发展流通加工、金融、报关、商检、船舶货物保险等全方位、优质化的港口物流服务。

2)集疏运网络中心。建立以武汉新港为核心的集装箱、大宗散货运输体系，优化内河运输资源配置，加强江海直达、班轮运输、水水中转服务。形成以港口为端点，多式联运为运输通道的综合运输网络体系。

3)航运综合服务中心。开发和培育船舶融资市场、船舶买卖市场和租船市场等各类航运要素市场；建立航运经纪人制度和航运保险制度，提供完善的船舶交易、船舶管理、船舶检验、船舶供应、航运服务、航运经纪、航运咨询、货代船代、金融贸易等航运综合服务；加强航运人才的培训管理，形成完整的航运服务产业链；开展航运论坛，承办航运会议，加强与国内外有关航运的机构组织之间的联系。

4)航运综合信息中心。依托航运交易所，定期发布相关研究报告与数据信息，提供船舶交易、运价信息等港航信息发布服务；建设船舶交易信息平台；建设航运中心综合信息共享平台。

2.2.2 武汉长江中游航运中心建设的必要性分析

1)内河航运发展的需要

内河航运从人类早期就存在了，是历史最为悠久的运输方式，以其资源节约和环保优势促进经济发展。水运其本身占地少，具有污染轻，成本低，能耗小，运量大等优点，具有很大的优势。然而，随着航空、公路、管道、铁路等运输方式的兴起，在交通运输体系中内河航运的地位有所下降。

长江水运量2000年以来年均增长率为15.2%，而同期沿江省市的GDP增长率为12.7%，落后于长江水运量年均增长率。目前，沿江电厂所需83%的电煤，钢铁企业生产所需80%的铁矿石的运输由长江干线承担，长江干线不但促进了沿江企业的发展，还对沿江产业带、经济带的形成产生了巨大的推动作用。

尽管内河航运近年来发展有所提速，但内河航运的综合利用能力还远没有发挥。由于多种缘由，内河航运遇到一些问题，比如法律法规体系不完备、资金投入不足、航道建设滞后等，阻碍了内河航运业的发展。

武汉地处长江中游，武汉航运中心是我国内河航运网络的重要节点。内河航运想要继续发展，武汉长江中游航运中心的建设是不可或缺的一环。武汉长江中游航运中心的建设不但要以加大航道整治力度,建设高等级航道网络为重点,还要以构建绿色智能化航运体系为发展方向,从而吸引内河航运资金投入、加快航道建设、推动航运法律法规体系的建设。

2)促进长江流域经济协调发展的需要

长江流域形成了东部地区以上海、中部地区以武汉、西部地区以重庆为中心的发展态势,东、中、西部的协调发展需要依托长江这条重要纽带和运输大通道。当前,东部沿海地区经济发展成效显著,西部大开发战略加快实施,进展顺利。我国经济格局目前的明显特征是东西部及南北方之间存在较大的经济水平和经济结构差异,要形成中国经济总体布局的均衡态势和完整结构,作为承东启西的中部必须成为坚实的连接带。建设武汉长江中游航运中心可为长江中游经济发展提供一个重要的支撑点,带动武汉及中部地区经济的发展。因此,建设长江流域上海、武汉、重庆三大经济中心,交相呼应,辐射周边地区,必将极大地推动沿长江经济主轴线的建设,这对实现长江流域经济的全面、协调、可持续发展具有十分重要的促进作用。

长江干线的现有港、站共 200 多个,基本形成了以重庆、南京、上海、武汉为中心的港口群,但从长江港口整体上看,结构不尽合理,功能不够完善,长江港口资源的大力整合十分必要。

1994 年国家正式提出建设上海国际航运中心,以上海经济圈、长三角经济圈、长江经济带和沿海经济带为主要腹地,促进和培育发展国内集装箱市场,使国际集装箱中转货流被主动吸引,从而使上海国际航运中心成为国际集装箱运输的枢纽港以及国际集装箱干线运输网络中的重要节点。以上海港为中心的港口群基本形成,上海港已经完成其国际集装箱运输的枢纽港的任务目标。

重庆长江上游航运中心 2009 年正式上升为国家战略,以长江为干线,嘉陵江、乌江为支线形成"一干两支"干支相通、通江达海的叶脉型高等级航道骨架,改善航道 1908 千米,新增航道 270 千米,实现万吨级船队通江达海;以重庆主城、万州、涪陵三个枢纽港区为中心,形成层次分明、布局合理、大中小结合的港口群,形成集装箱、汽车滚装、化学危险品、旅游客运运输体系,成为三峡旅游客运集散地、集装箱运输集并港、大宗货物中转港和长江上游外贸货运的主枢纽。

武汉与重庆、上海各距 1000 千米左右,处于长江流域中部,具有非常明显的区位优势。水路运输条件优越,长江、汉江在武汉交汇,并且还可以辐射到鄱阳湖、江汉水网地区以及洞庭湖,航空、公路、铁路运输也非常方便。在 600

多千米的长江上下游范围内,上有岳阳、荆州、宜昌等重点港口;下有芜湖、九江、铜陵、安庆、黄石等重点港口。武汉长江中游航运中心的建设,对于形成长江航运发展格局、三大航运中心上中下呼应,从而提供航运保障,促进沿江经济发展十分有利;对于港口群体优势的充分发挥,行政区划界限的突破十分有利;对于长江中游港口群的形成,港口资源的整合十分有利。

3)完善中部地区综合交通运输体系的需要

综合运输的发展离不开各种运输方式的协调发展。近10年来,武汉各种运输方式取得了重大进展。铁路方面,武汉是京广、京九、武九(沿江铁路)、汉丹等主要线路的交汇点,年货运量5000万吨,货运周转量450亿吨公里;公路方面,以武汉为枢纽站、连接周边地区的运输体系已基本形成,并通过京珠、沪蓉等高速公路辐射各地,年货运量7000万吨,货运周转量约50亿吨公里;水路方面,武汉主枢纽港、汉江水运主通道建设及长江航道治理等工程正在进行,干支、江海运输势头良好,集装箱运输量突破11万标箱,但年货运量仅3000余万吨,货运周转量也只有近200亿吨公里。水运的优势并没有得到充分的体现,其在各种运输方式中的比重也相对偏低。

加快建设武汉长江中游航运中心,将使航运在低成本、大运量上的优势得到充分体现,以这种具有明显优势的资源来整合各种运输方式的协调发展,既有利于运输的合理分工,又能够推进更经济合理的运输系统的构建,从而在很大程度上完善武汉乃至湖北的综合运输体系,推进交通运输整体的现代化。

4)建设武汉城市圈的需要

2003年11月8日,"武汉城市圈"概念由湖北省正式提出。武汉城市圈("1+8"城市圈),以武汉为中心,黄冈、鄂州、黄石、仙桃、咸宁、孝感、潜江、天门等8个城市为辅助。城市圈的建设,涉及教育、交通、工业、旅游、金融等诸多领域。2007年12月,武汉城市圈被中央正式批准,成为国家"两型"特区。武汉城市圈在国家"中部崛起"战略下应运而生,起着领跑"中部崛起"的作用。武汉城市圈的提出和建立,使湖北成为内陆重要经济增长极,一步步向中国城市圈第四极的目标靠近。而作为"1+8"城市圈中的"1",武汉需要承担起领头羊的作用,成为华中地区的经济、贸易和物流中心,就必须加快交通建设,尽快形成水运、管道、航空、公路和铁路多种运输方式协调发展、衔接顺畅的综合运输网络。航运中心是交通运输网络的重要节点,其科学规划、合理建设、有效运营对于促进城市和区域经济的增长有着重要的保障和促进作用。建设武汉长江中游航运中心,可以带动"武汉城市圈"内各主要城市的经济发展。

2.2.3 武汉长江中游航运中心的发展进程

2008年5月,湖北省委、省政府站在协调发展的高度,根据武汉港口的现实情况,提出了重大战略决策——建设武汉新港,并将其作为推动武汉城市圈"两型社会"综合配套改革试验区建设,中部崛起战略推行的重要一环。

2009年,完成投资40.8亿元;货物、集装箱吞吐量分别达到8657万吨、56.5万标箱,同比分别增长4.1%、20%。2010年,完成投资76亿元,同比增长86.4%;货物吞吐量一举突破1亿吨,同比增长19.3%,在长江中上游率先跨入"亿吨大港"行列;集装箱吞吐量65万标箱,同比增长15.1%,实现了"十一五"的圆满收官。2015年,投资完成261.4亿元,集装箱吞吐量达到106万标箱。

2010年5月9日,"武汉新港管理委员会"揭牌,按照"亿吨大港、千万标箱"战略目标,武汉新港突破行政区划界限,由原武汉港和鄂州、黄冈、咸宁三市部分港区组成,统一规划建设。5月18日,湖北省政府首次在香港主办的武汉新港香港推介会上签约24项,逾600亿元。

2010年8月27日,武汉新港管理委员会召开"落实湖北省政府〔90〕文件精神专家咨询会",湖北省将在土地政策、资金政策、项目促进政策、企业扶持政策、集装箱发展扶持政策等方面对武汉新港的下一轮发展给予政策优惠,全面推动武汉新港建设。也正是这一年,武汉新港货物吞吐量首次破亿吨,成为长江中上游(南京以上)首个跨入亿吨的港口。

2011年1月,国务院《关于加快长江等内河水运发展的意见》(国发〔2011〕2号),明确提出加快武汉长江中游航运中心建设的要求;9月8日,湖北省人民政府《关于加快推进湖北水运业跨越式发展的意见》,确立"利用10年左右的时间,全面建成武汉长江中游航运中心"的目标。

2011年5月31日,世界第二大集装箱航运公司——瑞士地中海航运公司落户武汉光谷,标志着该公司全球范围内首个信息数据处理公司正式运营,标志着武汉吸引高端航运要素集聚能力已开始破茧。

2011年6月13日,在长江水运发展协调领导小组第三次会议上,交通运输部与沿江七省二市人民政府签署的《关于合力推进长江黄金水道建设的若干意见》中明确指出,将加快武汉长江中游航运中心建设。会上,湖北省副省长段轮一提出,将利用10年时间努力实现湖北由水运大省向水运强省跨越,着力从畅通水运大通道、建设港口大枢纽、发展环保大运能、保障水运大安全、构建信息大平台、布局沿江大产业等六个方面全面推进。

2011 年 7 月 3 日,推进航运中心建设的标志性建筑——武汉长江航运中心大厦开工。总投资 37 亿元的大厦高 330 米,为汉口临江地段在建的第一高楼,将建成长江中游最具国际化、服务功能最完备的港务枢纽综合体,为国内外港航企业提供集口岸服务、公共信息、港航政务、航运交易、金融商务服务和企业总部入驻等功能于一体的一流服务环境。

2012 年 3 月,财政部、海关总署、国家税务总局联合发布《关于在上海试行启运港退税政策的通知》,在通知中明确提出从 8 月 1 日起,在武汉新港阳逻港试点启运港退税政策,阳逻港区成为长江沿线首个也是唯一一个试行启运港退税政策的口岸。拥有启运港退税这一政策优势,从阳逻港启运外贸集装箱货物,发往上海洋山保税港区中转至境外,在离开武汉之时就可办理出口退税,办理时间较以往提前 2 周到 2 个月,进一步提升了武汉新港的集聚辐射能力。

2012 年 7 月,国务院又通过了《关于大力实施促进中部地区崛起战略的若干意见》,明确提出“加快长江流域开发开放,探索建立沿长江大通关模式,支持具备条件的地方设立海关特殊监管区域”。这为备受关注的武汉新港申报保税港区带来极大利好。

从武汉长江中游航运中心的发展进程可以看出,首先武汉长江中游航运中心是中央政府制定的长江三大航运中心之一,受到国家的大力支持以及湖北省委省政府的高度重视;其次武汉航运中心属于地区性航运中心,因为湖北省是武汉长江中游航运中心的主要的直接腹地,并且涵盖了长江中游经济带,武汉航运中心连接直接腹地的主要节点为湖北省境内的汉江流域、黄石、荆州、宜昌和襄阳等港口城市,而且周边地区为武汉航运中心的主要业务来源;最后,武汉航运中心目前的业务以基础航运为主,处于航运中心发展的萌芽阶段。

2014 年 2 月,湖北省人民政府同意了湖北省交通运输厅出台的《武汉长江中游航运中心总体规划纲要》,并印发给各市、洲、县人民政府,省政府各部门,进一步确立了武汉长江中游航运中心的发展目标、体系结构和发展思路。

2.3　武汉长江中游航运中心与中部崛起的互动关系

武汉长江中游航运中心建设和发展对中部崛起具有重要的支撑和促进作用。武汉长江中游航运中心的发展壮大为中部地区的经济发展打下良好的基础;反过来,中部崛起对武汉长江中游航运中心建设具有较强的反哺作用。中部地区经济越发达,对外经济联系越频繁,对武汉长江中游航运中心的运输需求也就越大,由此推动港口规模扩大和结构演进,推动武汉长江中游航运中心的建设与发展。

2.3.1 武汉长江中游航运中心对中部崛起的作用分析

武汉长江中游航运中心对中部崛起的作用主要体现在航运中心航运要素极化效应与扩散效应上,极化效应使武汉航运中心本身不断发展,成为区域经济发展的增长极,扩散效应使该增长极影响范围不断扩大,不断带动区域经济发展,实现中部崛起。

2.3.1.1 武汉长江中游航运中心对中部崛起的作用机理分析

1)武汉长江中游航运中心极化效应分析

极化效应是指迅速增长的推动性产业吸引和拉动其他经济活动的效应。航运中心极化效应是指航运中心各要素不断相互作用过程中促使航运要素不断集聚而产生迅速增长的产业集群,进而吸引和拉动腹地区域经济活动的效应。

航运中心的区位优势非常显著,会吸引相关企业的入驻,从而形成产业带。在这样的产业空间里,企业可以利用航运中心良好的交通设施和区位条件降低自己的运输成本因子,并由于企业的聚集产生的规模经济,降低自己的成本;并且,由于航运中心所在的经济环境,可以使企业得到技术的提升以及获得高素质人才,从而进一步地提升企业的竞争力。因此,在航运中心,大量的产业由于航运中心的优势和特点不断极化,使得航运中心的极化效应呈现加速发展的效果,这样导致更多的产业在航运中心处极化。同时随着生产要素和众多产业在航运中心不断极化,也促进了航运中心快速发展,基础设施不断完善,形成结构功能更加完善的港航综合服务部门,航运中心极化能力不断增强。

武汉市良好的区位优势也极大提升了武汉航运中心的极化能力,武汉及其腹地的中部地区相关工业在武汉航运中心不断集聚和发展。现代工业产业日益呈现出国际化社会分工和专业化集中生产的发展趋势,在武汉长江中游航运中心的生产要素不断极化和工业的发展过程中,重点产业如化工业、煤炭工业、造船工业、汽车工业、钢铁工业和纺织工业都会在武汉航运中心的腹地不断极化,现代工业产业在武汉高度极化产生了产业规模化效应,形成了以武汉长江中游航运中心为中心的城市经济带。武汉长江中游航运中心的临港产业发展迅速,尤其是东部循环经济区临港产业发达,钢铁产业、矿建产业蓬勃发展,重化工加速在临江布局,拥有全国四大粮食物流中心之一、华中地区最大的钢铁物流基地,还有建设中的华中国际商贸物流基地、武汉煤炭物流配送中心,这些都将形成强大的货源生成能力,为武汉长江中游航运中心沿线港口带来货源支撑。武汉长江中游航运中心的极化能力不断显现出来。

生产要素和众多产业在武汉长江中游航运中心的不断极化也促进了武汉长江中游航运中心快速发展,结构功能也不断地完善。一方面表现在武汉长江中游航运中心形成了港航综合服务密集区和与港口及航运生产密切相关的配套服务功能,如船舶制造、维修、检验服务,口岸边防、报关、检验检疫、海事仲裁服务,以及与航运相关的商务、信息咨询、金融、保险、研发培训等服务。另一方面表现在港口基础设施不断完善,而以港口集团及大型船公司为代表的骨干企业开始出现,武汉长江中游航运中心的运营效率提高,同时集疏运基础设施和集疏运方式不断发展,港口与腹地交流愈加便捷,港口企业、航运公司、集疏运企业等港航产业集群的规模持续快速扩张。

2)武汉长江中游航运中心扩散效应分析

航运中心的扩散效应是指由于航运中心所在区域的产业的不断极化,对周边区域产生了影响及拉动作用,它是在航运中心的极化效应进行到一定程度后开始出现的。首先,由于航运中心的极化作用,使得生产要素不断向航运中心集中,从而提高了航运中心的比较优势和竞争力,使得极化作用不断加快,而当这个极化过程达到一定程度时,由于集聚不经济现象的出现,因生产要素的聚集所能获得的经济效果开始减弱。当出现这种情况时,航运中心的间接腹地由于其与航运中心的运输成本因了较低,成了承接生产要素和产业的最佳转移区域。这些转移的产业和生产要素在航运中心的间接腹地重新找到了利润空间。而航运中心的直接腹地由于产业的转移重新具备了投资吸引力,并且拉动了周边间接腹地的产业和经济的发展。

对于区域发展,航运中心的极化效应与扩散效应反映了航运中心与区域发展的关系。航运中心的极化效应和扩散效应是航运中心影响区域发展的方式。首先,在航运中心的发展过程中,会吸引周边区域的生产要素向其聚集,从而产生极化效应,当区域的容量达到一定程度时,扩散效应开始出现,向周边新的空间和区域延伸。随着这种扩散效应的出现,航运中心的发展带动了直接腹地以外的区域的发展,从而产生新的极化和扩散效应。在航运中心的极化与扩散效应作用下新旧产业不断地进行着"极化—扩散—再极化—再扩散"的转移过程,从而促进区域社会经济发展。

　　武汉处于中国经济地理的核心位置,长江黄金水道横贯东西,京广铁路、京珠高速公路沟通南北,是我国国家级综合运输枢纽,与中部其他地区相比,具有通江达海、承东启西、接南连北明显的区位优势和综合交通优势。加快武汉发展,能够起到带动湖北省和周边地区经济社会发展,促进中部地区尽快崛起的重要作用。武汉长江中游航运中心进一步发挥了武汉得天独厚的区位优势,特别是长江水运优势,完善了武汉国家级综合运输枢纽,扩大了对外聚集和辐射能力。在武汉长江中游航运中心的极化效应影响下,武汉长江中游航运中心的直接腹地以高于其他区域的速度快速发展,集装箱运输、配送、加工制造等临港产业具有一定规模。当直接腹地的规模经济效应达到一定程度,在这种情况下,航运中心的扩散效应开始凸显,直接腹地的部分产业开始通过直接的交通运输通道向航运中心的间接腹地区域转移。中部六省的工业优势为拥有全国最大的中、厚、薄板和特殊钢基地,最大的中型货车生产基地,最大的重型机床和包装机械生产基地,我国第二大汽车生产基地等,形成以煤炭、电力、冶金、机械、化工、纺织等为主的门类齐全的工业体系。这些地区的经济为航运中心提供了充足的货源,在未来的 5 到 10 年,即使长江中游航运的服务范围仅仅覆盖河南南部,湖北全境,四川、重庆大部,湖南北部地区,也极有可能成为左右"世界工厂"的枢纽港口。

　　跨入新世纪,区域经济一体化趋势深入发展,生产要素流动和产业转移进一步加快,尽管目前中部地区对内对外开放程度和经济外向依存度都较低,但不容置疑的是,湖北省及周边地区与其他区域的经济联系和相互影响将不断加强和深化。武汉长江中游航运中心进一步发挥了长江黄金水道通江达海的优势,缩短了湖北省及周边地区与国际市场的距离,更加充分地利用国际国内两个市场、两种资源,加快区域经济与全球市场接轨,促进湖北省及周边地区在更大范围、更广领域和更高层次上参与长江流域乃至国际经济技术合作和竞争,进而推动湖北省的优势农产品生产加工区、现代制造业聚集区、高新技术发展区、现代物流中心区的建设和发展。

　　2.3.1.2　武汉长江中游航运中心相关产业对中部崛起的作用分析

　　长江黄金水道是世界上运量最大、运输最繁忙的通航河流,对促进流域经济协调发展发挥了重要作用。2011 年《国务院关于加快长江等内河水运发展的意见》提出加快长江等内河航运发展,明确了武汉长江中游航运中心的战略地位。从战略层面上看,加快建设武汉长江中游航运中心,打造江海直达航运快线,形成与上海国际航运中心和重庆长江上游航运中心东西呼应之势,能够缩短中部地区与东西部和国际市场的距离,推动中部地区的崛起。

这也为长江中游地区的经济发展带来了难得的历史机遇。

根据武汉航运中心的体系结构,本课题从港口运营、基础航运、船舶制造、航运服务业和航运教育业五个方面分析武汉长江中游航运中心对中部崛起的作用。其中,港口运营包括港口基础设施建设、航道建设及养护、集疏运体系建设、引航、拖带、理货、邮轮服务、装卸业务等;基础航运及船舶制造业务主要包括航运业务、船舶制造等;航运服务业务包括船舶登记、船舶交易、航运经纪、海事审判和仲裁、航运咨询、船舶检验、救助和打捞、航运融资、航运保险、海事管理、行政管理、口岸管理与服务、港航及相关协会等非金融和金融服务;航运教育业主要指涉及从事航运类教学、培训的相关院校。

1)港口业对中部崛起的影响

港口作为航运中心的重要的组成部分,港口的活动会对区域产出、就业、相关行业发展等方面产生影响。港口对中部崛起的影响主要体现在两个方面。一方面是港口建设对中部崛起的促进作用。武汉长江中游航运中心的港口建设包括港口基础设施建设、港口航道建设养护、集疏运体系建设等。武汉新港正逐步完成阳逻港区下的西区、东区、老区和白浒山港区下的北湖作业区的规划建设和武汉工业港区部分泊位的新(改)建,努力完善以上港区集疏运设施和港口支持保障体系的建设以及供水、供电、通信等设施的配套建设,解决好土地规划和港口建设的关系。武汉新港作为武汉长江中游航运中心的主要组成部分,是全国内河主枢纽港口之一,国家一类对外开放口岸。同时,船舶大型化趋势也对港口航道、水域和泊位前沿的水深有更高的要求,航运中心在硬实力的发展上必须依赖于港口附近广阔且具有持续开发空间的深水岸线资源。武汉新港所在长江段具有良好的深水岸线资源,居长江中游显著地位。武汉新港较完备的港航基础设施为武汉航运中心建设乃至中部崛起奠定了坚实基础。

武汉新港基础设施建设给中部地区带来大量的投资,这部分投资首先会引起武汉长江中游航运中心的产出增加,从而实现中部地区产出的增加,并且由于“投资乘数效应”,还会产生更加长久和深远的影响,从而使得中部地区财政收入的增加相对于初始投资而言成倍增加,吸引资本向区域聚集,促进区域经济的快速发展。

另外一方面是港口的生产活动对中部崛起的促进作用。武汉新港对中部地区的直接经济贡献范围包括装卸搬运、生产调度、港口流动机械作业等港口装卸生产活动,理货、报关信息、货代等港口物流服务与供应,仓储中心、物流中心、堆存中心等仓储业务,集装箱运输、散货运输等运输业务等经济活动。这些经济活动不但本身会产生经济效益,给中部地区带来直接的经济效益,还通过产生相应的需求吸引资金要素投入,带来间接的经济拉动,从而促进中部地区整体的经济增长。

2)基础航运业对中部崛起的影响

航运具有运输成本低、运量大的产业特性,在当今商品经济繁荣的大环境下,是不可或缺的一环。从历史上看,沿江、沿海布置是很多国家工业布局的最优选择,并且这一布局依靠了航运的产业特性,使得沿江、沿海地区成了最繁荣的产业地带和经济地带之一,因此,武汉长江中游航运中心的建设就是我国中部崛起的重要保障。

武汉长江中游航运中心建设启动以来,航运企业船舶运力有了较快发展,船舶大型化、标准化趋势明显,航运运营组织方式多样,航运延伸服务范围广。截至2010年底,共计87家航运企业在汉注册,拥有货运船舶461艘,运力达134.2万吨,平均船舶吨位1576吨,共完成货运量1.6亿吨,货运周转量1145亿吨公里,客运量382万人次,客运周转量2.8亿人公里。武汉长江中游航运中心的发展带动了沿岸地区经济产业带的迅速发展。"十一五"期间,长江航务管理局落实投资计划78.5亿元,推动了中部经济地区经济增长,逐步形成了以重化工业为主导,冶金、石化、汽车、电力、机电、建材等大用水、大耗能、大运量产业不断聚集的经济产业带,并成为全球的重要制造业基地之一。到2011年中部地区聚集我国500强企业的近120家,钢铁和石化产量分别占到全国的17%和28%;发电量占到了全国的21%,其中水电占到了41%,是中国水能资源最集中的地区;水泥产量占全国的26%,是我国重要的建材工业基地之一;机电工业竞争优势突出,家用洗衣机、家用电冰箱产量占全国的比率不断提高,市场竞争力较强。2010年,该地区外贸出口货物达到1.12亿吨,为2005年的2.1倍,其中95%是通过长江完成的。长江已经成为促进中部地区区域经济协调发展的重要纽带,中部综合运输通道的核心组成部分和保障中部地区经济可持续发展的重要资源。

3)船舶制造业对中部崛起的影响

船舶制造业是传统海洋产业,是资金、劳动、技术密集型产业,其发展需要多个部门、行业、区域的密切配合,行业关联性大,涉及钢铁、航运、电子等上下游产业,对国民经济、生产就业、出口贸易和国防安全都有重大影响。

武汉航运中心快速发展必然会给周边的船舶制造业带来再一次繁荣的机遇,同时船舶制造业的腾飞也会因为船舶制造业的前向推动作用、后向带动作用和综合社会效应而促进武汉城市圈经济的飞速发展。船舶制造业对中部崛起的影响主要体现在以下几个方面：

(1)船舶制造业行业关联性较大,带动性强。一方面,船舶制造业的发展可以给航运业、渔业、国防等下游相关产业提供先进的技术装备,促进相关联的下游产业的发展;另一方面,船舶制造业的生产需要大量的原材料和半成品材料,涉及钢铁、机械、电子等上游产业,所以船舶制造业的发展必然会增加对上游产业的产品需求,带动上游产业的发展。

(2)船舶制造业是劳动密集型产业,同时具有高附加值的特点,对区域经济促进作用强。船舶制造业作为一个大型的综合组装式产业,在船舶组装加工时,需要大量的劳动力,这为所在区域提供了丰富的就业机会。同时船舶制造业具有高附加值。2011年,武汉船舶产品出口额占武汉城市圈机电产品出口总额1/5以上,对武汉城市圈经济促进作用明显。

(3)船舶制造业是技术密集型产业,关于船舶制造的技术在世界范围内交易频繁,船舶配套设施和相关零件的生产也常常在国际市场上公开竞标。武汉航运中心的船舶制造业的发展会加速武汉城市圈与外界的积极交流,促进武汉城市圈的快速发展。对于造船业来说,武汉已经成为内陆最大的造船基地,拥有内陆最大的船舶设计制造基地,国内军用船舶科研设计研发中心,船舶研发实力强大,科研院所众多,船舶企业竞争能力强,具有独特优势。武汉的船舶制造业在多个方面与其上游和下游产业产生联系,对武汉城市圈经济发展产生巨大的带动作用。

4)航运服务业对中部崛起的影响

航运服务业是航运中心的相关产业发展的集合,航运服务业的服务包括货运代理(货代水、陆运型)、船代、船舶租赁、船舶交易、船舶修理、拆船企业、国际货运等服务,融合了金融、信息、人才和技术等元素,体现了航运产业的集聚效应。武汉航运中心的航运服务业的发展不仅带动了武汉航运中心的建设和发展,而且对武汉城市圈经济发展也有重要的意义。武汉航运中心的航运服务业对武汉城市圈经济发展的影响主要体现在以下两个方面。

(1)带来了巨大的社会经济效益

航运服务业功能联动性较强。根据武汉长江中游航运中心的发展规划,将以长航大厦为主体,建设武汉国际经济、金融、贸易、航运中心的核心功能区,提供与航运相关的商务、信息、金融服务以及船舶检验、维修、补给等综合服务,以及边防、报关、检验检疫等服务,发挥其集聚效应,吸引航运服务产业在武汉航运中心集聚,提供生产、加工、运输、仓储、金融、保险、外贸等服务。航运服务业可以给武汉城市圈带来巨大的收益,其发展可以促进武汉城市圈第三产业的发展。伦敦港的发展也说明了这一点,虽然伦敦港年货物吞吐量不超过 1 亿吨,但凭借其庞大而先进的港口航运服务业,仍跻身于全球顶级航运中心的行列,同时给伦敦带来了数十亿英镑的收入,在英国物流业中也有举足轻重的地位。

(2)降低航运运输和交易成本

武汉航运中心的航运服务业的发展,可以提升武汉航运中心的竞争力和降低航运运输和交易成本,减少货物在港口内的滞留时间,发挥自身的区位效应,吸引更多航运要素在武汉航运中心集聚,促进武汉航运中心的建设与武汉城市圈经济的发展。武汉航运服务资源丰富,已经具备了建设航运中心的基础条件。武汉航运中心拥有货运代理、船代、船舶租赁等航运服务型企业,同时众多商业银行和金融、保险机构在武汉航运中心设立相关机构,已初步显现出区域性金融中心的雏形,为航运金融业的发展提供了坚实的基础。

5)航运教育业对中部崛起的作用

湖北省教育资源丰富,著名学府云集,是我国闻名的教育大省。同时,武汉市毗邻长江,水运行业发达,故航运人才培养、航运科研水平一直在全国名列前茅。

(1)科研院所集中,研发设计实力雄厚

武汉市与航运、船舶相关的高等院校和科研设计单位众多,居全国之冠,其船舶研发设计能力全国第一,如图 2-1 所示。

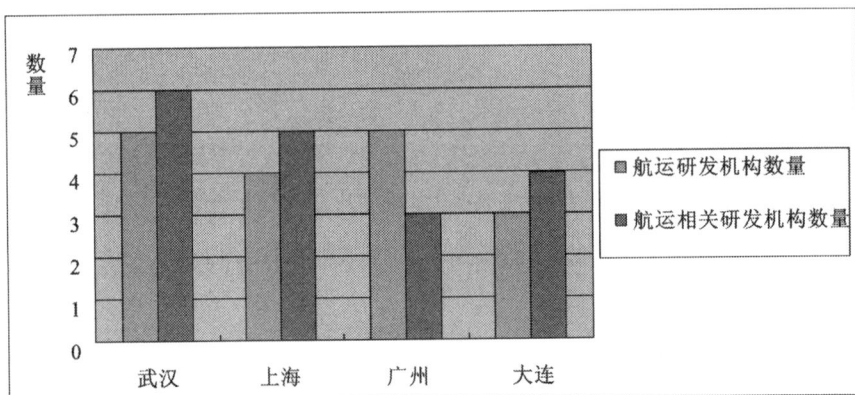

图 2-1　国内主要港口城市航运科研院所基本情况

(2)高等学府云集,教育培训能力突出

武汉市开设船舶、水运、港口贸易等航运相关专业的高等院校众多,同时,开展包括专业培训、特殊培训和其他规定培训项目的航运人才培训机构实力雄厚,每年为航运业培养大批量、多层次的人才,航运教育培训能力在全国名列前茅。培训能力较强的还有大连、上海、广州、天津。截至2010年,培训机构数武汉排名第一,开展培训项目数全国排名第三,培训规模全国排名第二。可见,武汉良好的航海教育培训资源将为船员市场和船员教育培训的进一步发展提供坚实的基础。

在"中部崛起"政策的引导下,中部六省加紧了高层次人才的培养,致力于为中部的经济建设提供智力支持和技术平台。人才,特别是高层次人才在中部崛起中起着非常重要的作用,高层次人才都接受过专业的高等教育,对于将科技直接转化为生产力有着极大的推动作用。

纵观世界经济发展史可知,拥有人才就意味着在知识和科技创新方面占据优势,从而能够掌握发展的主动权。武汉长江中游航运中心的航运教育业在全国处于领先地位,学术水平高,科研能力强,人才资源丰富,是我国重要的科技和人才生产与输出基地,通过理论知识的提供、高新技术的指导以及创新理念的传输,最终为中部的腾飞和跨越式发展贡献其应有的力量。

2.3.2 中部崛起对武汉长江中游航运中心建设的反哺作用分析

武汉长江中游航运中心与中部崛起是相辅相成的关系。武汉长江中游航运中心的建设产生了极化和扩散效应,带动了武汉乃至整个中部的发展;同时中部的崛起也对武汉长江中游航运中心的建设产生反哺作用,改善航运中心的发展环境,促进航运中心相关产业的发展。

2.3.2.1 对港航资源的反哺作用

良好的地理位置条件、港口的自然条件是武汉长江中游航运中心产生和发展的物质基础和重要条件,很明显这种基础条件是航运产业重要的支持力量。港航自然资源可以通过人的作用进行改造,港航基础设施作为一种社会资源,要与自然资源相结合才能具有支持航运活动的能力。一方面通过社会、经济活动作用于地理环境,深刻地影响和改善地理环境,使航运中心的结构、性质和功能不断发展;另一方面,地理环境则通过资源和环境为航运的生产和社会活动提供物质基础和环境空间,并制约着航运活动的规模、等级和效率。最后,区域社会经济活动与航运活动之间也存在着相互作用。

武汉航运中心位于我国经济地理的中心地带,具有良好的地理条件,是长江黄金水道、京广铁路大动脉和沪蓉、京珠等高速公路汇集的交通枢纽,是承载南部沿海"经济北上"、东部沿海"经济西进"的战略要地。同时,作为我国中部地区的中心城市和长江中游最大的港口城市,武汉在长江流域经济带中具有不可替代的"中枢"地位,发挥着重要的纽带作用。随着中部崛起战略的实施,中部经济不断快速发展,社会、经济活动对航运中心地理环境的不断改善,港口基础设施不断完善,航道条件不断改善,促使航运中心港航自然资源得到开发与充分利用,协同航运基础设施进一步支撑武汉航运中心的建设和发展。

同时,中部经济的发展对航运中心服务的要求也日益提高,可以促进长江中游沿线的固定资产投资,对武汉长江中游航运中心的建设与发展有着很强的支撑作用。随着中部地区经济的快速发展和港口基础设施建设的不断推进,武汉长江中游航运中心服务区域内的航运基础设施发生了根本性的改变。

2.3.2.2 对航运中心业务需求的反哺作用

运输经济学理论认为运输是一种派生需求,航运是由经济与贸易派生而来的,只有区域贸易或世界贸易市场形成,才会出现相应的航运中心。一个港口或航运中心经济腹地的经济与贸易规模具有潜在成长能力,港口或航运中心才有进一步发展空间,才能实现自我成长。随着中部经济的崛起,可以为武汉长江中游航运中心提供充足的成长空间。中部经济的发展,促进航运中心的人才、全球性或区域性政府间组织或海运同业组织、航运交易市场等社会资源得到充分发展,为航运中心的发展注入强大的驱动力。

随着区域协调发展战略在中国的日趋清晰,"中部崛起"战略的实施,中部崛起对航运中心业务需求的反哺作用主要表现在经济快速增长将产生旺盛的航运服务需求。

武汉长江中游航运中心的经济腹地由内向外包括三个圈层:武汉市、武汉城市圈和中部六省。长江中游航运中心与经济腹地联系紧密,随着武汉新港建设的推进、航道条件的改善和船舶大型化发展、省际铁路建设的加快,腹地范围还将进一步扩大。

武汉长江中游航运中心拥有广阔的腹地范围和雄厚的腹地经济支撑。制造业发展以重化工为特色,钢铁产业、矿建产业、纺织业蓬勃发展,集装箱运输、配送、加工制造等临港产业具有一定规模。武汉城市圈是中部地区最重要的经济发展核心和增长极,是湖北省产业和生产要素最集中、经济最发达的地区,总体上正处于工业化中期加速发展阶段,工业化水平总体高于全国,处于中西部前列。间接腹地中部六省构成的东西向经济走廊,东部沿海发达地区向西部地区的辐射带,正在形成一体化经济区域。广阔的腹地范围和雄厚的腹地经济为武汉长江中游航运中心的建设提供了丰富的潜在货源。未来,根据规划,武汉城市圈 2015 年、2020 年、2030 年生产总值将分别达到 16500 亿元、26500 亿元、52000 亿元,2020 年率先在湖北省和中部地区实现工业化、城市化和基本现代化,提前实现全面建设小康社会目标,初步建设成为上接成渝、下连长三角、与沿海三大城市圈对接互补的长江中游经济圈和中部崛起的重要经济增长极。

伴随着"中部崛起"战略的实施,沿江中部六省承东启西、接北连南、吸引四面、辐射八方,以占全国 10.7% 的土地,创造了全国 18.5% 的国内生产总值,承载了全国 28.1% 的人口,地区生产总值占全国的 23.5%。中部地区经济的快速增长将产生旺盛的航运服务需求,对航运中心的发展提出较高的要求,不断促进航运中心的建设与发展。

2.3.2.3 对航运中心相关产业发展的反哺作用

中部地区经济快速发展促进丰富的武汉航运服务资源的开发和充分利用,促进航运相关产业的不断发展。随着"中部崛起"战略的不断推进,航运服务市场必然越来越成熟,必然带动相关航运中心的金融、商业及中介服务产业的发展,从而形成完善的市场体系和良好的服务环境,为地方船舶运力发展提供条件,推动武汉长江中游航运中心航运产业的不断发展。对航运产业的发展产生较强的反哺作用,主要表现在以下两个方面:

1)对航运产业的反哺作用

自 2006 年的"中部崛起"战略实施以来,在中部经济的刺激下,武汉新港范围内的航运产业不断发展,并取得了一定进展。"十一五"期间,武汉新港范围内船舶运力规模年平均增长比例为 20.5%,船舶拥有量年平均增长比例为 7.1%,武汉、黄冈运力规模增幅较大,特别是武汉市船舶大型化发展趋势明显,单船平均吨位已提前实现交通部"十二五"规划中长江干线船舶平均吨位达到 1600 载重吨的标准。

2)对航运相关产业的反哺作用

中部经济的快速发展带动了航运相关产业的发展。长江中游临港产业发展迅速,尤其是武汉东部循环经济区临港产业发达,钢铁产业、矿建产业蓬勃发展,重化工产业加速在临江布局,拥有全国四大粮食物流中心之一、华中地区最大的钢铁物流基地,还有建设中的华中国际商贸物流基地、武汉煤炭物流配送中心,这些都将形成强大的货源生成能力,为长江中游航运中心沿线港口带来货源支撑。以港口在运输和物流服务中的优势为依托,带动商贸流通发展,巩固武汉作为长江中游最大的商贸流通中心的地位;促进冶金、石化、汽车和其他现代制造业产业聚集,推动湖北省现代制造业集聚区、高新技术发展区建设,加快长江中游产业带的形成和发展。聚集大产业,构建航运中心沿江经济体系。保税区是现代航运中心的重要标志。武汉长江中游航运中心建设要规划、申报并加快建设武汉阳逻保税港区,全面发展港口作业、商品展示、仓储租赁、中转、国际配送、国际采购、转口贸易、出口加工、展示、离岸金融等方面的临港物流业务。并以此为支点,加快水运物流园区建设,积极推动现代物流、钢铁及深加工、石油化工、汽车、装备制造、电子信息、食品加工等重点产业向沿江布局、聚集发展,建成与武汉长江中游航运中心相适应的综合产业体系,形成产业布局合理、分工协作、良性互动的临港产业带。

航运业的发展也带动了制造、贸易、金融、服务、信息、教育等产业协调发展,形成一批规模较大的水路运输、港埠经营、船舶修造和现代物流骨干企业。其中,位于武汉市的造船企业快速发展。武船、青山船厂、南华高速3家造船龙头企业具备了船舶设计、制造、修理等较完备的综合生产能力,产业优势明显,产品特色鲜明,具有较强的市场竞争力,使武汉市形成了具有自身特色的区域性船舶制造中心。建成公共物流信息平台、电子口岸系统和航运交易所,使航运中心和硬件平台、软件平台、产业体系密切结合。以港口岸线与后方陆域的一体化开发为导向,加速港航运输、物流服务和沿江产业开发,形成良好的联动发展态势。

2.3.2.4　对航运中心航运企业竞争力的反哺作用

由于航运中心相对于普通港口具有规模、功能、区位等多方面的优势,大型跨国航运公司总部或区域总部往往选择聚集于此,给航运中心带来"总部经济"效益。中部地区经济的快速发展,促进航运企业规模不断扩大,航运相关企业组成产业集群能快速增强航运中心相关企业竞争力。自"中部崛起"战略实施以来,航运中心企业竞争力不断增强,主要表现在如下几个方面:

(1)船舶规模扩大,运力结构合理

湖北省尤其是武汉市经济的繁荣、长江通过能力的提升,不断吸引企业在武汉扩大投资。金融危机的背景下,长江航运市场的运输需求有所下滑,加速了一批老、旧船舶的退出。与此同时,新投放运营的船舶基本都是按交通部标准建造的,技术性能高、油耗低、故障率低,使得船舶的现代化水平和标准化水平显著提高。同时,船型尺寸的设定也最大限度地发挥了航道的通过能力,6000吨级货轮可直达武汉。在船龄结构上,在武汉注册的所有货轮2011年的平均船龄也在往年的水平上有了很大改观。

(2)航线布局合理,辐射范围广

武汉的航运企业在加强企业优势航线的同时不忘适时开辟新航线。航线覆盖范围越来越广,不仅有长江干线集装箱、干散货的运输,还有各类液体危险品的运输,不仅提供汉江等长江支流小批量货的运输,更发展了国内沿海、江海直达的运输。尤其是国内转长江沿线铁矿石水运模式三程运输改为二程运输的变革,拉开了海矿进江"江海直达"迅猛发展的序幕,仅武钢江海直达铁矿石运费就降低了 30%,矿损减少了 2%,直接经济效益可观。各航运企业在为南钢、马钢、新钢和海螺等长江中下游企业降低运输成本,提升武汉港辐射范围的同时,也为自身创造了专业品牌和效益。

（3）服务水平稳步提高

金融寒流的来袭加剧了航运企业之间日趋激烈的竞争,航运市场进一步形成"买方市场",航运业竞争更趋激烈,各企业（尤其是资本较为雄厚的企业）纷纷意识到,传统意义上仅仅依靠提高船舶运力的粗放型增长模式已不能满足货主的需求。为不仅吸引顾客,而且留住顾客,货运企业争相推出且提升与航运相关的各类延伸服务,不仅承接货主仓库中转、报关报检等水运业务,更承办海运、陆运、空运进出口货物的国际运输代理业务,包括揽货、订舱、包机、集装箱拼装拆箱、运杂费结算等。货损货差率的下降、准时率的提高也很大程度地提高了货主的满意度。企业的物流技术装备、产业政策、投资融资、税收、服务标准提高,"大规模定制"、物流发展的总体战略及规划已在企业形成。

（4）航运后备人才队伍强大

航运企业服务质量与企业领导管理水平和员工素质密切相关,武汉航运人才队伍建设是其强大的保证力量。目前,武汉市共有 19 家从事航运教育的单位,其中开设航运类专业的高校有 9 所,开展包括专业培训、特殊培训和其他规定培训在内的培训项目的航运人才培训机构 10 所。武汉市开设船舶、水运、港口贸易等航运相关专业的高等院校众多,另外,开设金融、法律、贸易等配套专业的高校数也在全国数一数二。每年为航运业培养大批人才,航运教育、培训能力在全国名列前茅。同时,武汉市航运教育培训层次鲜明,可培养多层次的航运人才,满足航运业的不同需求。

（5）航运资源不断聚集

武汉是长江全线水利、航运管理中心所在地,包括交通部、长江航务管理局及所属海事、航道、公安、通信等部门在内的长江航运中枢指挥系统就设在武汉。同时,武汉也是我国内陆最大的港口、航运和船舶企业的集聚地,拥有中国长江航运（集团）总公司、武汉港务集团、武昌造船厂、武汉 461 厂、中交集团第二航务工程局等一批大型骨干龙头企业及其配套产业。长江内陆沿线唯一的海事法院——武汉海事法院位于武汉。2009 年以来,武汉新港管理委员会的成立和总投资 300 多亿元的武汉新港各建设项目的快速推进,为航运中心建设提供了有力支撑和巨大的发展空间。

3　武汉长江中游航运中心自生能力系统分析

本章从林毅夫的自生能力在本课题研究中的限度出发,采用层层推进的分析方式引入自创生理论和自组织理论,从系统的角度给出了自生能力的定义;在对航运中心自创生性论证的基础上提出了航运中心自生能力的概念,并从人地关系角度分析了航运中心自生能力的构成,构建了航运中心自生能力的系统框架,在其中提出了航运中心自生能力的钻石模型;结合航运中心自生能力的理论探讨与武汉航运发展的实际情况,具体分析了武汉长江中游航运中心自生能力的构成要素及其系统框架。

3.1　自生能力的理论基础

本课题提出的航运中心自生能力最初受到林毅夫提出的自生能力的启发,但其理论不足以涵盖本课题自生能力所要表达的含义。本课题自生能力最终体系的形成融合了林毅夫等提出的自生能力理论、马图拉纳和瓦雷拉提出的自创生理论和自组织理论。

3.1.1　林毅夫的自生能力理论

3.1.1.1　林毅夫关于自生能力理论的论述

自生能力(Viability)的概念是林毅夫(1999)和他的合作者在研究转型中国家的企业时提出的。林毅夫、刘培林(2001)认为如果一个企业具有自生能力,则在一个开放、竞争的市场中,只要有着正常的管理,就可以预期这个企业可以在没有政府或其他外力的扶持或保护的情况下,获得市场上可以接受的正常利润率。林毅夫(2002)认为,如果自生能力的问题不解决,任何针对国有企业的改革都无法取得预期的效果。企业获得自生能力的基础是要顺应相对要素禀赋所决定的比较优势。

新古典经济学有一个"理性人"的假设,还有一个暗含的假设,即企业是具有自生能力的。在这个暗含假设下,如果一个企业在竞争的市场中没有获得正常的利润,那说明这个企业缺乏正常的管理。如果是在发达的市场经济国家,企业具有自生能力的假设是合适的。但在转型经济和发展中国家,很多企业不具备自生能力,用具有自生能力作为暗含前提来构建这些国家的经济理论模型是不合适的。如果一个企业所生产的产品、所在的产业以及所用的技术与这个国家的要素禀赋的比较优势一致,则这个企业就是有自生能力的。

在计划经济向市场经济转型的国家,特别是社会主义国家,由于存在预算软约束(Kornai,1986),一些经营不好的国有企业不像市场经济国家那样申请破产,它可以获得国家的补贴和资助而继续存在,这样生存下来的企业是缺乏自生能力的,而缺乏自生能力又是企业预算软约束存在的根本原因。政府的优惠和补贴等预算软约束使企业缺乏自生能力,而缺乏自生能力就需要预算软约束,两者进入了互为因果的循环之中。政企不分、产权安排、市场扭曲等是社会主义经济转型时期公司治理中存在的一系列问题,要解决这些问题以此改变上述局面,关键是要认识和解决企业的自生能力问题。如果完全按新古典经济学的假设前提进行改革,不仅政策设计的初衷不能达到,其结果往往会使问题更为恶化。

企业自生能力是转型经济体中最核心的问题,也是发展中国家普遍存在的问题(林毅夫,2002)。在分析和解决转型和发展中国家的经济问题时,要充分认识到企业缺乏自生能力这一现实,所以在分析中运用的经济理论要加入对企业自生能力的考量,在制定相关政策时要把企业缺乏自生能力作为重要前提。维持开放竞争的市场是政府在经济发展中的主要责任,政府管不好和市场可以管的都要交给市场,各种要素只有在市场的配置下才能真实反映出它们的价值和稀缺性。当然也不能否认政府在产业发展中的协助作用,不过这种产业政策是按照比较优势的动态变化引导企业和产业的发展方向,而不是像传统的产业政策去扶持不具备比较优势的产业发展。

3.1.1.2 自生能力理论在其他领域的拓展

自生能力是在研究转型国家企业时提出的,林毅夫认为一个企业是否有自生能力与企业的生产选择和国家资源禀赋的比较优势是否一致有关,随后很多学者从不同角度研究了形成企业自生能力的条件和机制。廖国民等(2003)进一步证明交易效率的比较优势和规模经济也能使企业具有自生能力。刘明宇、赵守国(2004)讨论了具有竞争性国有企业的自生能力与盈利软约束之间的关系,认为国企改革过程中确实需要剥离国有企业的社会性负担,也需要按照比较优势进行生产,这样可以达到消除国有企业战略性负担的目的,但这并不代表国有企业就能获得自生能力。傅立文、何卫江(2005)对商业银行自生能力的研究表明,商业银行要提高自生能力,就应该通过更为充分的竞争提高经理人的努力程度,从而使银行的治理结构从组织导向型转向更有比较效率的市场导向型。吴金明(2005)等人从产业链的角度分析了企业自生能力的问题,认为企业的自生能力获得除了要依据经济要素禀赋结构所决定的比较优势来安排产业、产品、技术选择以外,由于企业的自生能力正比于其所对接的标准和产业的配套半径,因此企业还必须成为全球产业链中不可缺少的环节或节点。赵建吉(2008)等人认为资源禀赋和技术学习都与企业自生能力有关,但仅仅依靠资源禀赋的比较优势支撑不了企业自生能力,企业技术学习才是经济全球化背景下企业自生能力的重要支撑。

国内的一些学者将林毅夫的自生能力理论扩展运用到产业和地理区域的研究中,提出了产业自生能力和区域自生能力的概念。如果将产业理解为生产可替代产品的企业的集合,则产业自生能力可以从企业的角度来解释(周丰滨等,2004)。在开放、竞争的市场环境中,产业自生能力是产业生存的前提与基础,是产业核心能力形成并获得竞争优势地位的必要条件(张玮,2008)。产业自生能力的指标体系包含产业内微观企业的盈利能力、高级要素、产业集聚、市场影响力等四个主要因素(周丰滨等,2004)。产业自生能力的增强,其产业集聚现象也会更加明显,出现空间上集聚化和无边界化的趋势(唐魁玉,2005)。如果政府推行赶超战略,赶超产业规模越大,赶超产业的自生能力越差,则制度扭曲越严重,经济效率损失越大(李飞跃、林毅夫,2011)。政府的产业扶植政策的首要任务应是培育产业的自生能力,培育自生能力的突破口是要用设置专门基金的方式,而尽量少用或不用财政转移支付和特许经营政策,这容易产生权力"寻租",而且政府专项发展规划中的扶植政策要做到以点带面,以兼顾整个产业自生能力的培育(李季先,2006)。

区域自生能力,又称区域自我发展能力,指的是一个区域自我生存和自我发展的能力,强调的是区域经济发展的"内生力",是与"外哺力"相对应而提出来的。它是一个能力的集合,包括区域要素整合能力、区域自主创新能力和区域运营能力,而区域要素整合能力是其基础(岑杰等,2009)。成学真(2010)等人认为区域发展自生能力是区域经济系统在一定的条件和所处的发展阶段,具备或形成的对区域发展所需各类要素的集聚和优化能力。形成区域发展自生能力的核心是要素集聚和优化,只有好的区域发展自生能力才能使外部力量发挥出更好的作用。区域发展自生能力由区域内企业竞争力、区域产业发展能力、区域金融服务能力、区域生态环境可持续能力和地方政府的调控能力构成(成学真,2010)。通过制定与本地区资源禀赋相一致的区域发展战略,提升区域自生能力才能达到区域经济持续发展(李庆春,2007)。

苗长虹(2008)在将经济全球化与自生能力结合提出实现中部地区崛起的比较优势战略时,认为如果没有中央政府的大力支持,除非该区域拥有得天独厚的自然资源,否则一个缺乏自生发展能力的区域是无法维持中长期增长的。自生能力也被用来研究农村(苏基才,2007;郭德君,2011)和西部地区(康晓玲、师耀武,2004)的发展问题。

3.1.1.3 自生能力理论在本研究中的限度

自生能力理论主要是在分析国企改革时提出的,林毅夫在论述中也用这一理论解释了转型经济。同时,从上述的文献和掌握的资料来看,自生能力理论的研究和应用已从企业领域扩展到产业和区域领域,关于获得自生能力的条件和机制研究也大大扩展。因此,自生能力完全可以有更广阔的应用领域,也可以用来研究航运中心这一特殊经济区域的形成和发展问题。但由于航运中心的特殊性,运用林毅夫的自生能力理论研究航运中心时也存在局限性。

一方面,林毅夫(2002)认为在发达的市场经济中,一个企业如果在正常管理下,大家预期它不会赚得市场上可以接受的正常利润,那么,根本不会有人投资建立这样的企业,如果这样的企业,因为错误的信息或决策而被建立起来,投资者也会用脚投票,使这家企业垮台。因此,林毅夫提出的自生能力强调企业获得正常利润的自我生存能力。后来的研究者虽然在此基础上有所拓展,但仍脱离不了这一理念的制约,林毅夫的自生能力在研究复杂系统时还存在一定限度。类似航运中心这一复杂系统,它是由港口发展而来的,且存在代际跃迁问题,这些发展问题需要对现有自生能力的概念进一步扩展才能更好地解决;另一方面,国内的一些学者将林毅夫的企业自生能力理论扩展到产业和地理区域自生能力的研究中,航运中心作为一个由众多产业集聚而成的经济区域,超出了现有自生能力的研究对象范围,因此需要重新思考现有自生能力理论在航运中心这一特殊经济区域的适用问题。再者,航运中心是一个完整的、复杂的经济系统,包含若干子系统,它们相互作用共同构成了系统的整体运动。以往对自生能力理论的研究,大多是基于经济学和管理学角度进行的,而从复杂系统角度研究航运中心自生能力整体涌现性是一个新的挑战。

3.1.2 马图拉纳和瓦雷拉的自创生理论

3.1.2.1 自创生理论的基本思想

自创生理论(Autopoiesis)是 20 世纪 70 年代马图拉纳(Maturana)和瓦雷

拉(Varela)在回答什么是生命系统时开创的神经生物学理论(Mingers,1989)。"什么是生命系统"这一问题由来已久,而且先前的学者给出了各式各样的回答,但是这其中没有令马图拉纳和瓦雷拉感到满意的答案。相对于流行的趋势——从物种和基因角度来回答这一问题,他们更加关注单一的生命个体,从单个的活体细胞进行研究。正如我们所知,细胞是由核酸、线粒体、溶酶体、各种各样复杂的分子和细胞膜组成的结构,其内部持续发生着各种化学相互作用,细胞膜与外部介质也发生着相互作用。所以细胞实际上是一种化学网络,具有动态性和惊人的复杂性。

一个化工厂也具有复杂的结构和相互作用,那么它与细胞这种生命体的区别在哪里? 在回答这一问题前,马图拉纳和瓦雷拉认为首先要回答以下两个相关问题:"细胞生产什么?"和"什么生产了细胞?"他们发现很多内部复杂的或者简单的物质是由细胞自己生产的,这些物质又可进一步参加组成细胞内部新的物质的过程。另一方面,细胞在生产它自己的构成的过程中,得到了外部媒介输入的基本化学材料的帮助。也就是说,一个细胞通过与外部基本物质、能量的交流生产了它自身的部件,这些部件被组织起来构成了细胞本身,即这些部件的生产过程形成了一个闭圈,是一个可以进行自我生产的过程(Maturana,1981),如图 3-1 所示(李恒威,2007)。

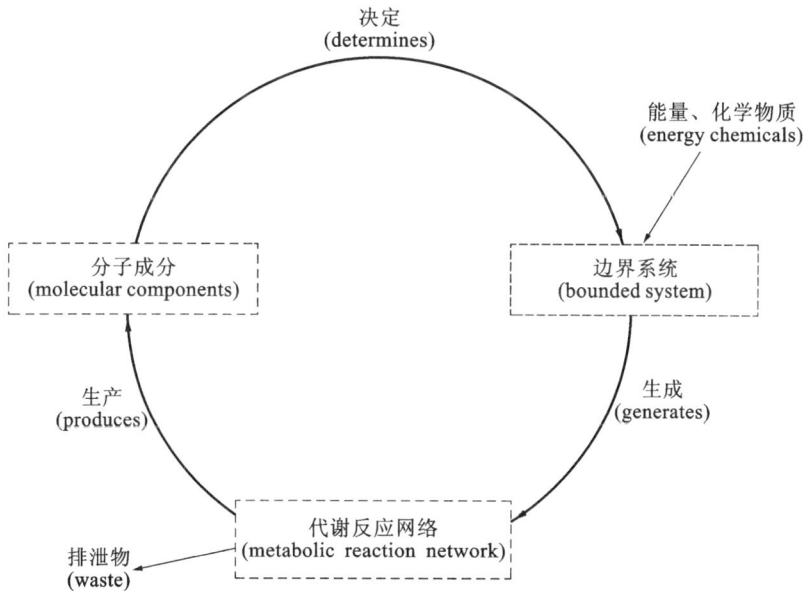

图 3-1 基本的自创生组织过程

"Autopoiesis(自创生)"是马图拉纳和瓦雷拉借鉴希腊语创造的一个新

词,通过以上的叙述现在可以理解这一带有哲学意味词语的含义"self＋pro-ducing(自我＋生产)"了。自创生试图说明生命就是能自我维持的组织,生命体之所以被称为生命是因为它所做的一切都是为了能够维持自我生产,马图拉纳就是以这样一种视角开启了研究生命的新方式。生命系统是自创生的(autopoietic)——它们能生产构成自己所必需的部件,并能够将这些部件有机组织起来得到持续发展。而有些系统是不能自我生产的,那么这些系统就被称为它生产的(allopoietic),比如说一颗钻石或者一条河流。现在可以回答化工厂与细胞的区别了。仅从多而复杂的部件、部件在生产过程中的复杂关系、生产出的化学产品等方面粗略来看,化工厂与细胞的确有很多相似之处,但是它生产的化学试剂主要是供给化工厂之外的地方使用,同时它是借助于人的力量进行生产操作,即使是自动化程度很高的化工厂,它的维护者也是人而不是化工厂系统自身,人不是化工厂生产出的部件,同时人也不是外部输入的基本物质和能量,所以说它不是自我生产的。马图拉纳和瓦雷拉把类似于化工厂这样的人造系统称为异质生产的(heteropoietic)。

自创生理论最核心的思想是:生命就是那些所有的部件和过程都联合起来生产那些可以自我生产的实体,并把他们正确组织起来的一个系统。1974年,瓦雷拉开发了一个自创生的细胞自动机模型,并提出了自创生系统的判别标准。一个系统是否为自创生系统可以由以下六个关键点来辨别(Varela,1974),简言之就是:

1)有边界的:与环境区分开。

2)复杂的:边界内有多种元素。

3)机械的:系统由能量消耗驱动。

4)自隔离的:系统边界是内生的。

5)自生产的:系统生产自己的元素。

6)自主的:自生产的元素对系统的产生是必要和充分的。

瓦雷拉在后来的研究中对以上六个关键点做了简化处理,他认为一个自创生系统要具备以下三点(Thompson,2007):(1)系统必须有一层半透性边界,这样可以使系统与周围环境区分开,又能与外界进行物质能量交换;(2)这个边界必须由边界内发生的反应网络所制造,即边界是在系统内部生成的,不依赖于任何外在目的;(3)这个反应网络是组织闭合的,也就是说反应网络必须包含再生此系统成分的反应,并且每个反应都会引发系统内部下一个反应,依次进行并形成循环,使得自我生产过程持续不断,系统成为一个动态的整体。

总之,自创生系统是一个开放的耗散系统,它通过消耗外界不断输入的物质和能量,在其内部生产它自身的构件,并将这些构件组织成为一种连贯的活动,这些构件和活动在空间范围内与环境是分开的,同时可将生产过程中产生的废弃物排到系统外部。

3.1.2.2 自创生理论在经济社会系统中的引入

马图拉纳和瓦雷拉曾经用自创生理论对社会系统进行过分析,在语言的认知的社会中,个人可以同时是许多社会系统的成员,社会是作为自创生系统的人类通过互动而构成的,社会系统的存在对于个人的自创生来说具有重要的意义。但他们认为将生命系统的自创生简单类比到社会系统之中是行不通的,不具有生命的社会无法实现自创生(Maturana、Varela,1980)。按传统的看法将人作为社会的要素,社会确实不能产生具有生命意义上的人,也就不是自创生系统。

但卢曼提出的全新社会构成观回答了社会是自创生系统问题。他认为,社会是人的互动构成的产物,人的互动产生的"沟通"(communication)是其构成要素(Luhmann,1990)。所谓"沟通"就是一个由表达—信息—理解三部分构成的整体。互动双方即使意思不明确也存在沟通,因沟通有理解和误解之分(Luhmann,1995)。形成于个体之间但又超越于个体是"沟通"的特性,这一特性使得它可以避免"生产"一词对于具有生物性的个人所具有的实质性意义,这种新的社会构成观就将定义生命系统的自创生理论与社会系统联系起来。沟通是内在于社会之中的,它不断地在社会内部再生产,反过来又构成社会。从这一角度来看,社会就是一个自创生系统,通过沟通的不断生产它能够实现自我再生产。这样一来,研究生命的自创生理论就可以与社会理论融合在一起,而不再像马图拉纳和瓦雷拉认为的那样,自创生理论成为一种可以用来研究社会系统的理论模型(杜健荣,2011)。

Hall通过对具有层级结构特点的复杂系统研究,发现许多人类社会组织具有自创生的必要特点(Hall,2003,2005,2006),并分析了大型经济组织作为自创生系统的六个关键点(Hall、Nousala,2010)。经济自创生系统是一个由Agent实体构成的具有网络规模的动态系统,通过相互作用在系统内实现迭代再生产,同时用一个空间上的实体来产生它们自己的网络,并形成边界将它与所在的相互作用的背景分离(董樑等,2006)。一个可持续发展的社会经济系统必须是自创生的,它们可以生产别的东西,但必须有能力生产本身。通过追求决策的自主权、自我管理和共享参与式所有权,员工、管理者和利益相关者可以创造一个自我可持续的组织环境,同时,它们应该改变自己的大小、形状、功能和交互以适应不断变化的环境(Zeleny,1997)。

　　3.1.2.3　自创生理论在社会经济系统中的进一步论述

　　1)社会经济系统中的自创生

　　自创生是马图拉纳和瓦雷拉在回答"什么是生命"时提出的神经生物学理论。他们认为自创生系统即生命就是那些所有的部件和过程都联合起来生产那些可以自我生产的实体,并把他们正确组织起来的一个系统。尽管社会经济系统是自创生系统的论断并没有得到马图拉纳和瓦雷拉的认同,但很多学者将自创生理论运用到社会经济系统的研究中,并取得了一定的成果。他们认为,在一个特定的环境下,根据特定的行为和交互规则,不同的、自主的个人或主体之间存在互动和沟通,自创生或自生产在社会经济系统中是可以发生的。

　　自创生的组织过程可以被看作是相互作用和流程构成的网络,其自生产过程至少包括以下三个流程(Zeleny,1997):

　　(1)生产:管理新组分进入的规则和法规,如出现、输入、出生、会员、接受。

　　(2)链接:组分在系统内存在期间,用来管理他们之间的关联、安排、功能和组分的位置的规则。

　　(3)降解:与组分在系统中的资格终止有关的规则,如死亡、分离、消费、输出和驱逐。

　　这三个生产流程依次循环连接,不可或缺,共同构成自创生循环周期。但同时这三种类型的本构过程必须是平衡或和谐的,一个系统才会变得自创生。如果三种类型中的一种或者缺失或者占优势(即不平衡的系统),那么整个组织过程只能是异质生产的或他生的,即系统可以生产"别的"但不能生产其本身。虽然在现实社会经济系统中有数以百计联系紧密的流程,但上述三个过程代表了对任何自创生涌现所需的最低条件。

　　因此,一个自创生系统可以被定义为通过一个循环封闭的生产过程产生的系统。这个周而复始的循环过程是通过系统内部组分间的交互作用再生的,系统的边界和特性是作为这一本构过程的结果而涌现出的。在组分的交互和流通过程中,组分和组分生产过程的组织特性暂时不会改变,改变的是系统的结构和由组分构成的系统部件。也就是说在一个社会经济系统中,各行为主体的生产关系和组织过程在一定时期内是稳定的,但他们的相互作用会导致社会经济结构的变化,比如贫富差距、地理分布、阶级等。对于航运中心来说,各要素主体按照一个相对稳定的生产关系进行航运服务的生产,但他们的相互作用会形成不同要素主体的集聚,从而导致航运产业集群的空间变迁等结构上的变化。因此,系统内部组分的性质及其时空关系只涉及系统的结构,对于他们的组织来说仅仅是次要的。

为更好地理解,这里有必要对组织和结构进行区分和进一步说明。组织是指一种发生于组分或部件之间的抽象关系。通过指定一个区域,组织在其中发生相互作用,并被赋予了不可分解的整体属性。结构是组织的具体体现,有很多种不同的结构可以实现同样的组织。组织和结构的本质区别就是整体与部分、抽象与具体、一般与个性的区别。比如,在本课题5.3节中界定了港口体系的组织特性,每次模拟都是在同样的组织下进行的,但模拟结果可以出现很多不同的港口层级结构,每个层级结构都是对组织的具体体现。

在自创生经济社会系统中,产品的动态网络正在不断更新但并不改变他们的组织,而系统的组分是替换的,死亡或退出的个体由出生或进入的新成员代替。在自创生过程中,个体产生对环境的自适应,经验不断更新,观念和特性也不断进化,反过来这些进化又作为人类社会中最重要的组织因子。

2)自创生系统中主体行为的协调

自创生的社会经济系统是通过内部成员的交互作用达成的一个和谐网络。社会中的成员,不管是企业、机构或个体的人,都有人类参与其中,对系统中的成员通过隐喻赋予他们拟人化的含义和直觉,航运中心资源要素主体的拟人化也是基于此。系统内部的和谐通过成员之间交互作用的协调和沟通实现。

协调行为包括竞争和合作,他们存在于人类社会的各个领域,捕食行为、利他主义、利己主义都是协调模式中一个简单的例子。沟通可以是物理、化学、视觉、语言或象征性的,他们共同改变(或形成)环境,也因此改变发生在同样的环境中的个体的行为。

主体只有与网络中的其他主体的行为协调,才能在环境中协调自己的行为。为了达到协调的目标,主体需将自己的行为报告给环境,以便其他主体的行为做出适当的修正,这一过程就需要沟通。当所有的主体都在做同样的事情时,一个协调的社会网络就形成了。这一运转良好的社会网络是主体在沟通协调过程中"被选择的",它也会持续下去直到协调被打破。网络通过提高主体的能力来有效地协调主体自身的行为,在这个过程中,合作、竞争、利他和利己主义是不可分割的。

任何自创生的系统必须能够确保、提高和保持他的组分或主体之间的沟通以及他们的协调和自我协调能力。沟通被限制或消减的系统通过外部命令也能持续和协调,但他们不是自我维持的。自创生系统通过自我行为协调能力被组织起来以不断"生产自己"。一个沟通充分、协调良好的系统能更好地达到和谐状态,这样的系统也是稳定的和自我可持续的,也可以说有更强的自生能力。

3)自创生系统中的进化和适应

一个自创生的系统是自我可持续的,它可以作为主体的社会经济背景一直存在,个体成员出生、沟通、死亡,并与他们自己和他们的环境和谐一致。因为组分的流转,自我可持续的网络不仅能持续存在和更新,他们也不断进化。通过互利结构耦合,这些进化的网络与他们的环境交织和共同进化,他们不只是适应环境,同时也使环境适应他们自己。在社会经济系统中,作为单个的人要适应周围环境,但人类的社会网络又改造环境,使环境适应人类。因此环境不是一个从外界强加于生物的结构,环境在很多方面都是那些生物的创造者,就像没有环境就没有生物,所以没有生物也没有环境。特别是在社会领域,环境由人类网络创建、维护和退化。自我维持的网络,不管是经济的、社会的还是文化的,都在结构上与他们的环境结合并随之共同进化。

3.1.2.4　自创生理论在本研究中的限度

自创生理论认为自创生系统是动态复杂系统,它关注生命体"当下"的组织形态,探索生命的一种普遍的组织机制,生命是如何从无到有的过程不是它要考虑的。在社会经济系统中,自创生理论关注的是自我管理、自主和自我可持续的组织模式。如果说航运中心所在的社会经济系统是自创生系统,那么实现航运中心功能的子系统是否也是自创生系统呢?

如果给出的回答是否定的,即航运中心是它生产的,由于自我可持续的系统必须是自创生的,那么航运中心就是不可自我持续的,其航运中心地位依赖于其他的控制者,也就是说有个凌驾于航运中心之上的"中心",从而否定了航运中心的存在。

如果给出的是肯定的回答,即航运中心是自创生的,那么航运中心通过与外界的物质和能量交换,可以实现航运相关主体的自生产,在"当下"的组织模式下能够实现和保持现有航运功能。但航运中心的内部组分和功能总是处于动态演化中,能诞生出新的组分和功能,那么如何用自创生的"当下"去解释航运中心从无到有、从低级到高级的演变,也就是说航运中心的演变过程有些部分是自创生理论解释不了的。

3.1.3　自组织理论

3.1.3.1　自组织现象

自组织现象是指自然界中自发形成的宏观有序现象。在无生命的世界里,我们经常看到这样一个场景:有些事物一开始是最简单的形态,后来通过与外部世界进行物质和能量的交换,继续成长为一个更复杂的事物。它们从混沌向有序变换,经历着从初级到高级、从简单到复杂的发展过程。小如激光器中的自激振荡、贝纳德流体的对流花纹,大到太阳系、银河系的形成和发展,可以说在自然界中自组织现象大量存在。

在生命世界里,我们也看到一种场景:生命从化学分子开始形成单细胞生物,经过亿万年的演化,形成如今多样的生物并产生了智能的人类;人类从原始社会通过劳动分工产生阶级社会,原本散布的人群和部落逐渐形成城市,在众多城市的体系中又出现分化,形成城市体系的层级结构。人类社会总是朝着分工越来越细,联系越来越紧密,构成越来越复杂,社会越来越进步的方向发展。这些都是自组织形成的人类发展的宏观有序现象。除了这些社会大背景下的自组织现象外,在社会中很多领域同样存在自组织现象。比如说大型足球赛事上无统一指挥形成的"人浪",在自由市场上各种公平交易行为形成的商品价格,各种由于兴趣爱好自组织形成的青年团体,这些都是自组织现象在社会生活中的体现。

3.1.3.2　自组织与他组织

自组织一词最早源于物理和化学中对微观过程到宏观结构的非均衡性系统的描述(向吉英,1994)。其概念包括两层含义:一是在微观层面上,系统内部的各要素相互作用并有序发展;二是在宏观层面上,开放的系统与环境保持着物质和能量的交流,同时微观的互动表现出宏观的有序。也就是说,系统的宏观特性或某一功能是仅由系统内部各要素或子系统的相互作用和协调就可以实现的,不需要外部的特定干扰,那么这个系统就是自组织的。另外,自组织还意味着系统在自发的发展变化中必须形成某种结构,而不是长期处于混乱之中(杨斯博,2010)。何跃(2012)在分析了多个自组织的定义后,认为自组织(self-organization)是系统通过自己内部元素之间的相互作用自发、自主地走向结构功能有序的一种过程或结果,是没有事先规划和外力干涉的自然过程及其结果,这个过程是自下而上,而非由上到下的。自组织系统就是能在与环境相互作用条件下,通过自身的演化而形成新的结构和功能的系统。

而"他组织",则是指系统自身的形成不能依靠自行创生、自行演化及自行组织来达到有序状态,只能借助外界的特定指令来推动其形成及有序演化(仵凤清,2012)。他组织也能实现系统有序演化,但必须维持恰当的外部力量,失去外部力量就会导致系统紊乱与无序。根据外部力量的作用方式和由弱到强可以将他组织分为三种类型。一是界限性他组织,外部只限制系统的运行边界,不干涉边界内部的演化过程,是外部力量较弱的他组织方式。二是诱导式他组织,外部力量不是强制实施的,对系统内部的运行演化采用诱导型或指导型的方式。三是指令性他组织,这种方式是力度最强的,外部力量会强加于系统内部的要素和运行规则。

自组织和他组织是组织的两个方面,自然系统及其演化是典型的自组织现象,例如湍流、激光等,都是系统依靠其自身演化规律形成的有序结构。人类的智能与主观能动性使得人类的活动与自然环境发生相互作用,完全不受人类行为影响和完全被人类创造与控制的系统不是本课题关心的重点。只有那些不是完全由人类创造但又离不开人类活动的系统,比如城市、港口等各种人地系统,这样的系统才是对本课题研究有较大借鉴意义的系统。这些系统一般是复杂的巨系统,从整体和历史长河来看它们是自组织的,从局部和短时期来看其中又有他组织的特性,它们是由许多的内部微观他组织表现出的宏观自组织。也就是说在这些系统当中有其演变的规律性,但这些规律性可以被人们认识和更好地利用,使得系统朝着更有利于人的方向发展。因此,在实际应用中,我们人类应充分借助自组织特性来弥补他组织的不足,同时要使用他组织的干预作用使系统的自组织特性得到更好的发挥,引导系统向有利于满足人的需要、有利于系统的可持续发展的自组织方向发展。

3.1.3.3　自组织理论的概念及组成

自组织理论是研究客观世界中自组织现象的产生、演化等的理论,是解决自然界和社会现象中自组织现象的理论工具(许国志,2000)。自组织理论并不是一个单一的理论,而是一个理论群。它是由耗散结构理论、协同学、超循环理论、突变论、混沌理论、分形结构理论和元胞自动机理论等组成的,这些理论从不同角度为自组织的形成提供了不同的理论基础和方法论(Khan,2007)。

自组织理论主要有三个组成部分:耗散结构理论、协同学和突变论,但基本思想和理论内核可以完全由耗散结构理论和协同学给出。比利时物理学家普利高津(Ilya Prigogine)在1969年提出耗散结构理论,主要以自组织现象形成与产生条件为研究内容。因此,考察系统是否具有耗散结构是判断系统是否发生自组织的重要依据。20世纪70年代德国理论物理学家哈肯(Hermann Haken)创立的协同学理论研究协同系统在外参量的驱动下和在子系统之间的相互作用下,以自组织的方式在宏观尺度上形成空间、时间或功能有序结构的条件、特点及其演化规律。协同学主要致力于揭示自组织形成的内在机制和演化动力。法国数学家托姆(Rene Thom)1969年提出的突变论研究从一种稳定组态跃迁到另一种稳定组态的现象和规律,与耗散结构理论、协同学一起,在有序与无序的转化机制上,把系统的形成、结构和发展联系起来,成为推动系统科学发展的重要学科之一。

自组织理论最初主要是在自然科学领域运用,现在已被广泛运用到社会科学领域。如果说自组织理论是一种新的、更为细致的揭示自然界秘密的自然科学理论,那么更是研究开放复杂系统的一种全新世界观和方法论,其意义主要在于:人们可以改变单一、机械的经验主义思维方式,而用一种整合型的自组织思维模式来认识系统,并指导人们的实践。对于本课题所要研究的问题,自组织理论运用的重点不是一整套理论所涉及的艰深数学表达和严密的推理论证,而是将自组织理论作为一种世界观和方法论指导对航运中心的思考和认识。

3.1.4　本课题自生能力与三种理论关系的进一步说明

林毅夫是在研究转型国家企业问题时,从企业利润的经济性角度提出自生能力概念的,而后来的一些学者将这一理论运用到产业和区域的研究中,他们提出的产业或区域自生能力概念,比如区域的内部与外部问题,内部环境的可持续问题,区域内部的企业、产业、政府等行为主体的作用问题,其实这些问题已经超出原本林毅夫关于自生能力的研究对象范围,已经涉及复杂系统的自创生和自组织。可能出于某些原因,一些作者并没有明确提出研究企业问题的自生能力理论在研究区域问题时的限度。自创生理论及后续研究认为,单个企业不是自创生系统,而区域的大社会经济系统是自创生系统,区域保持与外部的物质与能量的流通和内部的运作机制,就能自生产“当下的我”。对于自创生系统,无论是内部的还是外部的,只要自我生产过程中的某部分环节被破坏掉了,那么就没有东西能够产生必要的部件并且整个过程也就分散了。“当下”的状态就会发生改变,或消亡,或在自组织作用下,各行为主体自适应形成下一个更高级的稳态,也就是从“当下的我”到下一个更好的“当下的我”。自组织的前提是大量行为主体在规则之下能够生存,对于经济系统来说就是企业在环境中能够有效地生存,这就回到了林毅夫的自生能力。

本课题的自生能力就是基于以上考虑而提出的,它是林毅夫自生能力理论、自创生理论和复杂系统自组织理论的融合。由于在中文表达上还找不到一个更恰当的词来综合表达自我发生、自我生存、自我生产、自我生长、自我升级的含义,所以仍然沿用林毅夫的“自生能力”,但所表达的内涵和应用的领域已发生改变。

3.2　航运中心自生能力的提出

本节从航运中心的统一性和运作封闭论证了航运中心的自创生性,并依此对"航运中心自生能力"的概念进行了界定,这为在理论上更深入剖析航运中心自生能力的系统框架提供了不可或缺的基石,也为分析武汉长江中游航运中心自生能力的构成提供了理论依据。

3.2.1　航运中心自创生性的论证

航运中心自生能力始终伴随着航运中心的演进,那么航运中心的发展演进是自创生的,或是异质生产的,还是他生的? 这是一个必须要回答的问题。如果航运中心是异质生产的或他生的,那么航运中心就不是自我可持续的,它的存在和发展就要依赖外界的力量,当失去外界扶持将失去航运中心地位甚至消亡。只有一个自创生系统在自组织下才能获得自生能力。

虽然很多学者将社会经济系统作为自创生系统进行研究,但社会经济系统中的子系统也是自创生系统吗? 答案是否定的,比如一个化工厂这样一个社会经济系统中较低层次的子系统就不是自创生的。航运中心作为社会经济系统中的子系统,必然依赖于社会经济系统的供给,受其他领域的影响。如果社会经济系统是自创生系统,那么航运中心应该是自创生系统的一部分,它自身又怎么成为自创生系统呢? 这是一个自创生中的自创生问题,即自创生嵌套问题。马图拉纳和瓦雷拉的理论中已涉及自创生的嵌套问题,比如说,人的神经系统作为一个自创生系统,而构成神经系统的细胞也是一个自创生系统。但社会系统与有机系统之间不能简单地进行类比,必须从自创生的一般性理论出发解释航运中心的自创生性。

将马图拉纳和瓦雷拉的自创生理论构建成自创生系统的一般理论,它能够与现实中各种各样的基础相联系,诸如生命、意识以及社会中的自创生。卢曼在自创生系统的一般理论上做出了突出贡献,他的自创生一般理论是以自创生中的"自我指涉的封闭"为基础而展开的。他认为,不管何种类型的系统,只要能够达到这种自我指涉的封闭程度,都应该被认为是自创生的。卢曼用一种全新的社会构成观——社会是由沟通构成的,而不是人类的身体或心智——解释了社会的自创生性。他又提出了一个新的概念"运作(operation)",从统一性(边界)和运作封闭(组织闭合)两个方面,来说明法律系统作为社会的子系统也是自创生的。

航运中心"自我指涉的封闭"可以从以下两个方面来说明。

1)航运中心的统一性

所谓统一性,是指系统自身边界以及与其他社会功能次系统的区别问题,这同时也是关于什么是系统边界的问题。航运中心是复杂适应系统,在使用"系统"这一概念时,就已经假定了系统具有统一性,但往往忽略了系统是如何取得统一性的。首先航运中心早已超越了港口的概念,它已经和所在城市融为一体,航运中心就有一个约束于一定区域范围的地理边界。航运中心的航运系统又与所在城市的其他社会经济次系统可以进行区别,这种区别是由与航运相关的运作不同于其他系统的运作而确定的。卢曼引入"运作"的概念来说明系统究竟是怎样基于其结构而运转的,这样就将关注的重点从结构转移到了运作。航运中心的运转包括许多方面,有些方面与其他次系统在结构上重合,比如航运保险就包含在金融系统的保险公司之中,如果仅从结构上来看,金融系统和航运系统的边界就不是那么清晰。但在现实中我们总是能通过运作将其区分开来。比如保险公司有寿险、财险和水险,而与航运运作相关的水险就是航运系统与金融系统的边界。也就是说,不再拘泥于结构上的边界,而是用运作将航运系统与其他系统区分开来。即航运中心有两个边界:一是所在城市的地理边界,二是由航运运作界定的不同于其他系统的边界。

2)航运中心的运作封闭

仅仅由运作还不足以说明航运中心具有自我再生产的特质,进行自创生的运作必须是封闭的运作。要说明的一点是,不管是马图拉纳和瓦雷拉自创生系统的"半透膜",还是卢曼的"运作封闭",都强调了边界和封闭性,但他们的理论都是从系统观出发的,都认为自创生系统与环境有着密不可分的联系,而与环境不是"因果封闭"的。运作封闭指的是系统内部运作的自我指涉性和循环性,更强调从内部来观察事物的发展,而不是将系统与环境隔离开来。

卢曼用"沟通"解释了社会的自创生,认为"沟通"不断在社会内部产生,反过来又构成社会。所谓"沟通",是一个由表达、信息、理解三部分构成的整体。实际上,只有当一个人意识到了某种信息,确认自己是这一信息的接受者,并且理解(包括误解)了信息时,才能达到沟通的效果。航运中心有没有所谓自己的"沟通",它的"沟通"本质是什么呢?或者说是什么构成了航运中心?构成航运中心本质的东西能被航运中心自我生产吗?如果回答是肯定的,则航运中心实现了"自我指涉的封闭",就是自创生的。前文所述的各种行为要素主体在航运中心集聚,它们形成了航运中心,这是从航运中心的表象来看待航运中心,这种看待航运中心的角度也是必要的,可以为理解航运中心的实质做好铺垫。航运中心的行为要素主体在航运中心实现某一功能,提供某一航运相关服务,它们之间又相互提供服务,实现整个航运中心功能。人们是从提供的航运服务超越其他港口的角度认识航运中心的,而不是只关注航运中心集聚的要素本身,要素只是服务的载体。也就是说,航运要素主体与航运服务的关系就是航运中心表象和本质的关系。航运服务总是来源于上一个航运服务,并总是指向下一个航运服务。也就是说,当航运需求产生时,需求通过服务从航运中心内部又产生新的服务需求,同时服务又指向下一个航运服务,如此往复,在航运中心内部形成航运的需求与服务供给的循环链,这时航运中心就是由航运服务构成的网络,实现航运中心的递归封闭运作。也就是说,航运服务产生于航运中心内部,反过来又构成了航运中心,这就形成了一个"自我指涉的封闭"的自创生系统。

　　要实现航运中心服务的封闭运作就需要数量更多、功能更多样化、协作更加紧密的航运要素主体,这就又回到了航运中心的表象。正像本课题提出过的一个观点,航运产业集群是航运中心自生能力的外在表现形式,因为发展良好的航运产业集群能为航运中心实现航运服务封闭运作提供更多的保障和更大的可能性。如果从自创生的角度对航运中心下一个定义,则航运中心就是在其影响力范围内实现航运服务封闭运作的自创生系统。

　　航运中心的运作封闭是与环境保持开放性的封闭。航运中心只生产航运相关服务,并不生产物质、能量或生产要素本身,这些都是环境向航运中心系统的输入。航运中心使用这些输入生产自己的构件,即各种航运服务,并将这些构件组织成一种连贯的活动,同时将自己与环境区分开来。航运中心集聚的要素主体和形成的航运产业集群不是航运中心本身,它们只构成航运中心的内部环境。这一点可能不太好理解,甚至会引起争议。正像卢曼的社会系统理论中认为的,构成社会的"沟通"形成于个体之间但又超越个体,社会不能"生产"具有生物性或心智的人,但人之间的沟通却构成了社会,这时的人就成为社会的环境中的一个部分,但人不是社会本身。这一点与生物学上的细胞自创生是一样的。细胞通过吸收外界的化学物质、能量生产自己的构件,构件又构成细胞本身。我们不能把一个活体细胞看作是化学物质加总的整体,同样也不能认为航运中心就是各种要素和产业加总的整体,尽管它们是形成细胞和航运中心必不可少的。正如细胞内部的组织将化学物质转换成了细胞构件,航运中心则是各种要素配置产生了航运中心某些服务功能,一些服务功能又在配置之下综合成更大的服务功能,最终形成航运中心的整体服务功能。要素配置的前提是要素集聚,正因为这样本课题提出了航运中心自生能力的核心是要素集聚与配置能力。

航运中心的运作封闭是有时空相对性的。航运中心具有区域性特点,有国际的、区域的、地区的,每个航运中心都有其影响力范围。在每个航运中心影响力范围内产生的航运服务需求都能在这个航运中心实现封闭运作,能为其影响力范围内的航运需求提供服务,对超出其影响力范围的航运需求来说,航运中心的服务可能就不是运作封闭的,这时航运中心就不再是自创生的。每个航运中心有规模和代际差别,它所能实现的航运功能也就有差别,在航运中心现有功能范围内的服务可以实现运作封闭,这时航运中心具有自创生的特点。但超出现有功能之外的航运需求产生的服务就会指向其他更高级别的航运中心,这时运作就是开放的,航运中心也不再是自创生系统。随着航运功能的增加和层级上升,航运中心的自创生性更强,如果航运中心自创生系统自组织演化能使航运中心从低级别的自创生系统向高级别的自创生系统进化,也就是从低级别的稳态向高级别的稳态进化,这时航运中心是有自生能力的。

3.2.2　航运中心自生能力的概念解析

在研究一个事物之前,需要对事物有一个科学的"界定",明确其与别的事物区分开来的性质和边界。只有进行了事物概念的界定,才能在此基础上研究其发展。事物的概念能反映事物所包含的要素以及各要素之间的关系,它是提出理论的前提和基础。因此,在分析与研究航运中心自生能力之前,最重要的是必须对航运中心自生能力有一个正确的认识和科学的把握。"航运中心自生能力"可以分解成两个层面上的意思,即:航运中心＋自生能力。在对航运中心和自生能力分别进行分析和界定的基础上,再综合理解"航运中心自生能力"这一命题。

在第2章对航运中心和本章对自生能力重新认识后,本课题认为"航运中心自生能力"是指在一定外部环境下通过航运中心内部机制,对某些航运要素集聚和航运资源优化配置,使航运中心内各要素具备自主生长和自我造血的功能,并最终将外部输入和内部投入转化为持续且内生的发展驱动力,并在扩散域内获得突出的区域影响力的能力。

航运中心自生能力,简言之,就是指航运中心在航运经济方面具有不依赖外部的自我生存和长期发展的能力。航运中心自生能力是一种现实的实力,更是一种潜在的能力。说某港口具有"航运中心自生能力",并不是指该港口一定已经成为航运中心,而是说该港口具有成为航运中心的潜能。只有充分发挥这一潜能,才能真正实现航运中心的建设目标。在此,对航运中心自生能力的概念从以下几点做进一步阐述:

1)航运中心自生能力的核心是要素集聚和优化配置能力

航运中心是城市功能定位的一个方面,它是一个与港口和航运贸易活动相关的各种产业集聚的经济区域,而航运产业则是实现这个功能定位的一个重要的载体,航运产业集聚已经成为航运中心发展的主要推动力。林毅夫认为符合要素禀赋结构比较优势的产业和技术选择是企业自生能力的来源,而航运中心自生能力来源于航运要素集聚优势,集聚要素越多航运中心产业集群的发展基础就越好,但只有集聚还不足以形成产业集群,还要对要素进行合理配置,建立起各要素之间的互动关系,所以集聚优势包括集聚和配置两个方面的优势。航运要素作为航运中心自创生系统的基本元素,它们在航运中心内部进行配置,形成产业或产业集群构件,这些构件组成航运中心,同时航运中心又生产相关要素。这时的航运中心是自我可持续、自我生存的系统。但当航运中心的供需平衡被打破或者要突破现有状态下的自创生系统,这时就需要外部环境提供更多的补充,如果此时航运中心能更好更快地从外界得到所需的各种要素,就能更快地实现从失衡到更高级稳态的变迁,这样的航运中心自生能力就较强。还可以用经济增长理论解释航运中心自生能力来源于要素集聚优势。根据经济增长理论,在技术水平一定的情况下,区域或产业经济的发展取决于区域或产业内要素的丰富程度,发展到一定程度上就表现为生产要素的空间集聚过程。一个具有自生能力的区域或产业一定对各类要素有着较强的集聚和优化配置能力。航运中心作为产业集聚的经济区域,如果生产要素集聚快,其发展也快,则自生能力强;如果航运中心生产要素集聚慢甚至不再集聚,则航运中心发展缓慢甚至是衰退,自生能力就弱或不具有自生能力。

2)外部资源供给是增强航运中心自生能力的重要因素

自生能力指的是自我生存和自我发展的能力。它强调的是发展的"内生力",是与"外哺力"相对应而提出来的。自生能力并不排斥"外哺力",自生能力强调的"内生力"是"外哺力"发挥作用的基础。对于企业来说,企业自生能力提高能更好地通过国家或区域产业政策实现产业和技术升级。对于区域经济发展来说,区域自生能力的提升是承接产业转移、吸引跨区域投资的基础。航运中心是一个开放系统,始终接受外界的物质、信息、能量的输入,这一点与自组织系统的开放性和自创生系统的"半透膜"是不矛盾的。尽管航运中心自生能力主要强调航运中心内部机制对航运发展各类因素相互作用的影响,突出航运发展的内生增长力,但是航运中心的开放性使得它并不排斥外部力量尤其是国家政策倾斜和资金投入对航运发展的促进作用,自生能力反而是外部力量更好发挥作用的内在基础。在遵循市场规律的前提下,强大的航运中心自生能力会产生吸引外部资源的向心力,形成航运中心自生能力增强→外部资源供给增加→航运中心自生能力进一步增强的良性循环。

3)航运中心自生能力随着要素流动动态变化

航运中心自生能力是一个动态的概念,它可以在强弱之间变化,在有无之间转换。航运中心的形成既是历史的必然也是历史的偶然。航运中心的发展历程也有曲折,从中折射出航运中心自生能力不是先天继承或赋有的,而是可以创造出来的,当然也并不一定永远存在。传统理论认为某些特定产业能否取得持续发展取决于所在地区特定生产要素的丰裕程度。但是,在经济全球化浪潮和技术进步的推动下,生产要素的跨区、跨国流动性增强,要素集聚优势在要素的自由流动中必然发生变化,而要素的集聚与优化配置是航运中心自生能力的核心,因此航运中心自生能力也必将随之改变。这一点与企业自生能力的消长有着相似之处。随着区域要素禀赋结构的改变,其比较优势也发生变化,导致原本在具有比较优势的行业进行生产的企业可能不再具有自生能力。航运中心自生能力的动态特性给我们一个启示:航运中心自生能力的培育是一个长期和持续的过程,在这个过程中重点要考虑如何创造和维护要素集聚和优化配置的条件。

3.3 武汉长江中游航运中心自生能力及其系统分析

航运中心是一个特殊的人地系统,航运自然资源和地理区位条件对航运中心的形成与发展至关重要,因此,在具体分析航运中心构成要素时引入了人地系统的相关理论,提出了基于人地系统的航运中心自生能力的构成要素,包括航运中心自然资源的潜在支持力、航运中心经济社会资源的潜在能力、航运中心产业发展能力、航运中心企业竞争力和地方政府的调控能力。同时,航运中心自生能力是一个综合性很强的量,它具有多层次和多分量的特点。只有从各层次和各分量作用关系的角度把航运中心自生能力表达出来,才能完整地构造出航运中心自生能力的系统框架。

3.3.1　武汉长江中游航运中心自生能力的构成要素分析

3.3.1.1　基于人地系统的航运中心自生能力构成要素

人地关系在地理学中是指人类社会和人类活动与地理环境之间的关系（李旭旦,1984）。"人"是指人类本身及其社会经济活动,在人地关系中人处于主导地位,在环境变化中,往往具有主动适应性（秦耀辰,2004）。"地"是指人类生存的地理环境和自然资源,提供生产和生活的可能性（吴静,2008）。人地关系是一个由自然、经济和社会系统组成的复杂系统（郑度、陈述彭,2001）。航运中心也是人地关系系统,从人地关系角度引入"地"的理念,是对自生能力侧重于行为主体关系和作用的一个有益补充。

1）航运中心自生能力的人地系统角度解读

航运中心人地系统是以航道和岸线等自然资源为基础,人类活动与地理环境相互作用形成的开放的复杂巨系统。在这一系统中,人居于主导地位,在一定的适合航运发展的自然地理条件下,一方面通过社会经济活动作用于地理环境,深刻地影响和改善地理环境,使航运中心的结构、性质和功能不断发展;另一方面,地理环境通过资源和环境为航运的发展和社会活动提供物质基础和环境空间,并制约着航运活动的规模、等级和效率。最后,区域社会经济活动与航运活动之间也存在着相互作用。国际贸易和科学技术的发展,使人类对航运的建设和需求强度达到前所未有的程度,但航运资源和航运需求的有限性使得航运中心的建设和发展也面临挑战。建立在自然环境子系统的基础上,以地理区域社会经济子系统为背景的航运中心子系统能否稳定和发展,便成为航运业界关注的重大现实问题。

需要注意的是,航运中心人地系统与一般地理意义上的区域人地系统有所不同。航运中心是一个经济区域概念,它包含在航运中心所在城市的地理区域之中。航运中心人地系统是区域人地系统的一部分。区域人地系统更多强调人地之间的相互作用关系,航运中心人地系统除了强调人地关系,还强调区域与其子系统航运中心的关系。除了整体区域的地理环境外,航运中心人地系统更多的是强调与航运相关的自然地理环境。

航运中心人地相互关系是衡量航运中心可持续发展能力的关键。实际上,航运中心发展了也就是航运中心人地相互作用水平提高和强度增大了。航运中心的发展能否持续,要看过去发展过程中航运中心人地相互作用关系的合理性,也要看未来航运中心人地相互作用水平能达到什么程度。在一定时期内,航运中心发展都不可能是无限的,它要受制于航运中心人地相互作用所能达到的水平。从理论上讲,在特定时段内,影响航运中心人地相互作用过程的因子(自然的、经济的、技术的等因子)是有限个,并且起主要制约作用的是少数几个,而这些因子的变化幅度往往是有限的。这就使航运中心人地相互作用的最大强度和最高水平也有界限。航运中心一般位于一个较大区域内甚至全球范围内最具航运影响力的中心城市,一个港口要发展成为航运中心或之后保持航运中心的地位,就必须比相应区域内其他港口或航运中心发展得更好、更快,激发出最大的发展潜力。航运中心自生能力就是在一定时期内使航运中心人地相互作用发挥出最大可能限度的能力,即航运中心人地作用潜力的实现力。因此本课题的"自生能力"已经超越林毅夫原本定义的获得正常利润的能力,而是充分利用外界因素获得自身环境和条件允许的可以获得的最大利润的能力,从而超越其他竞争者成为领跑者或中心。一个航运中心的形成是历史的偶然也是历史的必然,自生能力就是要抓住必然。航运中心自生能力要求既要充分发挥资源禀赋的比较优势,获得与资源禀赋相一致的特色发展,又要创造条件集聚要素和优化配置航运资源,超越资源禀赋的约束,使航运中心向更高层次协调综合发展。

2)人地系统角度的航运中心自生能力的构成

航运中心是一个经济区域概念,航运中心人地系统是所在城市区域人地系统的一部分。航运中心人地系统除了强调人地关系,还强调所在区域与其子系统航运中心的关系。航运中心对要素的集聚与配置能力是航运中心自生能力的核心,通常受到航运中心所在地区的自然资源、经济社会资源情况、航运产业发展情况、环境可持续能力以及政府行为等多个因素的影响。航运中心的发展需要多个因子的支持,也受到一些因子的制约,按照航运中心人地相互作用潜力的影响因子类型,我们将航运中心自生能力分解为航运中心自然资源的潜在支持力、航运中心经济社会资源的潜在能力、航运中心产业发展能力、航运中心企业竞争力和地方政府调控能力。前两者强调人地关系,后三者强调区域-航运中心关系。

(1)航运中心自然资源的潜在支持力从地对人的作用方向上反映了航运中心自生能力。这里的"地"主要限定在自然资源方面,良好的地理位置条件、港口的自然条件是航运中心产生和发展的物质基础和重要条件,显然这种基础条件对航运产业的支持能力就成为航运中心自生能力的重要分量。在现有研究航运中心形成条件的专著与论文中,都把港口自然条件、地理区位优势等列入其中。船舶大型化趋势也对港口航道、水域和泊位前沿的水深有更高的要求,航运中心在硬实力的发展上必须依赖于港口附近广阔且具有持续开发空间的深水岸线资源。不具有优越自然条件的航运中心,如果不能实现产业转型升级,则可能面临没落的危险。所以自然资源对航运中心自生能力有着重要影响。另一方面,港航自然资源可以通过人的作用进行改造,港航基础设施作为一种有人参与作用的社会资源,要与自然资源相结合才能具有支持航运活动的能力。

(2)航运中心经济社会资源的潜在能力从人对地的作用方向上反映了航运中心自生能力。运输经济学理论认为运输是一种派生需求,航运是由经济与贸易派生而来的,只有随着区域贸易或世界贸易市场的形成,才会出现相应的航运中心。一个港口或航运中心经济腹地的经济与贸易规模具有潜在成长能力,港口或航运中心才有进一步发展的空间,才能实现自我成长与代际演进。在人地相互作用系统中,人居于主动的一面,人的作用更具有积极性和创造性,人的技术、创新精神、社会组织等社会资源的潜力对人地系统的作用比自然资源的潜在支持力大,同时稳定性较小,跨区域流动性强。航运中心的人才、全球性或区域性政府间组织或海运同业组织、航运交易市场等社会资源的潜在能力为航运中心的发展注入了强大的驱动力。另一方面,航运中心的社会、经济活动不可能无限量的发展,其规模、强度和速度除了受制于资源条件以外,另外还受制于自然环境系统。为了维持航运中心环境系统的自然平衡,就要把航运社会经济活动限制在一定的边界范围内。这种航运中心自然环境限量,即是航运中心环境的社会、经济容量。

(3)航运产业发展能力是形成航运中心自生能力的前提条件。航运产业在航运中心形成和发展过程中扮演着重要角色,航运产业由航运要素组合演变而来,航运产业不断集聚、相互作用形成产业集群,产业集群的不断扩大和功能完善形成航运中心。航运产业就像自创生细胞中由分子组成的部件,这些部件被组织起来实现细胞的自我生产。因此实现某一功能的部件无法形成或者部件不能满足现有功能要求时,整个自创生过程就被破坏了,这时自创生系统就需要外部力量支持才能可持续发展,从而成了一个异质生产的系统。如果在外部帮助或自组织演化下,形成功能更强的部件,则又重新成为更高级别的自创生系统。正像文中对自生能力的定义一样,系统拥有在自组织作用下实现自创生系统演进的能力,那么系统是有自生能力的。当然,恰当的外部帮助能使系统更好更快地获得自生能力,这正说明在航运中心自生能力的动态特性下,人们思考如何创造和维护产生自生能力的条件是可行而有效的,这是本课题重要的研究依据和意义所在。具体而言,航运产业发展包括航运中心产业组织的优化、航运中心产业结构的升级、主导产业的科学选择与合理定位等。与航运中心经济增长相适应的航运产业组织体系、与航运中心资源结构相适应的航运产业结构,表明航运中心资源的配置合理高效,因而航运中心产业发展能力强从而自生能力也较强。产业集聚是通过航运中心产业发展能力形成航运中心自生能力的根本途径。产业集聚的过程既是航运中心产业组织体系逐渐完善的过程,也是航运中心产业结构不断升级的过程,更是航运中心资源配置趋于高效和合理的过程。

(4)航运中心企业竞争力是航运中心自生能力的最终表现。企业发展是宏观经济的微观表现。集聚着大量的资本、技术、人才等各项要素的企业通常是竞争力强的,航运中心发展所需的支撑就是来源于这些企业。航运中心的企业竞争力是一个重要因素,它的强弱很大程度上决定着要素能否发生集聚,也是航运中心自生能力的最终体现。由于规模经济的存在,相关性企业组成产业集群能快速增强航运中心内企业竞争力。由于航运中心相对于普通港口具有规模、功能、区位等多方面的优势,大型跨国航运公司总部或区域总部往往选择聚集于此,给航运中心带来"总部经济"效益。在经济全球化时代,跨国公司模式日益盛行,几家巨型的港口服务跨国公司在港口服务业中脱颖而出,港口是否有跨国公司参与营运成为一个航运中心能否有效运行和可持续发展的一个越来越重要的条件。

(5)地方政府调控能力是形成航运中心自生能力的保障。地方政府也是航运中心内部重要的组成部分。政府在市场中要明确职能,处理好与市场的关系,既要解决市场经济中单纯依靠市场不能解决的问题,也要将错装在政府身上的市场之手还给市场。政府恰当的规制管理和宏观调控在市场中发挥着不可替代的作用。它能理顺各种经济利益关系,能从宏观角度更好地引导发展,是建立良好内部机制的重要参与者和管理者。而内部机制正是自创生和自组织的组织保障。一个国家或地区航运中心的建立与发展,与所在国家或区域政府的角色和职能是否适当有着很大的关系。国家或区域政府按照市场经济原理和国际航运规律,通过明确职能定位,进行体制创新,选择合适的调控手段,控制好调控力度,就可以有效促进和有力保障航运中心自生能力的形成。

3.3.1.2　武汉长江中游航运中心自生能力的构成要素分析

根据航运中心自生能力的构成要素,并结合武汉长江中游航运中心的实际情况,对武汉长江中游航运中心自生能力的构成要素做如下分析。

1)武汉长江中游航运中心自然资源的潜在支持力分析

武汉发展长江内河航运必然受航道、岸线等自然资源的影响。武汉市航道以长江、汉江为骨干,与境内众多支流小河和水库湖泊共同构成天然水网,航道自然资源十分丰富。武汉境内共有通航河流23条,通航总里程649.9千米。长江在武汉境内145.5千米,全年通航。汉江通航武汉段从汉江口(汉江与长江汇合口)至汉川,全长75千米,可常年通航500吨级船舶,中水期通航1000吨级船舶。其中,河口段(汉江口至蔡甸)33千米航道等级为双线三级航道,可常年通航1000吨级船舶。与岳阳港等其他省市的大港相比,武汉新港的深水岸线资源比水资源和土地资源更具有优势,也更加珍贵。这些岸线资源是阳逻港5个5000吨级到10000吨级集装箱码头深水泊位建设的基础条件。借助这样的优良深水泊位条件,在航道条件允许的情况下,完全可以实现万吨级轮船江海直达,从而促进周边省市外贸货物借道出关,直接拉近中部地区到沿海的空间距离。

2)武汉长江中游航运中心经济社会资源的潜在能力分析

运输需求是派生需求,是由社会经济活动这一本源需求引起的。经济规模大、经济发展得快的地区能够产生更多的运输需求。而武汉及其所在的湖北省正是一个经济快速发展的地区,为航运的发展提供了巨大的需求动力。

武汉是我国重要的老工业基地,是长江中下游的特大城市,是中央明确定位的中部地区中心城市,经济上保持着平稳较快的发展。武汉城市圈总体发展正处于工业化中期加速阶段,工业化总体水平高于全国,处于中西部地区前列。湖北是中部崛起的支点,也是武汉长江中游航运中心的核心腹地。中部地区是武汉长江中游航运中心服务的目标区域,其整个的经济发展必将带动武汉的航运需求。以上各区域的经济绝对值和增长速度见表3-1。

表3-1　武汉长江中游航运中心腹地经济发展总体状况

年份	武汉		武汉城市圈		湖北		中部地区	
	GDP（亿元）	GDP增速	GDP（亿元）	GDP增速	GDP（亿元）	GDP增速	GDP（亿元）	GDP增速
2012	7533	11.5%	12850	8.4%	22250	13.6%	116487	12.1%
2011	6756	22.5%	11859	23.1%	19594	24.0%	103923	24.3%
2010	5515	19.4%	9635	21.1%	15806	21.9%	83584	19.2%
2009	4620	13.7%	7956	14.1%	12961	13.5%	70137	11.0%
2008	4063	29.4%	6972	25.8%	11328	13.4%	63188	21.8%
2007	3141	21.3%	5542	20.5%	9333	14.2%	51864	14.2%
2006	2590	15.7%	4599	13.2%	7617	12.7%	45415	20.1%

数据来源:《中国统计年鉴2006—2012》、2013年统计公报。

3)武汉长江中游航运中心航运产业发展能力分析

航运中心是由不同航运产业组成的有机整体,航运产业的发展对航运中心的形成和发展的方向有着重要影响。武汉在多个航运相关业务上形成了产业发展态势,这为进一步集聚航运要素、扩大航运规模、促进产业升级奠定了良好的基础。下面从基础航运产业、航运服务业、高端或智能航运服务产业三个主要的方面来分析武汉长江中游航运中心产业发展能力。

(1)基础航运产业

到 2010 年底,武汉新港共有 27 个港区,共有生产性泊位 275 个(含 11 个客运泊位),已利用岸线长 37.93 千米,陆域面积 602.1 万平方米,水域面积 296.8 万平方米,仓库面积 22.6 万平方米,堆场面积 281.6 万平方米,客运设施 3.7 万平方米,各类装卸机械 1035 台套,港口铁路专用线长 78.77 千米。最大靠泊能力 7000 吨,年货物通过能力 5022 万吨,年旅客通过能力 900 万人次。武汉新港位于长江黄金水道中游,具有相对于中部其他港口的自然资源优势,具有更好的发展前景。根据规划,武汉将建设 2 大集装箱港区、1 个新港商务区、5 座临港新城、12 个临港产业园区,目标是把武汉新港打造成为集现代航运物流、综合保税服务、临港产业开发为一体的现代港、国际港、枢纽港,实现"亿吨大港、千万标箱";到 2020 年,武汉新港集装箱吞吐量将达到 500 万标箱,到 2030 年将达到 1000 万标箱;货物吞吐量达 3.5 亿吨,建成后的武汉新港货物吞吐量将仅次于南京,为中国内河航运第二大港口,并成为长江中游航运中心。

(2)航运服务业

在武汉市工商行政管理局注册的航运服务型企业涉及货运代理(货代水、陆运型)、船代、船舶租赁、船舶交易、船舶修理、拆船企业、国际货运等类型,截至 2012 年底共 968 家。这些企业大多小而全,产业集群度不高,配套能力较弱。

(3)高端或智能航运服务产业

在航运金融服务方面,武汉市内已有银行业金融机构 22 家、外资银行 5 家、保险公司 39 家,银行密度居中部第一,已初步显现出区域性金融中心的雏形。在海事法律服务方面,目前武汉海事法院是全国 10 家海事法院中唯一设立在长江沿线的海事法院,也是我国内地唯一涉外的海事审判机关,整个长江流域均为其管辖范围。

4)武汉长江中游航运中心企业竞争力分析

航运中心企业竞争力是航运中心自生能力的最终表现。2010 年武汉新港港口总吞吐量突破亿吨,2013年集装箱吞吐量达86万标箱,在长江中游地区表现突出,同时武汉在港口、航运、造船等方面涌现出一批具有规模与竞争力的企业。阳逻港是长江中游唯一天然深水港,二期工程竣工后,以集装箱、钢铁、件杂货运输为主,主要服务湖北北部、河南南部、陕西安康等区域,常年可通航5000吨级船舶,年吞吐能力可达到100万标箱,货物无须中转,可直达日本、东南亚等近海国家和地区,成为长江中游最大的集装箱码头。武汉新港范围内船舶实际拥有量达到3363艘,421万载重吨,平均吨位1576吨。运力规模占湖北省船舶运力总量的44.7%,成为湖北省船舶运力的主要构成部分。武汉已经成为内陆最大的造船基地,拥有内陆最大的船舶设计制造基地,国内军用船舶科研设计研发中心,船舶研发实力强大,科研院所众多,船舶企业具有独特优势。截至2011年9月,武汉市持有船舶修造许可证的企业共47家(其中三级Ⅰ类以上企业15家),船舶配套企业数十家,包括武船、青山船厂、南华高速、武汉船用机械有限责任公司(以下简称461厂)和武汉重工铸锻有限责任公司(以下简称471厂)等多家船舶制造、船用配套骨干企业。

5)武汉长江中游航运中心地方政府调控能力分析

武汉市和湖北省政府对武汉长江中游航运中心的建设非常重视,从最初的构想到规划的出台和具体的落实做了很多的工作,为促进武汉航运中心的建设注入了强大的发展动力。自2011年以来,随着国务院《关于加快长江等内河水运发展的意见》、湖北省政府《关于加快推进湖北水运业跨越式发展的意见》、《湖北长江经济带"十二五"规划》等文件的相继出台,武汉长江中游航运中心、武汉新港建设成为湖北省"中部崛起"战略深入实施的"前沿阵地"。2012年5月,武汉市政府审议通过了《武汉长江中游航运中心建设发展战略纲要》,计划未来5年,湖北将投入3000多亿元,全力打造武汉长江中游航运中心。2013年9月13日,交通运输部部长杨传堂、副部长何建中在武汉与湖北省委书记李鸿忠、省长王国生、副省长许克振等,就深入贯彻落实党的十八大精神和习近平总书记视察武汉新港时的重要指示、加快推进武汉长江中游航运中心建设充分交换意见并达成共识。

3.3.2　武汉长江中游航运中心自生能力系统框架分析

3.3.2.1　航运中心自生能力系统框架

航运中心自生能力是一个综合性很强的量,它具有多层次和多分量的特点。只有从各层次和各分量作用关系的角度把航运中心自生能力表达出来,才能完整地构造出航运中心自生能力的系统框架。

1)航运中心自生能力的层次

航运中心由港口不断发展而来,在发展过程中会遇到瓶颈,有时需要痛苦的蜕变,有时可能被别的航运中心取代,整个发展过程并不总是一帆风顺的,因此,航运中心的演变可以认为是一种渐进式螺旋上升的过程。在这一过程中,航运中心所处的外部环境也在不断发生变化,航运中心在与外部环境的不断适应过程中,其自生能力也是一步一个台阶曲折地向上发展的,前一个台阶上的自生能力为下个阶段的自生能力发展奠定能力基础。同时航运中心功能的强化和扩展,也不断扩大了其自生能力涉及的范围。所以说,航运中心自生能力的发展是具有层次性的。航运中心自生能力的层次主要反映在自生能力由低到高的水平上。航运中心自生能力系统的层次性反映了航运中心对其外部环境的适应度。因此,可以根据航运中心的发展历程和对环境的适应性由低到高把航运中心自生能力划分为自我生存能力、自我生长能力、自我升级能力三个层次,这是航运中心自生能力在每个代际发展过程的三个阶段,如图 3-2 所示。

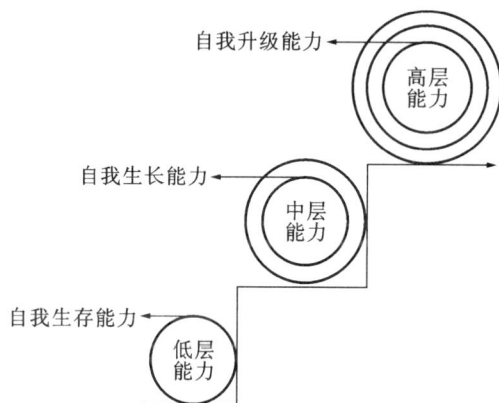

图 3-2　航运中心自生能力层次

航运中心自生能力的每一个层次是各具特征又相互关联的,对这些特征和关系进行深入了解,能帮助航运中心的建设者和管理者更好地理解和判定自生能力,从而从自生能力角度制定航运中心发展战略,为航运中心自我可持续发展和借助外力更好更快发展奠定坚实的基础。下面从多个角度分析航运中心自生能力各层次的特征和相互关系。

第一,系统结构角度。航运中心自我生存能力使航运中心能保持其中心地位,自我生长能力使航运中心在规模上扩展,自我升级能力使航运中心在生成新的产业和功能的基础上实现代际跃迁。每一个低层次的能力都是更高层次能力的基础,高层次能力是低层次能力各因素相互作用的综合结果。

第二,产业价值链角度。高一级的自生能力层次代表了更高层次水平的附加价值。由于能在更广泛的水平上对资源和能力进行开发,航运中心自生能力层次越高,就越能发挥能力系统一加一大于二的杠杆作用,通过对其他能力的整合和带动作用,在航运产业整个价值链上的各个部分都获得超过竞争对手的价值,从而在市场竞争中取得持续的竞争优势地位。

第三,组织范围角度。航运中心自生能力层次越高,其组织边界就越广,这就意味着该层次的能力更加难以实现。较低航运中心自生能力层次的培植可以在较小航运产业范围内实现各种资源、能力的相互协作。而要想获得更高层次的航运中心自生能力,则要求航运中心在所有航运产业内对多种关键能力进行有效协调与整合,是航运中心自生能力体系整个"面"的综合体现。因此说,航运中心自生能力层次由低到高的发展过程,也就是航运中心自生能力由"点"到"链"再到"网"的过程。并且,随着自生能力层次的提高,它所包含的产业范围也就越广,实现的难度就越大,被模仿和超越的可能性就越小。

第四,时间和空间角度。航运中心自生能力层次越高,其中心地位能够持续的时间越长,其影响力到达的范围越广。一般来说,具备低层次自生能力的航运中心只能在短时期内参与其扩散域范围内的竞争,如果航运中心不能继续提高自生能力层次,将很快被竞争对手超越,失去在该地区的航运中心地位;具备中层自生能力的航运中心,其成长潜力使得其可以在更大范围内参与竞争,也能更长时间保持中心地位。但在面对扩散域范围之外的航运市场时,如果航运中心在竞争过程中不能构建自我升级的能力,不但会被更高代际航运中心压制,最终无法实现突破,而且有可能被其他航运中心超越,失去航运中心地位。只有那些具备了高层次自生能力的航运中心,才有可能在航运中心的发展道路上不断前进,使自己的影响力范围不断扩大,最终参与全球市场的竞争。

2)航运中心自生能力影响要素的作用关系

在前面的分析中已经明确了要素集聚与优化配置能力是航运中心自生能力的核心,航运中心自生能力由五个方面的要素(或能力子系统)构成。航运中心自生能力各能力子系统之间存在直接或间接的相互联系和相互作用,它们并不是独立存在的,航运中心自生能力各分力之间相互作用形成钻石模型(如图 3-3 所示,箭头的方向代表各种作用力方向)。自然资源潜在支持力从地对人的角度作用于经济社会系统(作用力 1),为航运中心产业发展提供

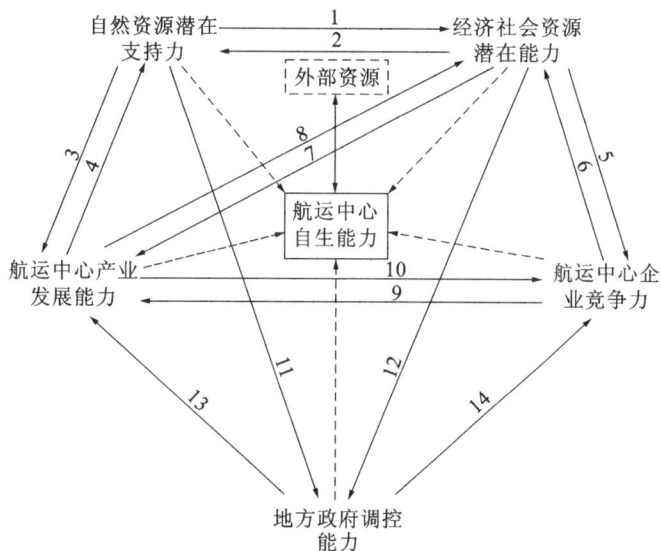

图 3-3 航运中心自生能力钻石模型

必需的物质条件(作用力 3),政府根据自然资源状况出台相应政策引导产业发展(作用力 11),自然资源潜在支持力也通过多个途径影响企业的经营决策(作用力 1-5、3-10、11-14),但这种影响力在航运中心高级阶段相对较弱;经济社会资源潜在能力从人对地的角度影响和改变自然环境(作用力 2),又为企业与产业发展提供好的市场环境和资金、人才、信息等资源(作用力 5、7),并为政府决策与调控提供依据(作用力 12);航运中心产业发展能力在一定程度上决定着航运中心内企业竞争力(作用力 10),影响着区域自然与经济社会环境的可持续发展(作用力 4、8);航运中心企业竞争力对产业发展能力的提升(作用力 9),促进区域经济、社会的发展(作用力 6)有着重要的作用,并通过它们对自然生态环境产生积极作用(作用力 9-4、6-2);地方政府作为市场调控的主体,其调控目标是要有利于产业和企业的发展(作用力 13、14),并通过产业与企业间接作用于自然环境和经济社会环境(作用力 13-4、14-6)。同时要另外说明的一点是,自生能力并不否认外力的作用,外部资源作为影响航运中心自生能力的重要因素之一,通过各种途径促进航运中心自生能力的形成,航运中心自生能力反过来吸引更多的外部资源,形成良性循环。它们之间的相互作用,涌现出航运中心自生能力,引导航运中心健康发展。

3.3.2.2 航运中心自生能力系统框架分析

1)武汉长江中游航运中心自生能力的层次分析

基础航运产业集群的出现与量性成长是航运中心的萌芽阶段自生能力

演进的基本特征,武汉正处于这样一个阶段。武汉是长江中游航运重地,地理优势相当突出。以武汉为中心的 400 千米范围内,可辐射 45 个中等以上城市,共计 1.83 亿人,是全国总人口的21.25％,在半径 1200 千米范围内,覆盖了国内 14 个 GDP 超千亿元城市中的 12 个。在全国经济发展的总态势中,武汉是国际经济与内地经济接轨,南部沿海"经济北上",东部沿海"经济西进"的重要交汇处。随着中部地区经济的发展,地区和国际贸易大大增加,武汉依靠良好的航运自然条件和较好的产业基础,适时地获得了建设长江中游航运中心的重任。在中央政府的大力支持,地方政府的政策适当引导下,航运得到快速发展,航班密度逐渐增加,港口规模逐渐扩大,港口具备了自我生存和生长的能力,以物质资源为主的航运要素向港口集聚,以码头、造船为主的航运产业初步形成。随着运输量的增加以及港口设施环境的逐步改善,武汉新港 2012 年集装箱吞吐量达到 76.48 万标箱,货物吞吐量已超过 1 亿吨,武汉新港自我升级能力逐渐显现,发展规模和航运资源配置能力已经明显超越中部其他港口,已成为中部地区对外贸易的重要通道之一,在地区与国际贸易中地位突出,航运中心已进入萌芽阶段。

2)武汉长江中游航运中心自生能力各要素作用关系分析

根据图 3-3 航运中心自生能力钻石模型,对武汉长江中游航运中心自生能力各要素之间几个主要的作用关系作以下分析。

自然资源潜在支持力从地对人的角度作用于经济社会系统(作用力 1),为航运中心产业发展提供必需的物质条件。武汉所具有的航运自然资源优势是航运能够发展的前提,同时也为经济发展提供了交通上的支持。武汉航道资源十分丰富,境内共有通航河流 23 条,通航里程 649.9 千米,其中长江航道 145.5 千米。武汉的深水岸线资源是阳逻港 5 个 5000 吨级到 10000 吨级集装箱码头深水泊位建设的基础条件,在航道条件允许的情况下,完全可以实现万吨级轮船江海直达,从而促使周边省市大量外贸货物借道出关,直接拉近中部地区到沿海的空间距离。2013 年武汉新港总吞吐量再次突破亿吨,集装箱吞吐量达 86 万标箱,为湖北与中部地区的发展提供了强大的运输支持。

经济社会资源潜在能力从人对地的角度影响和改变自然环境(作用力2)。武汉新港经济腹地的经济快速发展为武汉的航运发展提供了巨大的市场空间,良好的自然资源潜在支持力和广阔的航运市场吸引了更多的企业投入到港口、航运等基础设施的建设当中,湖北省计划将在 2011 年至 2020 年期间投资超过 1800 亿元,用于扩大武汉新港的吞吐能力,这些投资又将进一步带动地区的经济增长。

良好的航运资源条件也吸引更多的产业集聚到港口、岸线附近(作用力3)。比如武汉经济技术开发区紧邻蔡甸港区,依托港口优势,利用开展滚装船运输的便利,汽车产业大量集聚,拥有东风汽车、神龙汽车、东风本田汽车等5大汽车公司总部,6家整车厂,20家汽车相关研发机构,180家汽车零部件企业,是我国汽车及零部件产业最集中的区域之一。武汉阳逻经济开发区所在的阳逻港是武汉航运中心和武汉新港的核心港和集装箱主枢纽港。武汉阳逻经济开发区是一个以港口和制造业为基础的省级重点开发区,依托港航、公路、航空多种运输方式结合的交通优势,目前已引进投资项目180多个,协议投资额800多亿元。其中,世界500强和中央直属企业18家,过亿元产值的企业23家。港口物流、钢材深加工、重工机械装备、输配电设备、新型建材、电子电器、纺织服装和食品加工等八大主导产业正蓬勃发展,服装、模具、家具等10个产业园正在规划建设。武汉新港规划建设的16个项目,概算总投资100多亿元,将建成5个临港新城、12个临港产业园。

航运中心产业发展能力影响着区域自然的可持续发展(作用力4)。航运这种运输方式相对于公路、铁路运输,具有占地少、单位运量耗油量少的特点,是一种资源节约环境友好型运输方式,充分发挥航运效能对区域自然资源环境的可持续发展大有好处。2012年武汉水运货物周转量为1303.94亿吨公里,占武汉货物周转量总和的约50%,而水陆运输的能耗比重不到20%。武汉充分发挥水运优势,大力发展与航运相关的产业,促进航运发展,将对武汉的自然资源环境可持续发展产生重要作用。

经济社会资源潜在能力为企业与产业发展提供好的市场环境和资金、人才、信息等资源(作用力5、作用力7)。随着经济的发展,硬件不断改善,能够吸引到更多的人才进入和留在武汉,为航运与经济发展提供智力保障。武汉市共有航运研发机构15家,航运类教育机构19家,培训机构数全国排名第一,开展培训项目数全国排名第三,培训规模全国排名第二。武汉市航运研发与教育能力突出,船舶专业人才培养能力全国第一,研发设计能力名列前茅。这些人才极大地促进了武汉相关航运产业的发展,比如武汉已经成为内陆最大的造船基地,拥有内陆最大的船舶设计制造基地,国内军用船舶科研设计研发中心。

航运中心企业竞争力对促进区域经济、社会的发展(作用力6)有着重要的作用。武汉拥有在长江中游地区具有明显比较优势和竞争力的航运相关企业或单位,分别从港口、航运、航道、造船、信息等多方面促进武汉和区域经济社会的发展。例如,武汉港务集团有限公司由武汉市国有资产监督管理委员会与上海国际港务集团、上港集团物流有限公司 3 家合资组建,是以港口资源为基础,以集装箱和大宗散货装卸运输为核心竞争力,涉及港口装卸、物流、旅游、房地产等多个领域的大型综合性现代化企业集团,是湖北省最大的公用码头运营商。武汉港务集团有限公司港口吞吐量保持持续增长,2013 年实现货物吞吐量 4224 万吨,集装箱吞吐量 51.3 万标箱,为区域经济发展提供了有力的水运保障。

　　航运中心企业竞争力对产业发展能力的提升(作用力 9)有着重要的作用。同时,航运中心产业发展能力在一定程度上决定着航运中心内企业竞争力(作用力 10),良好的产业基础培育出了更具竞争力的企业。例如,武汉是重要的造船基地,造船产业规模相对较大,技术实力雄厚,在造船业中年产值达到 1000 万元以上的企业有 27 家,年产值亿元以上的企业有 10 家,年产值 10 亿元以上的企业有 4 家——分别是武船、青山船厂、461 厂、471 厂。这些龙头企业的发展和效益提高促进了当地经济社会的发展,也为人才提供了更好的平台。

　　政府根据自然资源状况出台相应政策引导产业发展(作用力 11),为航运发展提供了制度保障,比如武汉新港投资指南、招商引资优惠办法、各种管理条例和办法都为武汉航运发展起到了引导和保驾护航的作用。

4 基于产业集群的武汉长江中游 航运中心复杂性分析

航运中心是一个与港口贸易活动相关的各种产业集聚的经济区域,航运中心在形成和发展过程中形成各种产业集群,并拥有产业集群的自组织、涌现及要素集聚特性。武汉具有各种航运要素的企业集聚区域,形成功能特色各异的多个港航区域,且长江中游各港口航运要素集聚具有空间相关性。在要素集聚与产业集群形成过程中,航运中心逐渐发展成为一种复杂的适应系统,武汉长江中游航运中心具有复杂适应性,能够产生自生能力涌现。

4.1 航运产业集群研究的理论基础

4.1.1 产业集群的特性

产业集群是一种复杂的适应系统,产业集群的基本特性是自组织特性、涌现性及集聚特性。国内外学者对产业集群特性也进行了一定的探索和研究。

4.1.1.1 产业集群自组织特性

Ahokangas 和 Herd(1999)认为,在外界环境作用下,企业群体的自发行为和集体选择的过程是产业集群演化的动力,所以产业集群的演化不仅具有从低级到高级、优胜劣汰的进化规律,还具有以自组织、自适应和协同进化为主导的内在动力机制。Brenner 和 Greif(2003)采用复杂科学中的自组织理论进行了产业集群动力机制的研究,发现了运用传统经济学解释产业集群动态演化过程所存在的不足,而采用复杂科学理论具有明显的优越性。他们应用复杂科学理论进行研究,并发现了产业集群内的两个主要机制:即集群的当地共生互动作用和促进集群超越临界规模。由此可知,自组织是产业集群持续演化的动力机制。

李刚(2005)认为,作为一种特殊网络组织形式的产业集群不仅呈现出普遍的组织特性,而且从整体角度观察其形成条件和静态结构特征,以及从内部角度分析其动态的形成过程和演化机制,均可以发现产业集群具有显著的自组织特性。郑文智和孙锐(2006)认为产业集群的自组织特性表现为:(1)集群的产生是非平衡发展的结果;(2)集群内部的子系统间具有复杂的、非单一和非对称的相关性;(3)集群是一个开放的系统;(4)集群演化是系统涨落以触发旧结构的失稳,探索新结构的过程。何铮和谭劲松(2005)通过研究得出结论:集群可以被视为一个复杂适应性系统,其本身表现出的要素之间的非线性关系、互为削弱力量具有共同存在的特点,进而导致系统模糊的发展前景;与此同时,集群系统内各元素的自发行为和相互作用所表现出的自组织过程也是推动集群持续成长的关键机制。

4.1.1.2 产业集群自组织演化

Menzel 和 Fornahl(2009)认为在产业集群系统演化的过程中,诸如核心企业、中小型配套企业、科研机构、中介服务机构等各类主体之间存在着竞争和合作的协同关系,这种协同关系推动着集群系统进行着分化—整合—分化,无序—有序—无序,平衡—混沌—平衡的过程,以此形成产业集群不断演化的动力和活力。陈雅辉(2006)在复杂系统理论的基础上,给出了一个产业集群的演化模型,认为当集群内部单元(企业或机构)数量较少时,集群的功能将会是逐步递增的,即随着产业集群内单元的增加将会逐步增加新的功能,企业数量的增加对整体功能的影响也是较为显著的;当产业集群内部单元达到一定的数量时,集群的提升就会出现发展放慢甚至可能出现停滞、衰退的趋势。芦彩梅和梁嘉骅(2009)基于复杂系统理论,分析了产业集群演化的三个阶段的各自形态,并提出了产业集群演化的基本方式为自组织和他组织,产业集群演化的根本动力是集群主体间的合作、竞争和协同进化,以及演化的基本模式是合久必分、分久必合。王向誉(2010)等人借助复杂网络的研究方法,构建了山东省船舶制造产业集群复杂网络,并对其网络统计特征进行了具体分析。网络的节点度服从幂律分布,通过不断的演化发展,该网络将逐步形成一个较成熟的船舶制造产业链,集聚效应非常明显;同时,网络在演进过程中仍然存在一些深层次问题和制约因素。

4.1.1.3 产业集群的涌现性

张智勇(2009)等人在复杂系统涌现性机理的基础上,对物流产业集群企业的核心竞争力和服务创新能力等进行了研究,得出了物流产业集群涌现性的强弱与其核心竞争力和服务创新能力的高低成正比的结论,提出了物流产业集群创新模型,以及基于涌现性的物流产业集群服务创新体系。Chiles(2001)等人认为,产业集群不只具备竞争优势、创新能力、区位效应等主流经济学所描述的静态特征,并且产业集群是在企业家集体或独特的企业家精神作用下的复杂动态过程,企业能力的提高、集群效应的发挥、产业集群规模的扩大等均可用涌现来解释,产业集群成长的关键是控制和引导这种涌现以发挥其最大的作用。罗芳(2006)等人认为产业集群所具有的涌现性功能可以使集聚体内部的共性技术创新成为可能,主要原因是集群体内持续发生的创业,使产业集群内部的企业对共性技术的需求不断增加,促使共性技术创新的速度加快。郭政(2008)等人的研究表明:产业集群的产生具有明显的涌现性特征,企业个体间的相互作用将在企业群体结构上涌现出集群特征;初始状态下无序的企业分布能够在演化过程中自发地形成稳定的集群结构。

Niu(2009)认为在产业集群系统中任一行为主体的自组织过程总是通过与其他行为主体的相互作用、联系而实现的,并在不同程度上受制于产业集群。实践表明,产业集群系统的自组织特性使得集群内各子系统具有充分的资源和能力来实现其内部的协调与平衡,同时能更好地适应迅速变化的外界环境,从而使得产业集群系统能够实现在动态环境中的持续成长。因此,产业集群系统的涌现既是其内在自组织机制运行的客观要求,也是其内在自组织机制运行过程的结果和体现。从以上学者的研究可以看出,产业集群的自组织特性与产业集群的涌现性密切相关,产业集群系统各要素相互间的自组织作用过程,使产业集群在混沌—有序—混沌的循环过程中不断演化,同时也是产业集群从无到有、从低级到高级的整体涌现。

4.1.1.4 产业集群的要素集聚特性

韦伯(Alfred Weber)在1909年出版的《工业区位论》一书中,把影响工业区位的因素分为区域因素和位置因素,其中位置因素就包括集聚因素和分散因素;并在探讨影响集聚的一般因素中利用等差费用曲线来解释产业集聚的程度。他认为集聚可分为两个阶段,第一阶段仅通过企业自身的扩大而产生集聚优势;第二阶段是各个企业通过相互联系的组织而集中,形成最重要的高级集聚阶段,各企业通过相互联系的组织而形成的地方工业化就是所谓的企业集群。在他看来,产业集聚的要素有四个方面:一是技术设备的发展使生产过程专业化,而专业化生产部门更要求产业的集聚;二是劳动力的高度分工要求完善灵活的劳动力组织,劳动力组织有利于集聚的发生;三是集聚可以产生广泛的市场化,批量购买和销售降低了生产成本,提高了效率;四是公共基础设施的建设与发展。

产业要素集聚过程中,在不同的区域与位置进行选择,形成不同的产业集群,这些要素在空间分布上会存在一定的关系,即空间异质性和空间依存性。空间异质性是指某个特定区域特有的属性变量。例如,某个特定地区的产量的高低主要受到该地区特有的地理条件的影响。空间依存性或空间自相关最典型的属性是两维多方向的,即在一个区域某个属性的观察值和在不同区域的相同属性的观察值是相关的,并且这种相关性能在不同的方向扩展。虽然,我们不能从一个空间样本信息中得到严格空间异质性的含义,但通过空间自相关可以从相邻观察点部分地预测该观察点。一个空间过程可以通过空间异质性和空间依存性,用类似"内生"和"外因"的分析范式进行分析。

检验区域经济行为空间相关性存在与否(也就是是否存在区域的集聚或集中),空间统计学一般用全域 Moran's I 指数和局域 Moran's I 指数。全域 Moran's I 指数衡量区域之间整体空间关联与空间差异程度,局域 Moran's I 指数分析观测局部空间聚集情况。

4.1.2　航运产业集群相关研究

Brett 和 Roe(2010)认为航运中心是一个与港口贸易活动相关的各种产业集聚的经济区域。这一定义明确了产业集群与航运中心之间的紧密关系。尽管"航运中心"在国内普遍被翻译为"shipping center",但是在国外相关研究报告与论文中对此却有"shipping center"、"maritime cluster"、"cargo center"和"load centers"等不同的表达方式与含义。王杰(2007)认为"maritime cluster"从航运要素的地理空间聚集角度来研究与表示国际航运中心,较符合国际航运中心的内涵。航运产业集群也是复杂系统,同样也具有产业集群的复杂性的特点。国外关于国际航运中心建设的研究文献大多是从航运产业集群的角度展开,但从复杂性角度研究航运中心产业集群的文献比较鲜见。

4.1.2.1　航运产业集群国外研究综述

1)航运产业集群与航运中心发展

航运产业集群的发展和演变促进了航运中心的转型与升级,航运产业集群既是航运中心发展的动力,也是其发展的结果。Brownrigg(2006)分析了伦敦航运服务产业集群的形成历史:20 世纪 70 年代全球石油价格上涨,生产成本突然上升,造成伦敦许多的海上制造业转移到远东。伦敦的航运业从传统的制造业向现代服务业转型,这中间经过了一个漫长而痛苦的调整过程。由于更容易获得相关领域的专业知识和技能,以满足现代航运贸易的复杂要求,伦敦因此形成航运服务业集群。Curtis(2004)认为伦敦在 10 年后航运服务集群可能不再辉煌,新加坡、香港和上海在全球化的推动下将会发展成航运服务中心。

2）航运产业集群成长

不同研究者从创新、政府政策、人才、企业等多个角度分析了航运产业集群形成和发展的影响因素。

（1）创新

毕浩然（2007）认为应变能力、高效的管理体系、重视人才是挪威航运业集群在造船领域拥有世界顶尖的科学和技术的原因。Jenssen（2003）在对过去 10 到 20 年间的一些研究项目回顾后，认为挪威的航运产业集群在高成本下仍然成功的关键是创新。挪威的航运业要持续创新保持国际竞争力，不断提高技术水平和能力、形成独特的难以模仿的竞争优势是集群内公司的必然选择。Bech（2006）认为之所以越来越多的国际航运公司将总部设在哥本哈根，是由于丹麦航运产业集群的创新能力。Huisink（2004）提出荷兰的航运企业区分竞争对手的依据逐渐从价格转变成质量和知识，而这也使航运产业集群中的企业将创新放在了极其重要的位置，产业集群内的企业不仅要实现自我创新而且还要通过合作创新，才能形成企业的竞争合力。Doloreux 和 melanon（2008）认为魁北克航运产业集群范围内的企业没有与外部合作伙伴开展创新活动，使得企业不仅没有改变规模较小、吞吐量少和缺乏创新动力的现状，也阻碍了产业集群的可持续发展。

（2）政府政策

Mazzarol（2004）提出，在澳大利亚的海洋综合体产业网络格局中，已经形成了具有较强的国际竞争力的航运产业集群。政府部门的巨额投资支持着本地区航运产业的发展，促使航运产业和各主导产业之间建立起较为密切的技术联系和产业联盟。而 Sedler（2005）提出波兰的航运产业发展比较落后的主要原因是政府的过度干预，这使得航运业、造船业和港口等相关产业无法在缺少政府支持的环境下存活。波兰政府应根据欧盟国家的援助条例来调整海事政策，以改变发展迟缓的现状。作为波兰海洋战略框架中最主要的项目，波兰航运产业集群的发展应由科学家、企业家、中央政府和地方政府来共同完成。Meade（2006）认为迪拜是世界上第一个由政府提出推动航运产业集群建设的国家，但是与迪拜航运中心规模宏大的基础设施建设相比，如何吸引大量的航运企业和机构才是其发展的关键。Doloreux 和 Shearmur（2009）以纽芬兰、拉布拉多和魁北克 3 个地区作为案例，分析了不同航运产业集群在加拿大的推动因素和发展过程，指出加拿大政府的集群政策在推动航运业竞争力提升过程中发挥了重要作用，而地理障碍和政府体制则是阻碍航运产业集群发展的主要原因。

（3）人才

Mack（2007）提出航运产业集群在挪威的形成是源于高质量的海员聚集。Inoue Kinzo（2011）认为随着国内船员成本上升，人力短缺是航运发达国家普遍面临的问题，这会影响到航运产业集群的发展，并探讨了日本通过人才开发和利用社会机制解决这一问题的可能途径。Karlsen（2005）提出历史因素只是航运产业集群地区差异的制约因素，而企业人才和路径依赖才是差异的主要根源。

（4）企业

Wijnolst（2001）认为航运业的竞争非常激烈，只有处于领先的企业才能够生存，复杂的合作网络的创建比企业的自我发展更有利于科技的创新与传播。航运产业集群正是因此而产生。Nijdam 和 Langen（2003）在研究荷兰航运产业集群的领导企业时，认为当集聚的条件形成时集群可以自发形成，领导企业在集群发展过程中起着特殊作用。Sommers 和 Evan（2004）经研究发现，在美国西雅图构成航运产业集群的主体是历史悠久的、私人所有的中小公司，这些公司能够大量吸引华盛顿州以外的顾客，充分利用外部资源来发展该地区的经济。Herstad 和 Asheim（2003）提出挪威航运产业集群内的企业通常将一部分业务外包给韩国和印度。对于这种外包趋势的理解不应该仅从劳动力成本低廉的角度考虑，更多的应该考虑这些国家综合知识环境的改善。

另外，Brett 和 Roe（2006）总结出了香港和新加坡航运产业集群迅速发展的原因，即优越的地理位置、强大的腹地经济的支持和已经形成的航运产业集群临界质量。

4.1.2.2　航运产业集群国内研究综述

从 20 世纪 90 年代开始，国际航运中心的实践与研究在我国引起广泛重视，专家、学者们从港城互动、港口竞合、机制设计、法制建设、政府政策等方面对航运中心的建设开展了研究。其中从航运产业或产业集群角度研究航运中心建设的有：

张颖华（2011）等人指出港航产业成长不是一般意义上的产业成长，其成长体现了国际航运中心功能形成、提升的阶段性。国际航运中心功能的完善、竞争力的提高必须依靠港航产业这个载体通过改变成长方式完成成长阶段的升级来实现。沈晓明（2010）提出从建设现代航运服务、做大做强船舶产业、提高海洋科技实力三个方面来提升海事产业和海洋经济水平。刘维林（2008）等人认为天津作为未来中国北方的国际航运中心，除了先进的港口装卸及集疏运的硬件设施外,必须要有高度发达的现代服务产业作为支撑。杨绍波(2011)等人认为,税制不仅影响着航运业的发展,还对相关产业融合有着相当大的作用。从历史看,一、二、三代航运中心税制支持重点不同,发达航运中心更注重通过税制支持高端航运业发展。任声策(2009)等人认为服务业内的融合、技术的融合以及与制造业的融合是航运高端服务业产生、发展的重要模式。

熊晓亮(2011)认为武汉航运产业的集群效应不明显,在武汉集聚起来的航运要素,在行业内和行业间尚未形成竞争合作的关系网络,且航运集群主要是由区域外部力量,特别是政府引导驱动而成。陈继红和真虹(2009)认为依托航运产业集群的模式,航运服务市场、航运服务产品以及航运服务技术的结合将产生航运服务集聚效应。在世界航运范围内,比较成功的国际航运中心都拥有相当数量的航运企业以及与其相关的服务企业,并通过各产业之间彼此的关联形成产业集群。周翔(2010)认为发展航运服务业,建设上海国际航运中心,就要打造健全、完善的现代航运服务体系,在形成航运产业集群的基础上,发展融合衍生的新型、高端航运服务业。葛春凤(2010)等人认为,为有效发挥产业集群效应,世界主要国际航运中心在发展现代航运服务业方面的一条成功经验就是建设航运服务集聚区。建设航运服务集聚区有利于集聚航运服务资源、形成集聚效应和辐射效应、整合航运服务功能、提高航运服务效率、突出现代航运服务特色、规范航运管理,航运服务集聚区将是发展现代航运服务业的一个重要平台。

4.2　武汉长江中游航运中心产业集群的要素集聚特性

Weber(1997)认为,集群是企业为了获得集聚经济,自组织在空间上集中分布而产生的一种生产力布局形式。集聚经济(cluster economy)是把具有一定关联的企业集聚到同一地点,使这些企业获得生产和销售方面的利益或节约。航运产业集群的形成和发展也是一种对集聚经济的追求,航运产业集群不是企业简单地在空间上的集中,它们会形成各具特色的专业化生产,并具有空间上的相关性。长江中游地区具有各种航运要素的企业集聚,形成功能特色各异的多个港口,且要素集聚具有空间相关性。

4.2.1　集聚经济与航运中心产业集群成长

航运产业集群的成长与航运中心自生能力息息相关,其中航运中心的发展依靠航运产业集群的不断成长来推动；而航运中心的建设也对航运产业集群的成长提出了更高的要求。航运产业集群是由集聚并相互关联的航运要素主体组成的群体。航运要素主体分为人才要素型主体、知识要素型主体、资金要素型主体、基础设施要素型主体、自然资源型主体五种类型，他们是航运中心中具有自主行为能力的个体，包括企业、机构等。聚集于同一区域的相同类型的要素主体，因为外部规模经济的存在要比分散要素主体节约部分固定成本，也会产生包括供给和需求两个方面的拥挤效应。外部规模经济和拥挤效应均与集聚的同类要素主体的总数（集群规模）有关。同类要素主体集聚时的正面和负面效应的综合就是广义集聚经济，即外部规模经济和拥挤效应的综合效果，用 R_s 表示。同类要素主体集聚形成的集群规模就由广义集聚经济决定。当 $R_s > 0$ 时，要素主体不断集聚；当 $R_s = 0$ 时，要素主体不再集聚，这时集群达到最大规模。如果生产信息不充分导致加入集群的要素主体数量超过最大规模，最后也会有很多要素主体退出集群（贾明江，2006）。另外还存在一个集聚最优规模问题，即 R_s 达到最大时的集聚最经济的规模。下面用模型来说明这一命题。

　　假设航运市场上有 i 个同类要素主体，它们生产相同的航运产品，q_i 为第 i 个要素主体的产量，则 n 个要素主体的总产量 $q = \sum_{i=1}^{n} q_i$，那么此航运产品的市场价格为 $p = a - bq$，系数 a 和 b 均取正值，第 i 个要素主体的收入为 pq_i。由于区域内资源的有限性，市场产出规模的增加会使生产单位产品的变动成本上升，单位产品的变动成本假设为 $c + kq$，系数 c 和 k 均取正值。要素主体投入生产的固定成本可以分成两部分，一部分是必须由自己承担的 c_0，每个主体会有所区别；另一部分是可以由其他进入同一区域的要素主体分摊的 c_s，这个值是固定的。因此，第 i 个同类分散要素主体的固定成本为 $c_{0i} + c_s$，如果第 i 个要素主体是有 n 个同类要素主体的集群中的一员，则其固定成本为 $c_{0i} + c_s/n$。两者的差 $c_s - c_s/n$ 就是每个集群要素主体所获得的外部规模经济。

　　虽然要素主体集聚会带来外部规模的经济性，但同时又会产生拥挤效应。这种拥挤效应主要反映在集聚后要素主体之间对有限资源的争夺比分散要素主体更加激烈，表现在生产单位产品的变动成本要比分散要素主体上升更快，另外集聚后产量的增加也会引起价格的下降。若假设集群要素主体的单位产品变动成本均为 $c + k_c q$。分散要素主体的单位产品变动成本均为 $c + k_d q$，则应有 $k_c > k_d$。这说明第 i 个集群要素主体在生产投入方面所得到的拥挤效应大小为 $q_i(k_c - k_d)q$。第 i 个集群要素主体的总变动成本为 $(c + k_c q)q_i$，

总成本为$(c+k_c q)q_i+(c_{0i}+c_s/n)$,净收益为:

$$R_i = (a-bq)q_i-(c+k_c q)q_i-(c_{0i}+c_s/n)$$
$$= \left[a-b\sum_{i=1}^{n}q_i-(c+k_c\sum_{i=1}^{n}q_i)\right]q_i-(c_{0i}+c_s/n) \quad (4\text{-}1)$$

假设 n 个集群要素主体形成整个供方市场,将上式对产量 q_i 求导数,令其为零,可求得集群要素主体的均衡产量为:

$$q_i = \frac{a-c}{2n(b+k_c)} \quad (4\text{-}2)$$

将 q_i 值代入 R_i 中有:

$$\operatorname*{Max}_{q\geqslant 0} R_i = \frac{(a-c)^2}{4n(b+k_c)}-(c_{0i}+c_s/n) \quad (4\text{-}3)$$

假设这些要素主体全部分散于资源均匀分布的区域内,并且与集群要素主体面对同一市场,其收益函数为:

$$R_{0i} = \left[a-b\sum_{i=1}^{n}q_{0i}-(c+k_d\sum_{i=1}^{n}q_{0i})\right]q_{0i}-(c_{0i}+c_s) \quad (4\text{-}4)$$

将上式对产量 q_{0i} 求导数,令其为零,同样可求得分散要素主体的均衡产量为:

$$q_{0i} = \frac{a-c}{2n(b+k_d)} \quad (4\text{-}5)$$

将 q_{0i} 的值代入 R_{0i} 中有:

$$\operatorname*{Max}_{q\geqslant 0} R_{0i} = \frac{(a-c)^2}{4n(b+k_d)}-(c_{0i}+c_s) \quad (4\text{-}6)$$

要素主体集聚与分散的收益差为:

$$\Delta R_i = \operatorname{Max}R_i-\operatorname{Max}R_{0i}$$
$$= \frac{(a-c)^2}{4n(b+k_c)}-\frac{(a-c)^2}{4n(b+k_d)}+c_s-\frac{c_s}{n} \quad (4\text{-}7)$$

ΔR_i 实际上就是生产同质产品的要素主体集聚的广义集聚经济 R_s,即 $\Delta R_i=R_s$。从 R_s 的构成部分来看,由于 $k_c>k_d$,$\frac{(a-c)^2}{4n(b+k_c)}-\frac{(a-c)^2}{4n(b+k_d)}<0$,因此 $\frac{(a-c)^2}{4n(b+k_c)}-\frac{(a-c)^2}{4n(b+k_d)}$ 才是集群要素主体真正获得的总拥挤效应,$c_s-\frac{c_s}{n}$ 是集群要素主体获得的总外部规模经济。显然,只有当 a、b、c、k_c、k_d、c_s 以及 n 的取值使 $\Delta R_i>0$ 时,分散要素主体才可能集聚形成要素主体集群。

将 R_s 对 n 求导数,有:

$$\frac{\partial R_{\mathrm{s}}}{\partial n} = \left[\frac{(a-c)^2}{4n(b+k_{\mathrm{d}})} - \frac{(a-c)^2}{4n(b+k_{\mathrm{c}})} \right] / n^2 + \frac{c_{\mathrm{s}}}{n^2} \qquad (4\text{-}8)$$

因为 $k_{\mathrm{c}} > k_{\mathrm{d}}$，有 $\dfrac{(a-c)^2}{4n(b+k_{\mathrm{d}})} - \dfrac{(a-c)^2}{4n(b+k_{\mathrm{c}})} > 0$，所以 $\dfrac{\partial R_{\mathrm{s}}}{\partial n} > 0$。

由 $\dfrac{\partial \mathrm{Max} R_{0i}}{\partial n} = -\dfrac{(a-c)^2}{4n^2(b+k_{\mathrm{d}})} < 0$ 知，随着分散要素主体个数 n 的增大，分散要素主体总收益会变小，同时二阶导数为正，因此 R_{0i} 是要素主体数量 n 的递减凹函数。同样，R_i 也是要素主体数量 n 的递减凹函数，只是由于 $k_{\mathrm{c}} > k_{\mathrm{d}}$，$R_i$ 对 n 的一阶导数比 R_{0i} 的更接近于 0，因此 R_i 曲线下降更平缓。当市场只有一个要素主体时，它既是分散主体又是集聚主体，两条曲线共一个起点。通过以上分析可以构建 R_i、R_{0i} 和两者之间的差值 R_{s} 曲线，如图 4-1 所示。当 $n = n_1$ 时，$R_{0i} = 0$，即分散要素主体的最大市场规模为 n_1，同时集群是最优规模；当 $n > n_1$ 时，分散要素主体的收益将为负，分散要素主体总数会自动缩减至 n_1 以下；当 $n = n_2$ 时，集群达到最大规模，此时 R_{s}、R_i 均为 0。上述分析表明：随着集群要素主体规模 n 的增大，广义集聚经济 R_{s} 先是上升，至 n_1 时最大，然后逐渐下降至零。

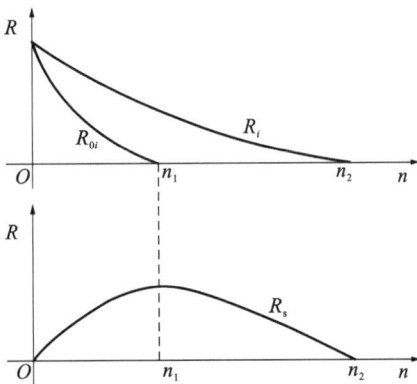

图 4-1　广义集聚经济与集群规模的变化关系

以上论述过程表明，航运同类要素主体集聚的广义集聚经济随集群规模的增大而增大，但达到一定规模后反而会下降。航运中心高端或智能航运产业集群要素主体的拥挤效应要比基础航运产业集群小得多，它更多的是提供知识和信息服务，产出的增加产生的变动成本比基础航运产业小。同时高端或智能航运产业对地理等资源的要求较小，固定成本能在更多主体间分摊，外部规模经济更明显。因此航运中心高端或智能航运产业集群的集聚规模能达到更大，影响范围也能更广。

4.2.2　武汉长江中游航运中心范围内航运资源要素区域分布格局

港口是指具有相应设施，提供船舶靠泊，旅客上下船，货物装卸、储存、驳运以及相关服务，并按照一定程序划定的具有明确界限的水域和陆域构成的场所。港口通常位于江、河、湖、海沿岸商业贸易活动频繁的城镇或临近地区。港口是水陆运输的枢纽，旅客和货物的集散地，是国内外贸易物资转运的连接点,也是沟通城乡物资交流的场所。航运中心是以大型的、现代化的深水港为枢纽的港口群,不是一般的港口,也就是说,是港口不一定就是航运中心,但航运中心必须包含大型的、现代化的深水港口群以及强大的航运服务体系。港口是航运中心硬实力的最主要组成部分,是航运中心硬实力的重要体现。长江中游港口都处于软实力相对较弱甚至还没开始起步发展阶段,因此,港口航运资源要素所代表的硬实力可以作为现阶段衡量长江中游港口向长江中游地区航运中心发展能力的主要参考。

本课题组研究的港口航运资源要素主要包括三大类:土地、资本和劳动。土地包括岸线资源、水域资源、陆域资源等。资本包括港口设施、码头泊位、船舶等一切人造的生产辅助物。劳动包括生产过程中所使用的人的全部体力和脑力才能,由此体现的是港口为船舶提供服务的能力,包括靠泊能力、货物吞吐量等。鉴于数据的可获得性与可比性,土地要素选取自然岸线指标作代表,资本要素选取港口年投资额和泊位数作代表,劳动要素选取最大靠泊能力和货物吞吐量作代表。

近年来,随着长江经济带腹地经济的蓬勃发展,长江航道条件的进一步改善,长江干流沿线已形成一批大中小港口相结合,以主要港口为骨干、地区性重要港口为辅、其他港口互为补充、分层次的港口布局,基本涵盖整个长江流域。长江干线已初步形成以重庆、宜昌、城陵矶、武汉、九江、芜湖、南京、镇江、苏州、南通等主要港口为依托,大中小型港口相结合,铁水、公水、江海河联运的港口群体。由于主要研究长江中游港口航运资源要素分布的现状,长江干线港口相对于支线港口具有更好的航道资源和区域影响力,根据全国内河主要港口规划布局方案确定了28个内河主要港口。这里选取武汉新港、岳阳港、九江港、宜昌港、荆州港、黄石港、安庆港、芜湖港8个长江中游干线主要港口作介绍。

1)武汉新港

武汉新港规划港口岸线627千米,规划区现有27个港区,港口锚地16处,泊位569个,货物总通过能力3.85亿吨,港口用地总规模4.65万亩(约合3100公顷),港区及腹地面积达9300平方千米,地区生产总值、固定资产投资总额均占全省的40%以上。近两年,湖北省加快推进武汉新港规划建设,积极开展招商引资与对外交流,共完成投资116.8亿元,推进了29个港航基础设施项目、21个集疏运项目,及15个产业、物流园区项目建设。2010年,吞吐量一举突破1亿吨,集装箱达65万标箱,武汉新港由此展露出强大活力。如今,武汉新港已成为中部地区走向海外的重要门户。由于武汉新港是在2010

年由武汉、鄂州、黄冈、咸宁 4 个市港口岸线统一规划建设而成,武汉新港在 2010 年之前没有相应数据,同时,武汉港是武汉新港的主体部分,因此,用武汉港的数据代替武汉新港数据进行分析,具体数据见表 4-1。

表 4-1　2006—2012 年武汉港航运资源要素分布及吞吐量情况

指标名称 年份	港口年投资额（万元）	最大靠泊能力（吨）	总吞吐量（万吨）	集装箱吞吐量（万标箱）	生产性泊位长度（米）	生产性泊位个数（个）
2006	12537	5000	5034	34.8	22390	211
2007	13000	5000	5278	38.8	22390	328
2008	85800	5000	5592	47.18	17877	213
2009	40770	10000	5409	56.46	19394	225
2010	52800	10000	6620	77.16	19919	229
2011	136000	10000	7602	71	20169	231
2012	197000	10000	7632	76.5	20464	230

2)岳阳港

岳阳港主要自然岸线总长 471 千米,其中可建港岸线 161 千米,深水岸线 136 千米。岳阳港现拥有各类等级航道 760 千米,其中高等级航道 543 千米。2004 年,岳阳市政府决定建设城陵矶新港区等工程,新建成千吨级泊位 17 个,总投资超过 10 亿元。按照《湖南省内河航运发展规划》,2010—2020 年湖南省将投资 230 亿元,建成以洞庭湖为中心的通江达海的现代化内河航道体系,实现该省内河水运资源丰富地区间的 300 吨级以上船舶或船队的直达运输。2012 年,岳阳港书写了历史新纪录:完成港口货物吞吐量 10620 万吨、集装箱吞吐量 20 万标箱,同比分别增长 115%、129%,具体数据见表 4-2。

表 4-2　2006—2012 年岳阳港航运资源要素分布及吞吐量情况

指标名称 年份	港口年投资额（万元）	最大靠泊能力（吨）	总吞吐量（万吨）	集装箱吞吐量（万标箱）	生产性泊位长度（米）	生产性泊位个数（个）
2006	13600	5000	2050	5.14	5514	88
2007	46300	5000	4137	4.74	5687	90
2008	47000	5000	6576	3.96	5797	91
2009	13000	5000	7703	8.64	11266	146

指标名称 年份	港口年投资额 （万元）	最大靠泊能力 （吨）	总吞吐量 （万吨）	集装箱吞吐量 （万标箱）	生产性泊位长度 （米）	生产性泊位个数 （个）
2010	15600	5000	8298	12.15	11366	147
2011	16370	5000	9212	15.5	11366	147
2012	17400	5000	10620	20.06	11366	147

3）九江港

九江港内河航道里程762千米，共有各类港口及专用码头144个，年吞吐能力3000万吨，有生产性码头泊位255个，其中1000吨级以上的深水岸线码头泊位102个，最大起重能力800吨。主要承担石油、煤炭、非金属矿石、建材、机电设备、钢铁、粮食、化工等物资的运输和内外贸易集装箱的装卸和中转，具体数据见表4-3。

表 4-3 2006—2012 年九江港航运资源要素分布及吞吐量情况

指标名称 年份	港口年投资额 （万元）	最大靠泊能力 （吨）	总吞吐量 （万吨）	集装箱吞吐量 （万标箱）	生产性泊位长度 （米）	生产性泊位个数 （个）
2006	260	5000	1293.3	7.3	6803	63
2007	300	5000	1052.8	8.8	7264	68
2008	36000	5000	2315	8.09	7874	119
2009	42500	5000	2852.2	10.06	11368	144
2010	57900	5000	3291.1	12.1	13510	244
2011	80000	5000	3907.0	14.22	23052	250
2012	100600	5000	4827.4	16	23656	255

4）宜昌港

宜昌港港区自然岸线长度30千米，陆域面积75万平方米，水域面积2168万平方米，拥有年吞吐能力万吨以上的港口38个，共有泊位373个；装卸机械194台，其中起重机21台，最大起重能力40吨；港口年装卸能力为3184万吨、3万标箱，主要港口码头装卸机械化水平达70%以上，具体数据见表4-4。

表 4-4　2006—2012 年宜昌港航运资源要素分布及吞吐量情况

年份 ＼ 指标名称	港口年投资额（万元）	最大靠泊能力（吨）	总吞吐量（万吨）	集装箱吞吐量（万标箱）	生产性泊位长度（米）	生产性泊位个数（个）
2006	10200	3000	2549.59	2.08	31828	347
2007	1265	3000	2539.51	3.18	31828	350
2008	3700	3000	3332	8	34476	354
2009	1170	3000	3537.5	4.45	34476	354
2010	34300	3000	3614.24	12.3	32964	350
2011	65243	3000	4635.87	12.3	33397	355
2012	60160	3000	5051.13	7.63	47272	373

5）荆州港

荆州港拥有自然岸线长度 21.5 千米，码头总长 5.83 千米，泊位 104 个，共有仓库面积 173658 平方米，堆场面积 406044 平方米，港口装卸机械 306 台，最大起重能力 45 吨，具备集装箱装卸疏运能力。核心港口沙市港区 11.8 千米的岸线上就有大小码头 60 余座，年吞吐能力 600 万吨，机械化装卸水平达 80%，拥有 50 万吨钢材专用码头、100 万吨中石化原油码头、粮食专用码头、矿石专用码头等，具体数据见表 4-5。

表 4-5　2006—2012 年荆州港航运资源要素分布及吞吐量情况

年份 ＼ 指标名称	港口年投资额（万元）	最大靠泊能力（吨）	总吞吐量（万吨）	集装箱吞吐量（万标箱）	生产性泊位长度（米）	生产性泊位个数（个）
2006	11230	3000	1450	3.9	21500	134
2007	13000	3000	1553.79	5.19	27147	353
2008	12000	3000	1634	5.3	33800	327
2009	20000	3000	1656.5	5.04	32220	323
2010	13200	5000	1908.66	5.6	32220	323
2011	108300	5000	2147.88	6.52	39610	415
2012	91900	5000	2304.02	8.69	33911	336

6）黄石港

黄石港现有的港口码头占用岸线15.517千米，水域面积184.5万平方米，陆域面积23万平方米。黄石港现在共拥有码头40座，泊位111个，仓库总面积为2.76万平方米，堆场面积共14.28万平方米，港区铁路专用线总长为4212米，机械设备181台（套），最大起重能力35吨，黄石港现在最大靠驳能力为5000吨级。港口的综合通过能力为881.5万吨，具体数据见表4-6。

表4-6　2006—2012年黄石港航运资源要素分布及吞吐量情况

指标名称　　　　年份	港口年投资额（万元）	最大靠泊能力（吨）	总吞吐量（万吨）	集装箱吞吐量（万标箱）	生产性泊位长度（米）	生产性泊位个数（个）
2006	6527	5000	1195	1.13	4512	83
2007	9142	5000	1346	1.76	6944	123
2008	7139	5000	1358.6	2	6944	123
2009	8084	5000	1520.4	1.65	8084	138
2010	7588	5000	1605.2	1.67	7588	138
2011	8018	5000	1780.5	2.1	8018	139
2012	6588	5000	1873	2.3	6588	111

7）安庆港

安庆港辖区岸线总长247千米，其中本港区上起皖河口下至前江口，全长22.5千米，岸线资源极为丰富。港辖区内长江干线河势稳定，具有建设5000吨级到10000吨级江海轮深水泊位的岸线优越条件。安庆港现有四大港区，即安庆本港区、宿松港区、华阳港区和枞阳港区，港口年设计综合通过能力3000万吨。2012年港口货物吞吐量近3225万吨，集装箱吞吐量2.58万标箱，具体数据见表4-7。

表4-7　2006—2012年安庆港航运资源要素分布及吞吐量情况

指标名称　　　　年份	港口年投资额（万元）	最大靠泊能力（吨）	总吞吐量（万吨）	集装箱吞吐量（万标箱）	生产性泊位长度（米）	生产性泊位个数（个）
2006	4500	10000	2839	0.9	4748	64
2007	29900	10000	2852	0.98	4888	70
2008	42914	10000	2800	1.18	8907	129

续表 4-7

指标名称 年份	港口年投资额 （万元）	最大靠泊能力 （吨）	总吞吐量 （万吨）	集装箱吞吐量 （万标箱）	生产性泊位长度 （米）	生产性泊位个数 （个）
2009	45500	10000	2554	1.21	8907	129
2010	52500	10000	2813	1.47	9372	134
2011	35000	10000	3010	1.81	9372	134
2012	30800	10000	3225	2.58	9372	136

8）芜湖港

芜湖港港口岸线顺直、水深流缓，可常年靠泊 5000 吨级到 10000 吨级船舶。南北岸线全长 190 千米，拥有各类泊位 130 余个，年通过能力 5000 万吨。长江第一大煤炭能源中转港（芜湖港裕溪口煤码头）和安徽省最大的外贸、集装箱主枢纽港（朱家桥外贸码头）是芜湖港两大主要港区，具体数据见表 4-8。

表 4-8　2006—2012 年芜湖港航运资源要素分布及吞吐量情况

指标名称 年份	港口年投资额 （万元）	最大靠泊能力 （吨）	总吞吐量 （万吨）	集装箱吞吐量 （万标箱）	生产性泊位长度 （米）	生产性泊位个数 （个）
2006	25000	10000	3934	10.02	11848	114
2007	38000	10000	4680	16.5	13071	124
2008	43000	10000	5513	16.41	10311	128
2009	73900	10000	5710	9.96	10644	121
2010	52500	10000	6609	14.28	10278	114
2011	108000	10000	7473	22.05	10663	114
2012	114000	10000	8260.1	25.03	12887	131

4.2.3　长江中游航运资源要素集聚的空间分析

1）Moran's I 指标计算

空间计量经济学是新兴的一门边缘学科，近十几年在国外社会科学很多领域，尤其是在应用经济领域的运用呈现出爆炸的态势，成为计量经济学理论中一个亮点。空间计量经济学是计量经济学的一个分支，是以空间经济理论和地理空间数据为基础,以建立、检验和运用经济计量模型为核心,对经济活动的空间相互作用(空间自相关)和空间结构(空间不均匀性)问题进行定量分析,研究空间经济活动或经济关系数量规律的一门经济学学科,主要应用于截面数据和平行面数据(panel data)回归模型中复杂的空间相互作用与空间依存性结构分析。空间计量经济学(Anselin,1988)理论认为,一个地区空间单元上的某种经济地理现象或某一属性值与邻近地区空间单元上同一现象或属性值是相关的。几乎所有的空间数据都具有空间依赖性或空间自相关性的特征,空间依赖的存在打破了大多数经典统计和计量分析中相互独立的基本假设。也就是说,各区域之间的数据存在与时间序列相关、与相对应的空间相关。

　　空间自相关分析是空间统计学的重要组成部分,是认识空间格局的有效手段。检验区域经济行为空间相关性存在与否(也就是是否存在区域的集聚或集中),空间统计学一般用全域 Moran's I 指数和局域 Moran's I 指数。全域 Moran's I 指数衡量区域之间整体空间关联与空间差异程度,局域 Moran's I 指数分析观测局部空间聚集情况。课题组选择全域 Moran's I 指数来作为检验方法。根据 Moran 的定义,Moran's I 指数表达式为:

$$Moran's\ I = \frac{\sum_{i=1}^{n}\sum_{j=1}^{n}W_{ij}(Y_i-\overline{Y})(Y_j-\overline{Y})}{S^2\sum_{i=1}^{n}\sum_{j=1}^{n}W_{ij}} \tag{4-14}$$

$$S^2 = \frac{1}{n}\sum_{i=1}^{n}(Y_i-\overline{Y})$$

$$\overline{Y} = \frac{1}{n}\sum_{i=1}^{n}Y_i$$

式中　　Y_i——第 i 地区的观察值;

　　　　Y_j——第 j 地区的观察值;

　　　　W_{ij}——二维空间权重矩阵。

　　W_{ij} 可以定义为:若第 i 和第 j 地区相邻,则 $W_{ij}=1$;若第 i 和第 j 地区不相邻,则 $W_{ij}=0$。式中 $i,j=1,2,\cdots,n$。

　　根据定义,$Moran's\ I$ 取值范围为 $-1\leqslant Moran's\ I\leqslant1$。当 $Moran's\ I>0$ 时,表明地区间的观察值呈现出空间正相关;当 $Moran's\ I<0$ 时,表明地区间的观察值呈现出空间负相关;当 $Moran's\ I=0$ 时,表明地区间的观察值相互独立。$Moran's\ I$ 的数值越大,空间正相关越强;$Moran's\ I$ 的数值越小,空间负相关越强。

本章中模型所采用的数据为 2006—2012 年长江中游各港口的面板数据，具体数据见表 4-1～表 4-8。

由于在计算全域 Moran's I 指数的过程中，需要用到空间权重矩阵，在本课题中将宜昌港与荆州港看作相邻，将荆州港与岳阳港看作相邻，以此类推。利用式(4-14)计算可得长江中游港口全域 Moran's I 指数（表 4-9）。表 4-9 是根据上述计算方法得到的 2006—2012 年间长江中游港口航运要素的 Moran's I 指数值分析结果。

表 4-9　长江中游港口航运要素 Moran's I 指数值

年份	泊位数	年投资额	泊位长度
2006	0.010	0.006	0.013
2007	0.021	0.002	0.022
2008	0.034	−0.023	0.040
2009	0.052	0.023	0.053
2010	0.021	−0.014	0.044
2011	0.024	−0.114	0.017
2012	0.016	−0.111	0.026

2)长江中游港口航运资源要素空间集聚状态结果分析

根据表 4-9 中统计值结果发现，各时段 Moran's I 指数值有正有负，其绝对值均相对较小。这一结果表明 2006—2012 年，长江中游港口航运要素的分布空间相关性较弱，即长江中游各港口生产要素区域格局的空间分布基本相互独立，地区间的空间溢出效应不显著。某港口航运要素的分布不会明显影响本港口生产要素的区域布局，也不会因为生产要素分布的空间溢出效应影响到邻近港口的生产要素的区域布局；同时从时间序列的角度来看，Moran's I 指数值在 2006—2012 年间尽管呈现出一定的波动性，但整体上波动幅度和 Moran's I 指数绝对值仍然较小，也没有表现出明显的变化趋势。因此，通过对 Moran's I 指数的分析，我们在研究长江中游各港口生产要素区域格局变化时，空间效应可以不作过多考虑，而应该更多从港口本身特点和资源禀赋的角度出发谋求发展。

4.3　武汉长江中游航运中心复杂性分析

很多经济学家认为经济在微观和宏观层面都具有适应性，经济也是复杂适应系统,航运中心作为一种经济现象自然也不例外。航运中心在形成与发展过程中始终贯穿着自生能力,同时航运中心的复杂性正是自生能力涌现的基础。从复杂适应系统视角出发研究航运中心自生能力涌现的相关问题,首先需要证明航运中心是否为复杂适应系统。

4.3.1　航运中心复杂性分析

4.3.1.1　复杂适应系统的理论基础

复杂适应系统(Complex Adaptive System,CAS)理论是霍兰德教授于1994年提出来的。所谓复杂适应系统,是指由大量的按一定规则或模式进行非线性相互作用的行为主体所组成的动态系统。复杂适应系统理论的基本思想是:CAS的复杂性起源于其中的主动个体(Active Agent)的适应性,正是这些个体与环境以及与其他个体间的相互作用,不断改变着他们自身,同时也改变着环境。复杂系统中的个体在与环境中的其他个体进行交流的过程中不断学习或积累经验,并根据经验不断地改变着自身的结构和行为方式。大量个体的行为反过来又对所在的环境产生影响,如此反复,个体和环境就处于一种永不停止的相互作用、相互影响、相互进化的过程之中。这个宏观系统演化,包括新层次的产生分化和多样性的出现,新的、经聚合而成的更大的主体的出现等,都是在这个基础上逐步派生出来的。

霍兰德根据以往研究遗传算法和系统模拟的经验,提出了复杂适应系统理论,指出了复杂适应系统在适应和演化过程中的七个要素。它们是:集聚(Aggregation)、非线性(Non-linearity)、流(Flows)、多样性(Diversity)、标识(Tagging)、内部模型(Internal Models)、构件(Building Blocks)。

1)集聚。个体通过黏着形成多主体的集聚体。这既不是简单的合并也不是消灭个体的吞并,而是新的类型的、更高层次上的个体的出现。原来的个体不仅没有消失,而且在新的更适宜自己生存的环境中得到了发展。

2)非线性。在CAS中主体以及它们的属性在发生变化时不遵从简单的因果关系,而呈现出非线性的特征,这是由于主体的当前行为同时受到历史经验和现实环境的影响。因此各主体的属性和行为之间的关系不再是简单的、被动的、单向的因果关系,而是包括各种反馈的非线性关系。而非线性正是复杂性的内在根源。CAS理论把非线性产生的根源归结为内因,即主体的主动性和适应能力。

3)流。个体与环境之间、个体之间存在着物质流、能量流和信息流。越复杂的系统,其中的各种物质、能量和信息的交流就越频繁,流的畅通与否影响着整个系统的演化过程。

4)多样性。指在适应环境的过程中,个体之间的差别会发展与扩大,最终形成分化。多样性可以说是复杂性的体现,因此追溯多样性的根源也就找到了复杂性的根源。霍兰德指出,正是相互作用和不断适应的过程,造成了个体的多样性。

5)标识。为了实现主体之间的相互识别和选择,从而实现信息的交流,必须为主体建立标识。标识的意义就在于提出了个体在环境中搜索和接受信息的具体实现方法。

6)内部模型。每个个体都具有复杂的内部机制,对整个系统来说,统称为内部模型。在 CAS 中,主要设计了"刺激—反应模型"和回声模型。

7)构件。指的是组成系统的基础构件。它由基本的主体通过各种方式组合而成,并呈现出自身的特性。不是构件的大小和多少,而是构件之间的重新组合的形式和次数是产生复杂性的决定性因素。

CAS 理论最基本的概念是具有适应能力的主体(Adaptive Agent),简称主体。它不同于早期的系统科学用的部分、元素、子系统等概念,部分或元素完全是被动的,其存在是为了实现系统所交给的某一项任务或功能,没有自身的目标或取向,即使与环境有所交流,也只能按照某种固定方式做出固定的反应,不能在与环境交互中"成长"或"进化"。主体则随着时间而不断进化,特点是:一能"学习",二会"成长",这就使得 CAS 理论与以往的系统观有了根本性差别。

主体的"活"性体现在它与环境的互动关系中,理论基础是最简单的刺激—反应模型。生活在特定环境中的主体不断从环境接受刺激,并根据经验做出反应。反应的结果可以是成功的——达到预期目标,也可能失败——没有达到预期目标。CAS 理论的独特之处在于主体可以接受反馈结果,据之修正自己的"反应规则"。霍兰德用他的遗传算法把反应规则表达成"染色体"——一种包括刺激与反应对应规则的字符串,并引入"适应度(fitness)"来表达"染色体"所表示的反应规则与环境相符合的程度。主体能够根据成功还是失败的反馈信息,修改"染色体"的"适应度"。这一观点与传统的人工智能、知识库的概念完全不同。CAS 的理论突破了传统理论框架,能够更真实地描述、观察、理解活的复杂系统。

CAS 理论有三个显著特点:

1)恢复了古代系统思想强调的活力观

自从现代系统科学兴起以来,人们强调的主要是"整体观",对古代系统思想关于活力的观点关注度不够。"活力论"认为,物质自身具有活力,不断运动和变化,发展变化不只是由外部原因推动的。在 CAS 理论出现之前,复杂性理论的研究中往往有意无意地把元素或部分看作"死的"对象,这就导致前两代系统方法在处理社会经济系统时的困惑和无力。CAS 理论在这一点上的突破,使它具有了与以前的理论根本不同的、新的洞察力。

2)用涌现描述宏观与微观之间的联系

涌现是在微观主体进化的基础上,宏观系统在性能和结构上的突变。这种突变在以往的观念中是难以认识和控制的,也不是用统计等传统方法能完全说明的。CAS 理论提供了新的思路和视角,有助于进一步认识和解释经济、社会、生态、生物的许多现象。

3)具有鲜明的可操作性

CAS 理论的产生与遗传算法密切联系在一起,充分吸收了计算机科学与技术的成果,具有鲜明的可操作性。这一点通过 SWARM 的开发与推广得到了充分体现。复杂适应系统理论的研究成果涉及经济、组织管理、危机处理、军备竞争等。CAS 理论提出不久,许多基本理论问题还在研究之中,如建模机制与步骤,与人工神经网络等的关系,关于学习和适应的算法,等等。

4.3.1.2 复杂适应系统的判别标准

来自圣塔菲研究所的梅拉妮·米歇尔(2011)在研究复杂系统的共性后提出了复杂适应系统的定义:复杂适应系统是由大量组分组成的网络,不存在中央控制,通过简单运作规则产生出复杂的集体行为和复杂的信息处理,并通过学习和进化产生适应性。学者们在研究过程中,有时会对复杂适应系统(在其中适应性扮演重要角色)和复杂非适应系统(比如飓风)加以区分。在本课题中讨论的复杂系统都是适应性的,不再加以区分。

一个系统是否是复杂适应系统,可以从复杂适应系统的 10 个特征加以判别(保罗·西利亚斯,2006)。

1)复杂系统由大量要素构成。当要素数目相对较小时,要素的行为往往能够以常规的术语赋予正式描述。不过,当要素数目变得充分大时,常规的手段(例如某个微分方程组)不仅变得不现实,而且也无助于对系统的任何理解。

2)大量要素是必要条件,但非充分条件。伴随着时间推移,一个复杂系统是不断变化的,表现为要素之间不断进行动力学特征的相互作用。这种相互作用,可以是信息的转移,也可以是物理作用。

3)存在大范围、多层次的相互作用,即系统中的任何要素都在影响若干其他要素,并受到其他要素的影响。但系统的行为,并不是由与特定要素相联系的相互作用的精确数量所决定的。如果系统中有足够的要素(其中有一些冗余),若干稀疏关联的要素也能够发挥与丰富关联的要素相同的功能。

4)相互作用是非线性的。线性要素的大系统通常会崩溃成为许多小的与之相当的系统。非线性保证了小原因可能导致大结果,反之亦然。这是复杂性的一个先决条件。

5)相互作用通常是作用在某个相对小的短程范围,即相邻的要素之间相互接受信息。在实践上,由于受到众多因素的影响与制约,考虑大范围的相互作用并不实际。但我们并不排除大范围的相互作用,这是因为相互作用具有复杂且十分丰富的特征,两个要素之间的相互作用一般需要若干步骤。于是,对应的影响也要随之进行一定程度的调整,要素间的影响也得以增强、转换或抑制。

6)相互作用具有回路的特性。系统中的每个相互作用所产生的效应都会反作用于其本身,这种反作用表现为直接作用或者经过一些干预阶段(intervening stages)的间接作用,而且反作用可以是正效应(加强,激发),也可以是负效应(削弱,抑制),二者始终伴随着系统的相互作用,在复杂系统中称为归复(recurrence)。

7)复杂系统是一个开放系统,即它与周围环境会产生互动作用效应。实际上,一个复杂系统的边界通常是模糊不定的。由于系统的描述目标不同,系统范围并不局限于系统自身,复杂系统的边界经常会受到观察者位置不同的影响。

8)在远离平衡态的条件下,复杂系统可以正常运行。平衡不过是死亡的另一种说法,一个复杂的系统会保持连续不断的能量流,支撑系统的组织运行,并保证其存活。

9)复杂系统拥有历史的特性。一个复杂系统不仅会随着时间推移而不断演化,且曾经的演化行为能对当前系统状态产生一定影响。若要分析一个复杂系统,忽视其时间维度因素,该分析就是不完整的。

10)站在复杂系统的整体行为角度看,每个要素都是无知的,而且只对与其进行相互作用获得的局域信息做出反应,这是复杂系统的一种非常重要的特性。若每个要素都"知道"系统整体行为的具体内容,那其复杂性必将在那一要素中得到具体的体现。

简单要素大范围、多层次的相互作用构成一个复杂系统,且简单要素间的相互作用只表现在局部范围内。在我们对一个复杂系统的整体行为进行观察时,注意力会转移到复杂系统的整体结构上来。由于各个要素之间丰富的相互作用,因此系统会涌现出一种复杂性的特性。

4.3.1.3　航运中心的复杂性分析

在系统科学中,任何一个存在的系统都必须包含三个方面,即系统结构(系统的诸元素及其属性)、系统环境及其界限、系统行为(系统的输入和输出)。其中,系统结构是元素及元素之间关联方式的总和。一般认为系统结构决定系统功能,系统功能是系统对外部作用的秩序,即系统行为所引起的环境中的某些(有益的)变化。可以说结构是功能的内在基础,功能是结构的外在表现。系统的环境及其界限是指系统运行的特定的外界环境条件。系统受到环境的影响,同时也对环境施加影响。在一定意义上,抽象系统界限的划分和确定主要取决于分析人员或决策者。系统行为是系统与环境的交互影响产生的输入和输出。外界环境给系统一个输入,通过系统的处理和变换,必然会产生一个输出,再返回到外界环境。

CAS 理论同样适用于航运中心的复杂性分析,可将航运中心看作一个具有适应性和能动性的主体。CAS 理论将外界环境给航运中心资源系统的输入称为刺激。将环境系统的输入通过航运中心产业系统的处理和变换,返回到外界环境的输出称为反应。航运中心产业系统对输入的处理和变换转化成输出需要遵循一定的规则,系统具有多条这样的规则,因此称为规则集,规则集代表了系统处理探测器所接收到的信息的能力。CAS 理论将系统感知、接收系统输入的组分称为探测器,将处理后的输入输出到系统环境中的组分称为效应器。探测器、效应器、规则集和环境组成了一个开放的、具有适应性的复杂适应系统。航运中心这一复杂适应系统的探测器感知从环境向航运中心系统内的输入,通过输入信息、资源、知识和技术等要素,经过产业系统,即航运中心内部的转化和加工,向外部环境输出服务、产品和为航运中心获得必要的利润等,这即是效应器作用于环境的过程。通过刺激—反应的系统过程,不仅为航运中心获得了竞争优势,创造了社会价值,同时也实现了航运中心及其相关利益方(如政府财政)的目标,达到了共赢的目的。在经济全球化和信息技术得到广泛应用的今天,航运中心面临着日益复杂的外部环境,航运中心演化是在与外部环境之间的相互作用与影响中发生的。

结合复杂适应系统理论的主体演化的基本行为模型,将航运中心分为三个层次:资源系统、产业系统和环境系统。资源系统是航运中心产业系统的基础,产业系统体现某一时刻航运中心主体的能力。考虑到航运中心时刻与其环境通过输入和输出的各要素相互作用、相互影响,因此,将影响航运中心的外部因素统称为环境系统。复杂适应系统研究视角下的航运中心结构如

图 4-3 所示。下面对航运中心及其环境系统的组成部分进行分析。

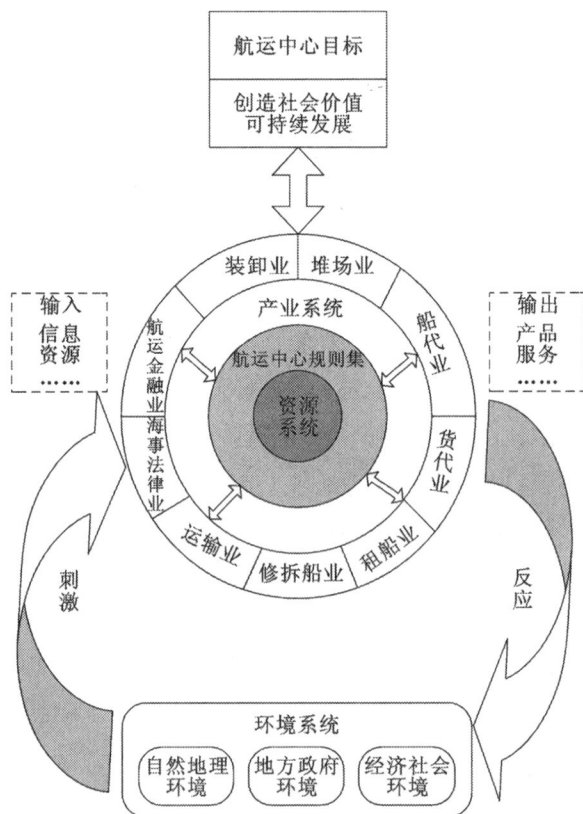

图 4-3 航运中心结构

1)资源系统

资源系统包含实体资源子系统、智力资源子系统和文化资源子系统。

(1)实体资源子系统是形成航运中心整体基本功能、行为的结构基础,具有完全的实物特征,主要包括岸线等。

(2)智力资源子系统泛指以尽可能低的成本有效地对系统行为过程实施有目标的计划、组织、控制、协调等的无形资源,如营销管理知识、技术研发能力等。智力资源子系统的功能就是在时间上主动地去组织与调节系统的功能行为,使航运中心系统与其环境能持续有效地处于相互适应状态。

(3)文化资源子系统是指航运中心全体员工在长期的生产经营活动中培育形成并共同遵循的最高目标、基本信念和行为规范,如授权制度、产品质量认知水平等。

2)产业系统

课题组主要将产业系统分为装卸业、堆场业、船代业、货代业、租船业、修拆船业、运输业、航运金融业、海事法律业等。

3）环境系统

与航运中心的存在、演化有关的各种外在事物和条件的集合,称为环境系统。航运中心环境系统不是孤立存在的,构成环境的系统是多方面的,既具有自然的,又具有社会的;既具有经济的,又具有文化的、技术的,而且各种系统交叉影响、相互制约,使企业的环境日益复杂。本书将其总结为自然地理环境、地方政府环境和经济社会环境。环境系统具有层次性,每一个层次又构成一个更高复杂性的系统,每个层次之间都存在着相互的作用。因此,航运中心要不断关注环境的变化,调整自身适应环境,以达到持续发展的目的。

4.3.2　武汉航运产业集群的发展现状分析

产业集群的复杂性产生涌现性,航运产业集群则为航运中心自生能力的涌现提供了复杂性的基础,通过分析航运产业集群的发展状况可以较全面地了解航运中心的复杂性程度,把握航运中心自生能力涌现所处的层次和阶段。下面从基础航运产业、航运服务产业、高端或智能航运服务产业来分析武汉航运产业集群发展现状和存在的问题。

1）武汉航运产业集群现状

（1）基础航运产业

对于武汉市的基础航运产业来说,其集聚现状首先在空间上具有如下的特点:基础航运产业中的船舶运输业和港口装卸业集聚于武汉境内沿江一带。武汉港口码头众多,主要港口如江岸区的武汉港、客运港,汉阳区的杨泗港、硚口区的硚口码头,武昌区的武汉汽渡,新洲区的阳逻港等,已拥有中部地区吞吐能力最强的港口群。船舶运输业也都集聚于此,以长江沿岸的沿江大道一带较为密集,加上中国外运长航凤凰股份有限公司（以下简称长航凤凰）运力规模,武汉新港范围内船舶运力规模占湖北省船舶运力总量的44.7％。对于造船业来说,武汉已经成为内陆最大的造船基地,拥有内陆最大的船舶设计制造基地,国内军用船舶科研设计研发中心。

（2）航运服务产业

在武汉市工商行政管理局注册的航运服务型企业涉及货运代理（货代水、陆运型）、船代、船舶租赁、船舶交易、船舶修理、拆船企业、国际货运等类型,共968家。这些企业大多小而全,产业集群度不高,配套能力较弱。以基础航运业为依托的航运服务产业集聚主要依托于基础航运产业集聚,首先在空间上主要依托于基础航运产业集聚,在基础航运产业周围形成散状集聚,并多集聚在港口周围。集聚地以武昌区、江汉区、沿江大道、硚口区较为密集，如长江武汉通信管理处、武汉华中航运集团船舶管理公司、武汉长江航运交通卫生所、长江燃料供应站等。

（3）高端或智能航运服务产业

武汉高附加值的航运服务业，在空间的集聚上有如下的特点：第一，航运研究机构多集聚于武昌区、青山区、硚口区、江汉区、洪山区一带的偏内陆地区。第二，与航运相关的交易、咨询、金融、保险、海事法律等属于高端的服务行业多集聚于城市的中心地带，或港口业务发达的中心地区，如武昌区、汉阳区。当前武汉正在投资开发武汉航运中心大厦，位于武汉市江汉区民生路，建成后将成为长江中游最具现代化、国际化，服务功能最完备的港务枢纽综合体，为国内外港航企业提供一站式服务。行政服务中心，将成为武汉新港商务、商业、金融、政务服务的形象窗口与标志。

通过对武汉航运产业集聚现状分析表明，航运相关企业在空间上已形成一定集聚格局，港口集群现象已较为明显，航运服务产业具有一定集群发展态势，高端或智能航运业开始起步。结合要素禀赋优势和产业集群发展状况来看，武汉在区域范围内具有向第一代航运中心发展的潜力。

2）武汉航运产业集群发展存在的问题

产业集群是指产业要素不但集聚起来，更要在彼此之间构筑关系网络，产生一个有着类似生物竞争共生规则的群落。所以，集群中竞争合作的特征是否具备以及其表现程度如何，成了航运产业集群能力的主要评判标准。

对于武汉航运产业来说，由于其腹地经济的飞速发展以及良好的硬件环境，航运产业存在着一定的集群现象，产生了典型的集聚效应，但是，从总体看，武汉与更高代际的航运中心相比，其航运产业集群有着较大的差距，主要表现在：

一是航运业的集聚效应不明显。目前武汉的航运企业普遍存在规模小，资源集中化程度不高等问题。武汉航运企业平均船舶运力和年货运量远低于下游地区，原因在于大型航运企业（运力大于 5 万吨）所占比例偏低，小型企业（运力小于 1 万吨）所占比例偏高，企业大型化、集中化不足，出现大量单船公司，难以合理集中利用资源。

二是航运产业集群配置较低。部分航运服务功能较弱，如金融、海事保险、海事法律咨询、海事仲裁、船舶和航运交易、公估公证、船舶注册登记等相关配套产业基础差，航运综合体系、商贸物流基地等航运服务业的配套设施相对薄弱等，导致航运资源的综合优势以及水路运输运量大、能耗小、成本低、污染轻的优势难以充分发挥。此外还缺乏保税港区这一现代化航运中心建设所必备条件的有力支撑,不利于武汉国际集装箱转运中心建设和外向型经济的发展。

三是航运产业集群的内部整合不够。航运服务业存在企业数量多、规模小、市场垄断经营、服务不规范及资源信息的相对独立、缺乏高层次的航运服务人才等问题,未形成完善的多层次、全方位航运服务体系。与航运配套的金融、贸易、口岸、船代、货代等服务体系还未完全建立,航运中心提供的航运交易、信息共享等手段和方法较为落后,服务水平和质量相对于其他航运中心差距较大。保税、物流、海关、边检、港口资源尚未有效整合。

4.3.3 基于产业集群的武汉长江中游航运中心复杂性判别

对航运中心系统复杂性进行描述时,将经济行为主体(economic agents)的能力作为复杂系统的要素,并将此系统的边界划定在航运中心所在城市范围内。武汉长江中游航运中心的复杂性可以从如下 10 个方面得到体现。

1)复杂系统由大量要素构成。在武汉长江中游航运中心内,经济上活动的主体包括了大量要素,既有单个的劳动者,也有实现一定功能的企业主体,还有多家航运人才的教育培训机构,同时有政府的派出机构——武汉新港管理委员会。

2)伴随着时间推移,一个复杂系统是不断变化的,表现为要素之间不断进行动力学特征的相互作用。航运中心形形色色的主体通过航运服务的供给和需求、资金的贷出和借入以及投资而交换货币,而且这些关系处在不断的变化之中。

3)对于一个复杂系统,系统中的任何要素都在影响若干其他要素,并受到其他要素的影响。航运中心的经济行为主体与大量的其他要素发生作用:货主、船公司、港口和其他行为主体。一些行为主体比另一些行为主体更为活跃。

4)相互作用是非线性的,非线性保证了小原因可能导致大结果,反之亦然。这是复杂性的一个先决条件。金钱可以获得复利,小额投资可能产生大额回报,港口吞吐量并不必然与港口投资成正比。

5)复杂系统相邻的要素之间相互接受信息。航运中心经济行为主体主要是与其他近邻主体(不仅指空间意义上)发生作用:地方的港口或航运服务提供者,以及其同事或合作者。不过,他们能够方便地通过诸如代理人、经纪人或金融机构这样的中介与更远的部分发生作用。

6)复杂系统中的每个相互作用所产生的效应都会反作用于其本身,这种反作用表现为直接作用或者经过一些干预阶段(intervening stages)的间接作用。好的投资可能会有好的回报(正反馈),过度的开发可能导致岸线资源的短缺(负反馈)。没有反馈,就没有经济系统。活动也可能经过大量的中间步骤之后反射回来,长江内河航运市场的波动性即是一个很好的例子。

7)复杂系统是一个开放系统,它与周围环境会产生互动作用效应。一个复杂系统的边界通常是模糊不定的,复杂系统的边界经常会受到观察者位置不同的影响。武汉长江中游航运中心必定是开放的,要划出其影响范围的地理边界是困难的,但其边界仍然存在于所在的地理区域和航运活动之中。它不断地受到政治系统、科学和技术、国际关系、社会的稳定性等的影响。物质、人才、货币和知识信息持续地在系统中流动。

8)在远离平衡态的条件下,复杂系统可以正常运行。因为航运系统是受到供需动力学驱动的,所以永远不可能处于绝对的平衡态,但其宏观上的相对平衡态是存在的。长江航运市场可以增长或收缩,上扬或下降,它绝不会静止不动,即便是不景气时也不会。但武汉的航运中心地位不会因航运市场变化马上发生改变。

9)复杂系统拥有历史的特性。一个复杂系统不仅会随着时间推移而不断演化,且曾经的演化行为能对当前系统状态产生一定影响。武汉的航运中心地位受其历史的影响极大。今天的长江中游航运中心的格局很大程度上取决于过去武汉在中部地区发挥的航运功能。武汉的航运中心地位在中部地区虽然较为突出,但其航运中心地位的确立却经历了漫长的时间,尤其在省政府的高度重视和国务院2011年2号文件出台后,这些特定的影响因素加速了武汉向航运中心的急剧转变。

10)站在复杂系统的整体行为角度看,每个要素都是无知的,而且只对与其进行相互作用获得的局域信息做出反应,这是复杂系统的一种非常重要的特性。一个经济行为主体只是在存在可利用信息时才能发挥作用,但他并不知道所有其他行为者在干什么。例如,当一个行为主体希望购买某类航运服务时,他的决策是依赖于若干的"局部"因素而做出的:我真正想要多少? 我支付得起吗? 可以在哪里购买得到? 等等。这种对航运价格的波动、航运外汇的平衡、投资者的信心、自然资源的限制等的作用,通常都不在考虑之列,即使它的确会影响(微小地,但绝不比其他类似的作用要小)所有这些因素。

通过上述分析可以看出,武汉长江中游航运中心具备复杂适应系统的十大特征,系统内的各单元/要素(子系统)具备自主判断和自主行为、与其他单元/要素(子系统)间相互作用、适应环境等能力,而且要素之间具有一定的依赖性,并随着其他单元/要素(子系统)的行为和周围环境的变化而不断对自身行为进行修正,以满足不断变化的系统和环境的要求。根据复杂适应系统的相关理论知识,我们可以看出:武汉长江中游航运中心系统具有复杂适应系统的所有典型特征和外在表现形式,且其演化过程是符合复杂适应系统的行为规律的,是一类十分典型的复杂适应系统。本课题据此对武汉航运中心自生能力在这一复杂适应系统中表现出的涌现特性进行研究。

5 武汉长江中游航运中心自生能力涌现研究

涌现(Emergence)是复杂适应系统的基本特征,复杂性实质上就是一门关于涌现的科学。通常认为涌现指的是在相对简单的交互作用下复杂的系统和模式的出现,也是复杂系统在自组织过程中新结构、新属性、新图案的出现。本章对航运中心自生能力涌现进行了界定,提出了航运中心自生能力涌现的概念模型。同时,本章从要素禀赋结构、交易效率、规模经济三个方面对航运中心自生能力涌现的机理进行了分析,并在此基础上研究了武汉长江中游航运中心自生能力的涌现。

5.1 航运中心自生能力涌现

航运中心是各种要素的一个集合体,也是一个开放性复杂系统。航运中心的自生能力具有多维度和多层次的特性,表现出结构的复杂性,如航运中心的自然资源的潜在支持力、经济社会资源的潜在能力、产业发展能力、企业竞争力和地方政府的调控能力等能力单元之间不断相互作用,它们之间的相互作用构成了一个复杂系统。因此航运中心就必能产生自生能力涌现现象,即航运中心系统中的各类能力单元/要素(子系统)在不断寻求相互适应的过程中,不断自我修正与完善而超越了本身,并涌现出更为宏大的航运中心自生能力。而且伴随着航运中心自生能力涌现现象的不断发生,航运中心系统会从低级向高级不断演进。

5.1.1 航运中心自生能力涌现的界定

1)航运中心自生能力涌现

在复杂性理论中,涌现是用以描述复杂系统层级结构间整体宏观动态现象的概念,是一种从简单子系统的相互作用中产生出高度复杂行为的现象。简单来说,涌现是指复杂系统中的较低层次的子系统通过相互作用构成较高层次的系统时,一些新的属性或者规律就会突然在较高层次的系统层面诞生,一旦还原到低层次这些特征就不存在了。一些学者从不同角度给出了对涌现的理解,但目前还没有一个公认的普适定义。一般认为涌现是在相对简单的交互作用下复杂的系统和模式的出现,也是复杂系统在自组织过程中新结构、新属性、新图案的出现。

为了不断适应环境的变化,航运中心会根据各要素间相互产生的反馈信息,不断优化和调整航运中心自生能力结构,使各个能力单元间的相互作用形成一种非线性关系,航运中心的整体能力提高会出现量变到质变的循环,也就是生成原有航运中心所不具备的、新的、更高层次的航运中心自生能力的过程。在成熟的航运中心自生能力系统中,每个航运中心自生能力单元/要素(子系统)都因与其他关联能力单元/要素(子系统)相互作用而改善自身的外部环境,并从中受益。航运中心自生能力系统可以发挥系统的总体功能大于要素之和的作用,而且能力系统的属性、特征、行为等与能力单元/要素(子系统)不同,这就是航运中心自生能力的涌现性特征。

2)航运中心自生能力涌现现象描述

航运中心自生能力的形成与发展是一种涌现现象。处于初始状态的航运中心自生能力系统是一种低层次的小系统;处于最终状态的航运中心自生能力系统是一种高层次的大系统。也就是说,航运中心自生能力层次演进过程是一个由简到繁、由低到高、由小到大的不断进化和涌现的过程,并伴随了新性质的不断涌现。这些新性质主要包括:

(1)自生能力子系统新特性的涌现。伴随着要素集聚过程和相互之间的非线性作用,航运中心自生能力系统实现了不同能力单元要素之间的信息、知识的快速流通和共享,航运中心自生能力子系统的能力新特性不断涌现。

(2)航运中心自生能力整体特性的涌现。伴随着要素集聚过程和相互之间的非线性作用,航运中心自生能力的整体特性不断涌现,其外在表现是航运中心具有较强的内部协调能力、外部协调能力、抗风险能力、创新能力等,航运中心整体也表现出较强的自生能力。

(3)航运中心更高层次能力特性的涌现。各能力子系统间的相互关系把航运中心自生能力各子系统联结成一个柔性的有机整体和能力网络,涌现出更高层次的能力特性。伴随着航运中心自生能力系统的日益成熟,这些新特性的表现也变得越来越显著。航运中心自生能力系统涌现性不仅可以提高能力系统对市场和其周边环境的适应能力,而且还能充分发挥能力系统整体的功能,弥补航运中心自生能力某些子系统的弱点。航运中心自生能力的高层次能力系统不断涌现,在这一过程中,航运中心实现自生能力由低层次向高层次的演进。

3)航运中心自生能力涌现现象的一般性特征

（1）由小到大、由简入繁是航运中心自生能力涌现现象最为本质的特征。各个单元要素的小而简单的能力的集合便形成众多复杂能力，表现出更为复杂的特性。能力系统的涌现表现为新功能和新结构的出现，是一个质变的过程，这正是"整体大于各部分之和"的原因所在。复杂能力系统的行为并不是由于其复杂的基本结构而产生的，而是由于极为简单的元素群的能力涌现出来的。

（2）航运中心自生能力涌现现象是其适应性主体在某种或多种毫不相关的简单规则的支配的情况下发生的。且在某种情况下，这一简单规则有时会表现得相当复杂，但可以被简化为一种或多种相对简单的规则。这样，研究者和航运中心的管理者对涌现现象的认识会更加容易。

（3）航运中心自生能力涌现现象表现为适应主体间的具有耦合性和前后关联的相互作用，且各能力子系统以及各能力单元要素行为的总和远不及能力系统的整体行为复杂。主体间相互作用表现为主体适应学习规则，且其相互作用是非线性的，线性关系很难表达。

（4）航运中心自生能力涌现现象是能被认识而且重复发生的，具有规律性和动态性的特征。在能力系统涌现现象发生的整个过程中，涌现现象不断重复发生作用，会不断产生一些新的结构和模式。

（5）航运中心自生能力涌现现象具有层次性特点。层次在传统思维中已经失去了实质含义。如牛顿定律，无论是宏观层面，还是微观层面、宇观层面，人们都会有意无意地认为牛顿定律在任何尺度下都是适用的。这种思想障碍的局限性，使得人们对于相对论和量子论在很长的时间内都难以接受。涌现能够使大家集中关注新出现的、质的方面的东西。不同层次之间的联系是充满个性且具有较多不同特点的，简单量的累加是不能完全解释的。这正是涌现概念实质的表现。航运中心自生能力系统在其原有结构的基础上，可以产生更高层次的结构。换句话说，相对简单的涌现现象不断演化发展能生成更高层次的涌现现象，且认识更高层次涌现现象会比认识相对简单或基础的涌现现象显得更加容易。

5.1.2　航运中心自生能力涌现的概念模型

航运中心自生能力是航运中心微观主体行为在宏观层次上的涌现，分析航运中心自生能力涌现，就要利用分析手段和工具，对系统微观活动的宏观效应以及它们之间的互动进行分析，得到系统的宏观特性。因此在研究航运中心自生能力涌现的概念模型前，应先了解复杂系统的宏观分析方法。

1)复杂系统的宏观分析方法

在涌现含义中,组分之间的作用关系是动态的,并且微观和宏观之间的关联是双向的(Ueda,2001)。首先,微观组分相互作用生成其宏观特性(行为、结构等);其次,宏观特性会反作用于微观组分及其关系,变成一种约束或动因。这种双向关联使得系统具有一定的动态性和鲁棒性,也正是这种双向关联使得涌现似乎很神秘。

多Agent系统中的主体之间存在着很多微观活动,这些微观活动之间也存在相互作用,产生出宏观效应。复杂系统的宏观分析方法就是要利用分析手段和工具,揭示系统从个体到整体、从局部到全局、从微观到宏观的内在机理,发现系统演变的内在规律。

在不同描述形式的基础上,宏观的分析方法通过相应系统宏观分析模型去分析系统的宏观特性,并从中发现系统的涌现性。适应系统的大规模应用使得系统宏观特性的研究更多的是基于系统论的立场和复杂系统的角度。在系统论中,基于数学解析的宏观分析方法一般对一个系统采用数学方程来进行描述和分析。

基于数学解析的宏观分析采用以下基本思路和过程:首先,选取微观变量,这些微观变量能够表征实际系统的微观态;然后给出微观动力学方程,微观动力学方程是根据系统的微观活动,给出第一步中提出的微观变量的动力学方程;其次,选取宏观变量,宏观变量能够表征系统的宏观态;接着建立系统的宏观演化方程,系统的宏观演化方程是基于微观动力学方程,依据微观变量与宏观变量之间的关系,通过数学推导求解得出的;最后在上述基础上研究系统的宏观特性。如图5-1所示(金士尧,2010)。

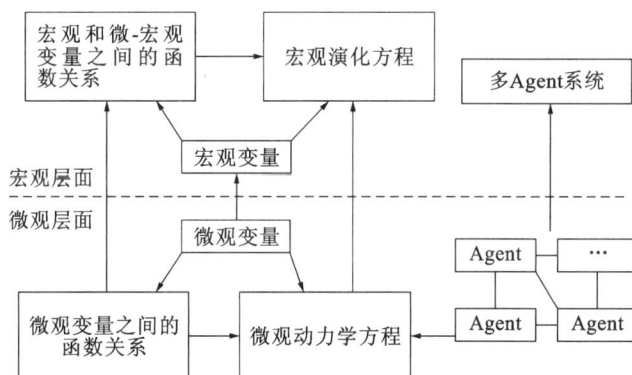

图5-1　基于数学解析的复杂系统宏观分析的基本过程

2)航运中心自生能力系统涌现概念模型

航运中心自生能力的核心是要素集聚与配置的能力,各种航运中心发展所需要素在航运中心集聚,要素集聚后通过相互作用形成相应的航运产业集群,在航运中心硬实力和软实力的成长中实现代际跃迁。根据产业集群相关理论,设定主体行为规则,构建航运中心演化理想模型,通过理想模型研究影响航运中心形成和发展的一般性影响因素,分析每一个变量随其取值变化对航运中心在模拟世界地位的影响,探索该因素变化对航运中心自生能力的影响。以上过程都是在航运中心自生能力作用下自组织完成的,航运中心产业集群的发展规模、速度和代际跃迁都是自生能力的体现。

自生能力是微观主体行为在宏观层次上的涌现,航运中心自生能力的研究对象是航运中心整体,因此其自生能力必须集中于航运中心整体层次。然而,复杂适应系统理论将系统演化视为主体间相互作用以及主体与系统外部环境交互作用的过程。航运中心与外部环境的作用主要体现在要素在内外部之间的流动,航运中心内部主体之间的作用主要体现在各要素在航运中心内部的集聚与配置形成集群的过程,亦即主体的适应性学习过程。根据上述描述和复杂系统宏观分析的基本过程,可以构建以下航运中心自生能力系统涌现概念模型,如图 5-2 所示,模型的具体说明如下:

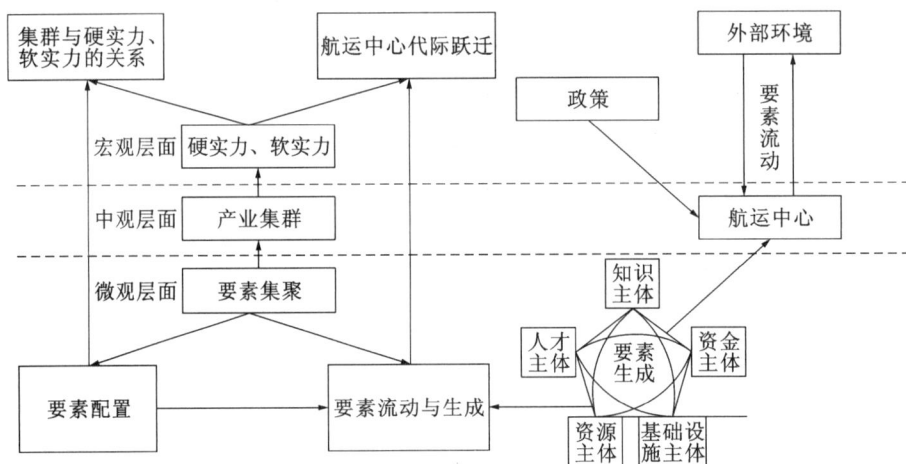

图 5-2　航运中心自生能力涌现概念模型

(1)航运中心自生能力的微观层面

航运中心的智能主体林林总总,有成千上万的人和企业,为了对航运中心系统复杂适应性进行描述,必须确定与此系统的"距离"。为避免"距离"过远或过近,考虑以要素为依据,将航运中心主体分为五种类型:人才要素型主体、知识要素型主体、资金要素型主体、基础设施要素型主体、自然资源型主体。前三种主体是可以流动的,基础设施要素型主体、自然资源型主体受地理条件限制,是不可流动的,比如岸线资源。

(2)航运中心自生能力的中观层面

各种类型主体之间直接或间接的发生各种作用,共同推进航运中心的发展,同时,政府的政策干预也能影响航运中心的发展。要素集聚是自生能力的核心,但要素集聚本身不是直接的自生能力,只有经过要素的流动和合理配置形成产业比较优势才能转化为自生能力,要素流动和优化配置的过程即主体相互作用进行集聚形成产业集群的过程。

(3)航运中心自生能力的宏观层面

人才要素型主体、知识要素型主体更有利于形成航运中心软实力,资金要素型主体、基础设施要素型主体、自然资源型主体更有利于形成航运中心硬实力。现实中很难找到只具有一种要素的纯粹型主体,但每个主体都有最显著的要素特性,在建模过程中进行了理想处理。主体相互作用是使航运中心成为复杂适应系统的内部原因,航运中心主体的行为和相互作用使要素集聚形成产业集群,并通过不同类型的主体表现出相关的软实力、硬实力,最终涌现出自生能力。

5.2　航运中心自生能力涌现的机理分析

霍兰德说:"尽管涌现是普遍存在的现象,而且相当重要,但它至今仍是一个奇妙的令人难以理解的问题,人们对它更多的还是感到好奇,而没有进行过细致的分析。"因此,研究航运中心自生能力涌现现象,关键工作是搞清楚涌现的前因后果,不陷入纯哲学思辨或玄想的泥潭中。

在林毅夫之后众多的关于自生能力的研究文献中,一个关于企业自生能力的争论主要在于一个企业怎样才能获得自生能力。对于这个问题国内形成了两种不同的观点,以林毅夫为代表的学者认为本地企业只有选择符合当地资源禀赋的产业和技术,才能具备自生能力。然而其他一些学者认为资源禀赋的比较优势可以让企业获得自生能力,但不是获得自生能力的充分必要条件,如果一国存在规模经济和交易效率的比较优势,即使该国没有资源禀赋的比较优势,企业也能获得自生能力(廖国民、王永钦,2003)。

根据前人的研究结果,课题组认为航运中心自生能力从无到有的整体涌现主要受要素禀赋结构、交易效率和规模经济的影响。提高要素禀赋结构的水平,航运中心的产业和技术结构的水平自然会随着企业的自主决策而提高,使航运中心自生能力从低层次的自我生存能力向高层次的自我生长能力和自我升级能力发展。如果不存在先天的航运资源禀赋优势,通过不断提高交易效率和提升外生技术优势,产生的综合优势仍会使港口规模得到发展,促进各区域的专业化分工,发展出各具自身特色的内生比较优势。如果存在规模经济,航运中心在发展过程中不断打破各区域的重复建设,内部各区域形成提供不同航运产品的专业化集聚区域,这种专业化分工能使航运中心产生内生的比较优势和持续的增长动力。要素禀赋结构、交易效率和规模经济三者的共同影响,使航运中心产业集群规模不断扩大、航运产业不断升级、比较优势不断突出,使航运中心自我生存、自我生长和自我升级的能力不断强大,航运中心自生能力由此不断涌现。

5.2.1 要素禀赋结构与航运中心自生能力

1)要素禀赋结构

要素禀赋结构是指一国或地区拥有的自然资源、劳动力、资本、人力资本、知识等生产要素之间的相对比例或相对丰富程度。知识、人力资本对要素禀赋结构高低的影响最大,知识、人力资本在要素禀赋结构中所占比重越大表明要素禀赋结构越高级;资本对要素禀赋结构高低的影响次之。

瑞典经济学家赫克歇尔(Heckscher)和其学生伯蒂尔·俄林(Bertil Ohlin)根据要素禀赋结构提出了要素禀赋理论(Factor Endowments Theory),又叫 H-O 理论、H-O 模型,它建立在对现实经济简单化、抽象化的严格模型设定基础上。依据两位经济学家的观点,现实的生产过程不只是使用了劳动力这一种生产要素,还有其他多种生产要素被投入到生产中,但劳动和资本是生产中两个最基本的生产要素。生产要素禀赋理论认为,如果各国生产同一产品的技术水平相同,由于两国生产这一产品所需的生产要素相对丰裕程度不同,就会造成这些生产要素的价格不同,进而会造成生产产品的成本不一样,最终引起两国生产的同一种产品的价格是有差别的。国际分工就是由于各国的生产要素的丰裕程度不同造成的。一国会选择本国相对丰富的要素生产对应的产品,这样的产品在国际市场就更有价格竞争力,从而形成国际贸易中生产和交换产品的价格优势,国际分工由此形成。这就是国际贸易理论中的生产要素禀赋论。

2)要素禀赋结构对航运中心自生能力的影响

林毅夫(2001)等人通过分析市场经济中的企业劳动和资本两种要素的

生产技术选择行为,认为一个国家或地区如果能在每一个时点上按其当前的要素禀赋结构所决定的比较优势来选择产业、产品、技术,整个经济就会有最大的竞争力,也是最具自生能力的。航运中心作为一个经济区域也是如此。航运中心由各种要素集聚组合而成,航运中心可以提供多种航运服务产品,它提供的产品与要素禀赋结构水平相一致时,能更好地涌现出自生能力。如果一个港口的岸线资源、航道水深有限,作为普通港口它可以继续生存,但想要超越地区其他港口成为第一代航运中心是不现实的,也就无法涌现出航运中心的自生能力。作为可以流动的人力、资金、知识等要素也是同样的道理,要具备相对比较优势才能更好地涌现航运中心自生能力。

　　航运中心是由多个产业组成的,其生产活动涉及多种要素,因此,比较优势的概念不能够只局限在资本和劳动两个方面,还应包括人力资本、知识等。如图 5-3 所示,假定航运中心有三个知识密集度依次降低、资本密集度依次升高的产业:海损理算、船舶租赁、码头仓储,分别由 H、M、L 三条曲线刻画,表示三个归属于不同产业但是价值相同的等产值曲线,H 是知识相对最密集的产业海损理算,L 则是资本相对最密集的产业码头仓储。在一个完全竞争的市场经济中,给定生产要素的相对价格,一个企业要获得正常的利润水平,即具有自生能力,必要条件是其生产成本必须最小化。成本最小化要求企业所选择技术的生产要素的相对密集度必须反映这个经济体知识和资本两种要素的相对稀缺性,亦即等产量线正好和这个经济体的等成本线相切的点。当航运中心的要素禀赋结构较低,资本相对丰富而知识要素相对稀缺,即其等成本线为 C_1C_1 时,一个企业选择进入 L 产业或 M 产业,并生产以 A_1 点的技术或 A_2 点的技术所代表的产品时,都是有自生能力的。但是在这个航运中

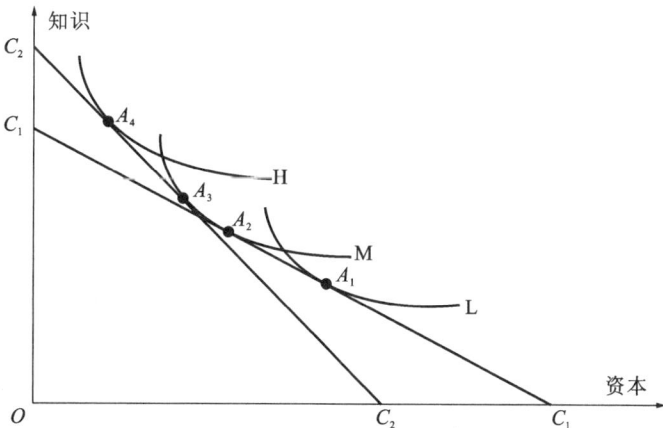

图 5-3　航运中心要素相对价格和产业选择

心,不管采用什么技术来生产,一个企业在知识最密集的产业 H 中,都是没有自生能力的。当这个航运中心的要素禀赋结构水平提高,等成本线由 C_1C_1 变为 C_2C_2 时,就会出现技术和产业结构水平的升级。产业结构由原来的 L 和 M 升级到知识相对较为密集的 M 和 H。航运中心开始生产 H 产业的产品,并且原来处于 L 产业的企业将因缺乏自生能力而退出生产。

航运中心的企业按照要素禀赋的比较优势生产航运产品就具有自生能力。企业具有自生能力只是航运中心自生能力的低层次表现,即航运中心自我生存能力。在一个完全自由、开放、竞争的市场经济中,只有提高了要素禀赋的结构水平,航运产业和技术结构的水平才可以提高。而且,由于在自由、竞争的经济中,企业的自生能力随着要素禀赋结构的提高而变化,因此,只要提高要素禀赋结构的水平,航运中心的产业和技术结构的水平自然会随着企业的自主决策而提高。提升要素禀赋结构的能力是航运中心产业不断生长与升级的动力,只有使航运中心具有更高层次的功能,才能使航运中心自生能力从低层次的自我生存能力向高层次的自我生长能力和自我升级能力发展。

5.2.2　交易效率与航运中心自生能力

1)交易效率的内涵

新古典经济学家杨小凯于 1988 年和 1991 年最先提出交易效率概念,此后在其论文和专著中多次应用该概念,这在对交易效率的认识上迈出了关键的一步。杨小凯、黄有光等人将交易效率引进贸易领域,认为如果交易效率很低,潜在的比较优势就无法发挥出来,比较利益就无法实现(杨小凯、黄有光,2000)。

但遗憾的是,杨小凯没有系统地对交易效率的含义、内容、结构及影响因素等进行详细论述,而赵红军在其博士论文中对交易效率进行了系统描述。赵红军(2005)认为交易效率是一国经济体在一定时间内与商业活动相联系的交易活动或与行政活动相联系的业务活动进行的效率高低或速度快慢。交易效率可以用一些具体指标来衡量,比如单位时间内完成的同质交易或业务活动的次数,次数越多则该国的交易效率就越高;又比如完成单笔交易或业务活动的平均时间消耗,消耗的时间越少则该国的交易效率就越高。

交易效率是由不可或缺的三个基本要素共同构成的:首先要在单位时间内完成一定质量和数量的物品或劳务的交易;然后交易的这些物品或劳务必须要具有一定的效用;三是物品或劳务的效用要能给交易者带来效益。在上述三个要素都满足的情况下,人和物两两之间的关系组合与配置状况就反映了交易效率。交易效率可以用交易效益和交易成本的关系表示,即:交易效率＝交易效益/交易成本,很显然交易效率与交易成本成反比。

2)交易效率对航运中心自生能力的影响

杨小凯、萨克斯认为如果一个经济体中所有商品的交易效率都很低,则其最优结构是自给自足。随着商品交易效率的提高,自给自足的经济开始向有贸易的结构演化。这时每个国家就会充分利用拥有的外生比较优势、交易效率比较优势的综合优势,努力赢得贸易中的利益。这两种优势的方向不总是一致的,当资源禀赋存在比较劣势时,如果存在足够高的交易效率的比较优势,这个国家仍然可以出口具有外生比较劣势的商品。这时,由于交易效率的比较优势存在,资源禀赋、劳动密集、资本密集等与外生比较优势有关的概念在模型中变得没有什么意义。

杨小凯认为比较优势可以分为外生比较优势和内生比较优势。内生比较优势即使在各种生产条件都相同的国家也可能产生,它主要是由对生产方式和专业化水平的事后选择导致的。因此,内生比较优势可以理解为选择不同专业方向后造成的事后生产率差别,后天的专业化分工会导致人力资本与知识的积累,因而具有了内生比较优势。而外生比较优势是事前就给定了的,它主要与现有技术和要素禀赋条件有关。

航运中心提供的商品主要是与航运相关的服务,服务贸易与商品贸易有着不同的特点,比如贸易标的无形性、不可储存性、贸易派生性、整体性等,但服务贸易在交易中同样存在交易效率问题,也存在内外生比较优势或劣势。因此,可以借鉴商品交易效率对自生能力的影响研究(廖国民,2003),来研究服务交易效率对航运中心自生能力的影响。

假设有两个具有共同经济腹地的航运集聚区 1、2,航运集聚区 1 中航运服务消费者的决策问题可表示为:

$$\text{Max} U_1 = (y_1 + K_1 y_{21})^\alpha (z_1 + K_1 z_{21})^{1-\alpha} \tag{5-1}$$

$$s.t. \quad p_{1y} \cdot y_1 + p_{2y} \cdot y_{21} + p_{1z} \cdot z_1 + p_{2z} \cdot z_{21} = w_1$$

其中,z_1 为航运集聚区 1 通过几个航运中间服务(船舶租赁、货运代理等实现货物运输的中间环节)提供的基础港航服务产品,y_1 为航运集聚区 1 提供的高端航运服务产品,z_{21} 和 y_{21} 分别是航运集聚区 1 从航运集聚区 2 获得的航运中间服务与高端航运服务数量,p_{1s} 是航运集聚区 1 中服务 $s(s=z,y,x)$ 的价格,K_1 为航运集聚区 1 从航运集聚区 2 获得一单位最终服务的交易效率系数,$1-K_1$ 则为交易成本系数。U_1 为航运集聚区 1 中航运服务消费者的效用，w_1 为预算约束，α 为 y 航运服务消费在总效用中所占的相对重要性。

又设 x_1、x_{21} 分别是航运集聚区 1 从中心内部与航运集聚区 2 获得的中间服务的数量，t_1 为航运集聚区 1 从航运集聚区 2 获得中间服务的交易效率系数，ρ 为替代弹性，用来测度中间服务的数目对全要素生产率的影响，$1/\rho$ 为内生比较优势，θ 为外生技术比较优势。全要素生产率即总产量与全部要素投入量之比，全要素生产率增长的来源包括技术进步、组织创新、专业化和生产创新等。替代弹性 ρ 与内生比较优势 $1/\rho$ 存在的反比关系可以这样理解：当替代弹性很小时，说明中间服务具有很强的专业性，它的数量对全要素生产率的影响很大，这种很强的专业化分工使得内生比较优势就大。

超边际比较静态学认为贸易模式由三个因素决定，就是外生技术比较优势 θ，内生比较优势 $1/\rho$ 和交易中的比较优势。交易中的比较优势不仅指绝对的交易效率水平，同时也包括相对交易效率 K_1/K_2、t_1/t_2、K_1/t_1、K_2/t_2。将 Kuhn-Tucker 条件应用到消费者决策与生产者决策中，得出如下几种贸易模式（廖国民，2003）：

（1）当 $p_{1y}/p_{2y} < K_2$，$p_{1z}/p_{2z} > 1/K_1$ 或 $t_1\rho < K_1/\theta$ 时，最优决策要求 $z_{12} = x_{21} = y_{21} = z_1 = y_2 = 0$，且 $x_1, x_2, y_1, z_{21}, y_{12}, z_2 > 0$，贸易结构 A 如图 5-4 所示。

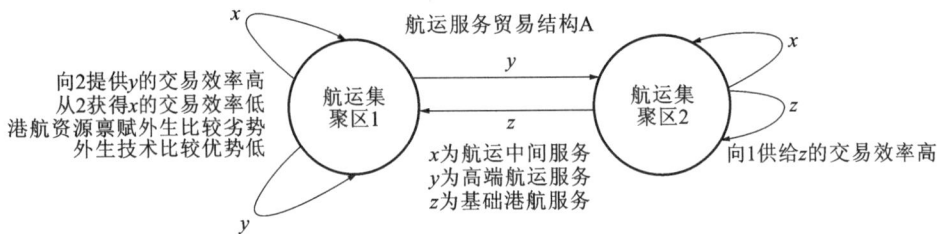

图 5-4　航运服务贸易结构 A

（2）当 $p_{1y}/p_{2y} < K_2$，$p_{1z}/p_{2z} \in (K_2, 1/K_1)$ 或 $t_1\rho \in (K_1/\theta, K_2/\theta)$ 时，最优决策要求 $x_{12} = z_{12} = y_{21} = z_{21} = x_2 = y_2 = 0$，且 $x_1, y_1, z_1, y_{12}, z_2 > 0$，贸易结构 B 如图 5-5 所示。

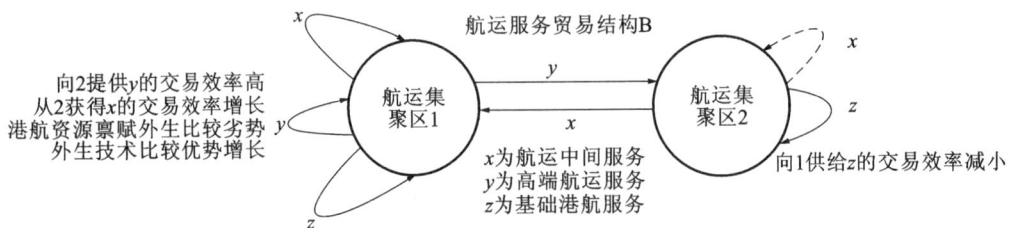

图 5-5　航运服务贸易结构 B

（3）当 $p_{1y}/p_{2y} < K_2$，$p_{1z}/p_{2z} < K_2$ 或 $t_1^{\rho} > K_2/\theta$ 时，最优决策要求 $x_{12} = y_{21} = z_{21} = x_2 = z_2 = y_2 = 0$，且 $x_1, y_1, z_1, x_{21}, y_{12}, z_{12} > 0$，贸易结构 C 如图 5-6 所示。

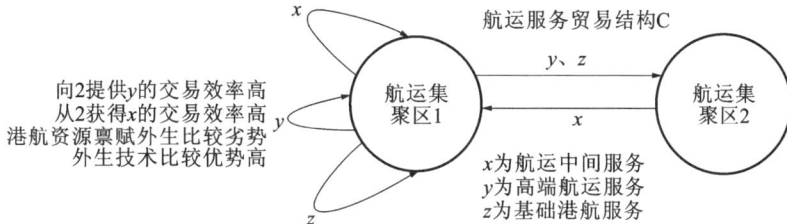

图 5-6　航运服务贸易结构 C

对 A,B,C 三种航运服务贸易结构进行分析。在航运服务贸易结构 A 中,航运集聚区 1 高端航运服务 y 的交易效率是高的（$p_{1y}/p_{2y} < K_2$）,航运中间服务 x 的交易效率是低的（$t_1^{\rho} < K_1/\theta$）,外生技术比较优势 θ 不明显,航运集聚区 2 中基础港航服务 z 的交易效率是高的。因此,航运集聚区 1 从航运集聚区 2 获得不具综合比较优势的基础港航服务 z 和提供有交易效率优势的高端航运服务 y,航运集聚区 2 相应地向航运集聚区 1 转移高端航运服务 y 和提供基础港航服务 z。随着 K_1 下降,θ 增加,或 t_1^{ρ} 增加,$K_1/\theta < t_1^{\rho} < K_2/\theta$,均衡跳到航运服务贸易结构 B,航运集聚区 1 不再从航运集聚区 2 获得基础港航服务 z（因为 K_1 较低）,而是自给基础港航服务 z（因为 θ 上升,且 t_1^{ρ} 增加）。随着 K_1 继续下降,t_1^{ρ}、θ 进一步增加,K_2 增加,均衡跳到航运服务贸易结构 C。航运集聚区 2 由原来的向航运集聚区 1 提供转而从航运集聚区 1 获得更多的基础港航服务 z,这意味着航运集聚区 1 由于从航运集聚区 2 获得航运中间服务 x 交易效率的改善和外生技术比较优势的增长,其带来的好处超过在生产上存在的资源禀赋比较劣势,航运集聚区 1 在基础港航服务 z 上的生产与交易效率的综合比较优势增强,转而向航运集聚区 2 提供更多的基础港航服务 z。这样,均衡贸易模式由原来从外界获得在生产中有外生比较劣势的服务转为向外部提供在交易中具有交易效率优势的服务。

上述分析同样可以适用于两个港口或航运中心,或者是航运中心内部的两个航运集聚区域。分析结果说明即使不存在先天的航运资源禀赋优势,如果通过不断提高交易效率和提升外生技术优势,产生的综合优势仍会使港口规模得到发展,吸引资源禀赋良好地区的货源。对于航运中心内部来说,交易效率的提升能促进各区域的专业化分工,发展出各具自身特色的内生比较优势。因此,航运中心的产业结构、服务进出口结构以及自生能力取决于生产和交易中的内外生综合比较优势,而非只考虑到外生的资源禀赋的比较优势这一个方面。

5.2.3 规模经济与航运中心自生能力

5.2.3.1 集聚经济与规模经济的相容性

产业集群的发展是集聚经济与规模经济的共同作用。从产业的角度看,集聚可以表现为企业集中、产业集聚和产业集群三种形态,集聚经济是规模经济的深化,集聚经济主要产生于集群。航运中心的形成发展过程就是航运产业集群的形成发展过程,其自生能力在规模经济与集聚经济相容中得到体现。

在经济学中,规模经济反映规模与成本的关系,是指随着厂商生产规模的扩大,其产品的平均单位成本呈现下降趋势。但规模经济不总是存在,当生产规模达到某个阈值,再增大生产规模产出反而下降,使得单位产出的成本上升,这种现象就是规模不经济。企业生产规模包括密切联系的两个方面:一是横向规模,即企业同种产品的生产数量;二是纵向规模,即企业内部生产包含的环节数量(杨国亮,2005)。一般规模经济主要强调来自横向的规模扩大,纵向的规模主要指的是由蒂斯(Teece,1980)提出的范围经济。横向和纵向规模反映了企业规模的两个维度:横向维度和纵向维度。在一定的技术经济条件下这两个维度是相互影响、相互依存和相互促进的。企业的成本主要包括技术成本和管理成本,技术成本与企业横向规模成反比,管理成本与纵向规模成正比。拥有不同技术条件的企业造成的规模经济是不一样的,在技术密集型企业规模经济就比较明显,而劳动密集型企业的规模经济就较难获得。

集聚经济(cluster economy)是把具有一定关联的企业集聚到同一地点,使这些企业获得生产和销售方面的利益或节约。集聚经济是规模经济的深化,集聚经济主要产生于集群。集群企业与分散企业相比具有横向规模扩张而纵向规模收缩的特征。对于集群中的单个企业来说,纵向规模收缩过程实际上就是内部分工的外部化,也就是说,企业的集聚使得它们的专业化程度提高了。而生产的专业化使得市场对专业化产品的潜在需求也增加了,企业越来越专业化、市场规模越来越大的发展趋势不仅使企业有了更多的生存空间,也给它们扩大生产规模、降低生产成本带来了机会。集群内企业正是具有这种高度专业化的特性,使得它们比分散企业具备了更强的扩大横向规模的能力。专业化导致的横向规模扩大和纵向规模收缩使得规模经济性非常明显,集群内企业正是凭借这种超越集群外企业的规模经济性赢得了竞争优势。集聚经济实质上是一种复合的外部经济,它的产生是集群内单个企业专业化生产相对应的规模经济和作为一个整体的集群多元化发展相关的范围经济两种作用综合的结果。

5.2.3.2　规模经济对航运中心自生能力的影响

迪克西特和斯蒂格利茨(1977)、克鲁格曼(1979)从规模经济的角度论述了内生比较利益的获得。按照传统贸易理论,如果两个国家不具备外生资源禀赋的比较优势,即两个国家初始条件都是一样的,有相同的收入水平与偏好,相同的技术和资源禀赋条件,它们之间便不会获得比较利益,也不会产生贸易。而他们认为如果存在规模经济,那么市场规模的扩大使得厂商能够获得经济性,能在更低的单位成本下生产更多产品,两国就会选择不同的产业和技术结构,这时两国产品出现差异化,并都以双方市场为目标市场,贸易就产生了,同时企业因为规模经济也成长了,两国消费者也由于产品成本下降、产品种类更具多样化增加了福利。他们的理论表明,即使不以传统的资源禀赋比较优势为基础,只要具有规模经济,两个国家就可以创造后天的比较优势,获得内生的比较利益。那么以上关于两国通过规模经济获得内生比较利益的论述能否借鉴用来说明航运中心内部产业分化,产业规模扩大,从而使航运中心具有自生能力呢?我们通过模型来具体论证。

假设航运中心有两个相对独立的航运经济集聚区 A、B。两个航运集聚区域的资源禀赋、技术水平、收入水平、航运要素主体规模与偏好相同,即具有完全相同的条件。每个航运要素主体既是航运产品的生产者也是消费者,两个航运集聚区各自生产 $i(i=1,2,\cdots,n)$ 种同类航运产品,第 i 种航运产品的生产数量为 x_i。

F_i 为投入第 i 种航运产品的生产要素数量,总的要素数量投入 F 为:

$$F = \sum_{i=1}^{n} F_i \tag{5-2}$$

在每种航运产品生产的过程中,假定第 i 种航运产品生产要素投入 F_i 与每种航运产品的生产数量 x_i 存在线性关系,且各种航运产品都以相同的成本函数生产,即:

$$F_i = \alpha + \beta x_i \tag{5-3}$$

α 为固定成本,β 为单位变动成本,$\alpha,\beta > 0$,则有:

$$F = \sum_{i=1}^{n} (\alpha + \beta x_i) \tag{5-4}$$

c_i 为代表性的要素主体对第 i 种航运产品的消费量,则第 i 种航运产品产

生的总的效用为:

$$U_i = V(c_i) \tag{5-5}$$

假定每个区域的消费要素主体有同样的效用函数,则一个区域所有消费者的总效用函数为:

$$U = \sum_{i=1}^{n} V(c_i), \quad V' > 0, V'' < 0 \tag{5-6}$$

其中,V' 为 V 的一阶导数,V'' 为 V 的二阶导数。

p_i 为第 i 种航运产品的价格,w_i 为第 i 种航运产品生产要素价格,则第 i 种产品生产者通过选择产品价格以使其利润最大化:

$$\Pi_i = p_i c_i - (\alpha + \beta x_i) w_i \tag{5-7}$$

若整个航运经济达到均衡,则总航运产品的生产与消费达到均衡,总体的利润均衡,即存在第 i 种产品的生产消费均衡 $x_i = c_i$,总产出与消费的均衡 $x = c$,总利润为零,则有:

$$0 = px - (\alpha + \beta x)w \tag{5-8}$$

$$p/w = \beta + \alpha/x, \quad x = \frac{\alpha}{p/w - \beta} \tag{5-9}$$

x 即这一区域航运经济的总产出量。

假定两个航运集聚区之间的航运产品交易是在交易成本为零时开始的,由于两个市场的融合,相对于原来的单个市场,企业市场容量扩大,规模经济显现,单位产品的成本降低、价格下降,即 p 下降,$\frac{\alpha}{p/w - \beta}$ 上升,从而总产量 x 上升。因此,原先处于独立封闭中的两个航运集聚区域在规模经济的驱动下,相互开放市场,重新达到均衡时的产出 x^* 比原来两个隔离市场的产出更大,航运总规模也就变大了。航运中心如果能够加强内部联系,整合市场资源,发展规模经济,其产出或规模就会成长,具有自我生长的自生能力。

并且,两个航运集聚区域由原来同时生产 n 种同类航运产品,在相互开放、加强航运服务交易后,转而实行专业化分工,同时生产要素也会在两个区域间重新进行流转和配置。假定每个航运区域所生产的航运产品种类数量与本区域航运要素数量成正比(廖国民,2003),即 A 区生产的产品种类数量为:

$$n_A = \frac{F_A}{\alpha + \beta x} \tag{5-10}$$

B 区生产的产品种类数量为:

$$n_B = \frac{F_B}{\alpha + \beta x} \quad (n_B \in \{n_A + 1, n_A + 2, \cdots, n_A + n_B\}) \tag{5-11}$$

显然,开放交流后两个航运区域的航运产品种类数量 $n_A + n_B$ 比独立封闭时的 n 要多,从而两个航运区域的总效用函数也转变为:

$$U = \sum_{i=1}^{n_A} V(c_i) + \sum_{i=n_A+1}^{n_A+n_B} V(c_i) \qquad (5\text{-}12)$$

显然,开放交流后总效用明显比独立封闭时两个航运区域的总效用要高。

通过上述分析可以看出,由于规模经济的存在,初始禀赋完全相同的两个航运集聚区域并未按比较优势来选择产业与技术结构,而是通过专业化分工使航运中心总的产出规模增大、总的航运产品种类增多、航运消费的总效用增加。因此,如果存在规模经济,航运中心在发展过程中不断打破各区域的重复建设,内部各区域形成提供不同航运产品的专业化集聚区域,这种专业化分工能使航运中心产生内生的比较优势和持续的增长动力。

5.3 航运中心自生能力涌现研究

复杂适应系统理论认为,复杂适应系统必能产生涌现现象。由前文分析可知,航运中心是一个典型的复杂系统,这里,基于复杂系统的层级结构理论,对武汉长江中游航运中心自生能力的涌现进行研究。

5.3.1 航运中心自生能力涌现理论模型的构建

复杂系统由多个子系统构成,它的子系统又可以继续分解,层级组织是复杂系统的特征之一。Semboloni(2008)认为层级结构能够通过自组织获得:结构在自下而上的动力系统中成长,并导致幂律分布。

课题组认为航运中心是一个典型的复杂系统,呈现出层级结构特征,且港口体系也具有层级结构特征。可以通过研究航运中心层级组织的形成来考察一个港口发展成为世界、国际或区域航运中心的过程。赵媛(2011)从系统开放性、非平衡性、非线性及涨落几个方面考察了港口群系统的耗散结构特征,认为港口群系统具有耗散结构特征,符合自组织理论所描述的研究内容。因此,一个低级别的港口或航运中心自创生系统在自组织演化下成为更高级别航运中心的过程就是航运要素不断在航运中心集聚的过程,是产业集群形成的过程,也是自生能力涌现和起作用的过程。

5.3.1.1 航运中心体系层级结构

层级结构通常代表分支网络,在网络中,随着层级变低,在生长因素作用下分支的数量不断增长。一个层级结构可以依据某些项目或指标对事物的相对层次进行确定,可以表示为上一级、下一级或同级。层级结构可以用树状图来形象表述,树根是最顶层级,共有一个顶点的分支处于同一层级,也是这个顶点的下一级,依此类推构成一个树状的层级结构。层级结构中的直接联系只发生在具有上下级关系的节点之间,层级结构中没有直接联系的节点可以向上找到共同的上级后再找到另一个节点。

航运中心具有很明显的层级结构,航运中心的初级阶段是以港口为核心的,航运中心是港口体系层级结构演化过程中涌现出的结果。根据影响区域范围的大小和不同层级的关系,又可分为全球航运中心、区域航运中心等不同层次。

航运中心体系呈现出层级结构。每个港口是一个节点,它具有自己的腹地和下级港口,它又成为更大的上一级港口的腹地港口,更高层级的港口就成为其吸引力腹地内港口的枢纽港或航运中心。Hayuth(1981)在区域集装箱港口系统形成及枢纽港演化模型中的第四阶段——枢纽港形成阶段,提出集装箱港口形成了"枢纽港—干线喂给港—支线喂给港"的层级模式。王杰(2007)在此基础上进一步提出了全球国际航运中心、区域国际航运中心、干线港口、支线港口的航运体系,见图 5-7。Ducruet C 等(2010)对比研究了1996 年和 2006 年的东北亚港口层级结构,认为釜山和香港为层级结构中的双核心,且只有少数港口和很多其他港口有联系,而大多数港口与其他港口的联系很少,服从幂律分布的特性。航运中心体系层级结构和港口规模幂律分布的特点,使得少部分港口发展成为在一定区域内航运业务相对集中、对

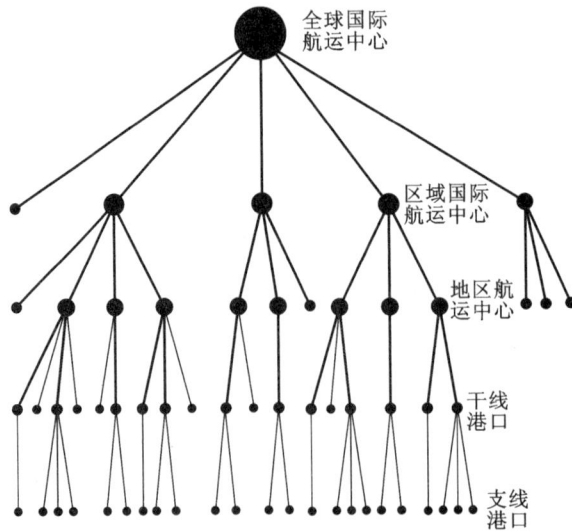

图 5-7　航运中心的层级结构

区域内航运与经济影响突出、对航运资源控制力（影响力）强的港口或港口城市，即航运中心。

5.3.1.2　航运中心体系层级结构的幂律分布

层级结构一个明显的特征就是个体规模服从幂律分布，航运中心体系在港口相互作用中形成层级结构，并导致幂律分布。所谓的幂律分布描述的是事件规模和其出现频率之间的关系，它所揭示的共性是：绝大多数事件的规模很小，而只有少数事件的规模相当大（高宝俊等，2012）。幂律分布普遍存在于自然界与社会生活中。幂律分布通式可写成：$y = cx^{-\alpha}$，其中 x、y 是正的随机变量，c、α 均为大于零的常数。对上式两边取对数，可得 $\ln y = \ln c - \alpha \ln x$，可知 $\ln y$ 与 $\ln x$ 满足线性关系，也即在双对数坐标下，幂律分布表现为一条斜率为负数的直线。这一线性关系是判断给定的实例中随机变量是否满足幂律的依据（徐野，2009）。

沃纳·赫希（Werner Z. Hirsch）曾经通过"乘数效应"和"临界值原则"分析供给与需求导致城市功能成长的机制（石正方，2002）。按照乘数效应，地方产品需求增加，影响地方的产出、就业、政府服务和收入。由于地方生产增长，职业和工业布局就会改变；这种改变又会吸引带来新技能、新需求的移民。随着各种工业的建立，从事最初投入的供给者的后向联系和使用其产品的企业的前向联系得到发展，这种发展本身又可能建立许多新的工业，整个过程将使过去由其他地方生产的产品需求临界值提高，从而出现新的企业和工业。由于相互依赖，因此产生持续的乘数效应，最低临界值在此起重要作用（赫希，1990）。将沃纳·赫希的研究成果借鉴到港口城市的发展中来，对航运服务的供给与需求导致航运中心体系的层级结构中的幂律分布做如下分析。

一个港口或航运中心提供的航运服务可以分为两种类型，一种是与港口航运要素主体数量有关的；另一种是与港口航运要素主体数量无关的。对于第一种类型的航运服务，他们只在航运要素主体数量发展到一定阈值之上才能提供。在经典的中心地理论中，最高层次的城市提供所有种类的商品和服务，它的吸引力腹地包括整个城市系统，而第二层次的城市为较小的吸引力腹地提供有限组别的商品。对于第一种类的航运服务，交换是不对称的：一般港口向更高层次的港口或航运中心购买服务，但反方向的不会发生，因为这些服务一般港口没有提供的基础。这样次级港口就成为上级港口或航运中心的吸引力腹地，因此吸引力腹地或市场区域也被作为特征来描述每个港口或航运中心。

廖士(Lösch)的理论证明一个城市要获得竞争能力不一定要增加供给商品的种类,也可以通过专业化生产(Lösch,1954)。港口的专业化通常与比较优势联系在一起,比如航道岸线资源、特定技术优势或低工资水平。港口也可利用自身优势通过专业化分工在航运市场获得竞争力,在区域港口群内围绕核心港口的分工合作就是很好的体现,比如次级港口可以为核心港口提供液散货码头、船舶维修等服务。港口的专业化提供的这些服务属于第二种类型的航运服务,与之相关的服务需求不受先前需求的不对称性影响,从这种意义上来说,高层次的航运中心或港口可以从次级港口获得第二种类型的服务,反之亦然。第二种类型的航运服务需求更多的是来自外界,但同时受外界的影响也大。因此,在短期内,此需求被看作是外生的。从长期来看,技术进步和创新是港口向航运中心发展的动力和在航运中心体系中层级变化的原因。专业化能够改造航运中心体系的微观方面,但不是航运中心体系层级结构形成的根本原因,层级结构的形成更依赖于航运中心吸引力大小和腹地的范围。

在描述两种类型的航运服务及需求后,提出了供需平衡假设下的航运中心体系层级组织模型。设航运中心下的一组港口有不同数量的航运要素主体 $p \geqslant p_{min}$(p_{min} 是最小港口城市的航运要素主体数量)。航运要素主体既是航运服务的需求者也是供给者,航运服务需求对应于航运要素主体的数量,但要实现航运服务需求最终离不开各种航运要素,比如劳动者、资金、知识、信息等。因此,航运服务供给对应于航运要素主体数量。每个港口在市场中集中来自其他港口和外部的航运需求并提供相应数量的航运服务。在每个港口航运要素主体为航运需求提供服务:① 来自港口吸引力腹地的次级港口的需求,需要的是第一类航运服务(p_d);② 来自外部的需求,需要的是第二类航运服务(p_0);③ 来自本港口城市内部的需求(p)。

p_0 独立于 p,是外生确定的,p_d 需要计算。为了做到这一点,选择的不是一个确定型机制,而是像在 Christaller 或 Beckmann 的理论当中一样,选择了看起来更符合人类行为的随机方法(Semboloni,2008),即主要假设依此运行:在每个港口城市,所提供的航运服务与航运要素主体数量正相关,港口航运要素主体需要从更大的港口获得航运服务(在他们所在的港口没有提供),同时选择更大的港口是随机的。

在先前的假设下,拥有航运要素主体 q 的港口向拥有航运要素主体 p($p \geqslant q$)的港口购买航运服务,且 $q \geqslant p_{min}$。定义 $f(q)$ 为拥有 q 个航运要素主体的港口数量,则 $qf(q)$ 是拥有 q 个航运要素主体的港口的需求总和,航运要素主体流向要素数量大于或等于 q 的港口的概率是相等的。$\int_q^{+\infty} f(x)\mathrm{d}x$ 表示航运要素主体比 q 多的港口的数量,那么指向拥有 p 数量航运要素主体的港口和来自 q 数量航运要素主体的港口（$q \leqslant p$）的平均需求是：$qf(q)/\int_q^{+\infty} f(x)\mathrm{d}x$。最后,为计算到达 p 数量航运要素主体的港口的总需求,从 $p_{\min}$ 累加到 p,所以向拥有航运要素主体 p 的港口提出航运服务需求的航运要素主体数量 p_d 结果如下：

$$p_\mathrm{d} = \int_{p_{\min}}^{p} \frac{qf(q)}{\displaystyle\int_q^{+\infty} f(x)\mathrm{d}x} \mathrm{d}q \tag{5-13}$$

为面对航运需求,港口需要提供相应的航运服务。采用最简单的假设,即航运要素主体的数量与需求的每个部分都是相适应的。因此,w_1 表示为满足港口吸引力腹地的航运服务需求而进行航运服务供给的要素主体数量,$w_1 = s_1 p_\mathrm{d}$；w_2 表示为满足港口专业化引起的航运需求而进行航运服务供给的要素主体数量,$w_2 = s_2 p_0$；w_3 表示为满足本港内部航运需求而进行航运服务供给的要素主体数量,$w_3 = s_3 p$。其中 s_1、s_2、s_3 是要素的服务供给系数。港口整个的航运要素主体由这三部分的航运要素主体构成：

$$p = w_1 + w_2 + w_3 \tag{5-14}$$

将 $w_1 = s_1 p_\mathrm{d}$，$w_2 = s_2 p_0$，$w_3 = s_3 p$ 代入式(5-14)得到：

$$p = \alpha p_\mathrm{d} + \delta p_0 \tag{5-15}$$

其中 $\alpha = s_1/(1 - s_3)$，$\delta = s_2/(1 - s_3)$。将式(5-13)代入式(5-15)得到：

$$p = \alpha \int_{p_{\min}}^{p} \frac{qf(q)}{\displaystyle\int_q^{+\infty} f(x)\mathrm{d}x} \mathrm{d}q + \delta p_0 \tag{5-16}$$

根据式(5-16),在 $p = p_{\min}$ 情况下,得到：

$$p_{\min} = \delta p_0 \tag{5-17}$$

前面已定义 $f(p)$ 为拥有 p 个航运要素主体的港口数量,则 $F(p) = \int_q^{+\infty} f(x)\mathrm{d}x$ 表示航运要素主体比 p 多的港口的数量,显然有 $\lim\limits_{p \to \infty} f(p) = 0$ 和 $\lim\limits_{p \to \infty} F(p) = 0$。式(5-16)两边对 p 求导,且因为 $F'(p) = -f(p)$,得到：

$$\alpha \frac{pf(p)}{F(p)} = 1 \tag{5-18}$$

因此我们得到微分方程的解：

$$F'(p) + \frac{F(p)}{p\alpha} = 0 \tag{5-19}$$

结果如下：

$$F(p) = cp^{-\frac{1}{\alpha}} \tag{5-20}$$

$$f(p) = \frac{c}{\alpha}p^{-\frac{1+\alpha}{\alpha}} \tag{5-21}$$

式(5-20)表示在整个航运中心体系中，不同规模港口数量是随着港口规模变大（即 p 越大）而变少的。因此根据不同的港口航运要素主体数量 p 的值，可以确定港口所处的层级，即航运要素主体为 p 的港口等级 $r_p = F(p)$。从式(5-20)可得：

$$p \propto r_p^{-\alpha} \tag{5-22}$$

其中 α 是幂律分布通式中的指数。

通过以上推理，已经展示了幂律分布和层级结构如何从供求平衡中衍生而来，层级结构能从自下而上的动力机制产生，是港口间相互作用自组织涌现出的结果。

5.3.1.3 航运中心的港口空间行为分析

在航运中心层级结构演变过程中，空间扮演了一个至关重要的角色。本课题建立了一个动态空间模型模拟多航运中心体系的层级组织形成过程。航运中心体系由一组港口组成，随机分布在平面空间。每个港口都有一定的航运要素，他们为本港的航运需求提供服务。事实上每个港口的航运要素主体需要更大的港口获得某些航运服务，因为这些航运服务在他们所在的港口是无法提供的，并选择以最大化交易效率从更大港口获得航运服务。每个港口的航运要素主体数量依赖于外部和内部的需求。基于这一简单经济假设的动力系统产生了航运中心体系的幂律分布。

在模型运行前，初始数量的港口随机散布，但要检查与最近港口的距离是否比设置的最小距离值大，同时也要使港口与模拟世界边界的距离大于最小值，这样做主要是为了避免过度重叠。

港口是模型的行为主体，港口的输入参数就是航运要素数量和外部航运服务需求。在开始时，每个港口航运要素数量和外部需求是随机设定的。每个港口的初始航运要素数量 p 是在一定范围内随机取值。外部需求 p_0 独立于 p，设其服从一定均值和方差的正态分布，但不取负值，并在模型运行期间保持不变。

假定在每一步的开始，航运要素数量按内定的增长率增长。随后，某一港口向有更多航运要素的港口提出航运服务需求，其需求的速度和数量由港口间的吸引力大小决定。1967年威尔逊（A. G. Wilson）从最大熵原理出发导出一个引力模型,定量分析一个封闭系统中两个局域之间的相互作用强度,其表达式是基于负指数律的阻抗函数。依据威尔逊的空间相互作用模型,得到港口间要素吸引力:如果航运要素数量有港口 i > 港口 j,则 $A_{ij} = e^{-\beta * d_{ij}}$;如果航运要素数量有港口 i < 港口 j,或交易成本比阈值大,则 $A_{ij} = 0$。A_{ij} 是港口 i 对港口 j 的航运要素吸引力,d_{ij} 是两个港口间的空间距离。在威尔逊的分析中,β 作为拉格朗日函数引入,物理意义不明确,在此借鉴重力模型中的含义,将 β 称作空间相互作用的"摩擦系数"(彼得,2001)。β 的取值与相互作用强度和距离有关,因而引力模型中 β 取值常有很大差异,可以说是因地、因时、因人而异。随着港口和城市的发展,港口进入现代化发展阶段,特别是随着知识、信息等要素的增加,航运要素在空间之间流动和提供航运服务的成本逐渐降低,其空间摩擦力或阻力越来越小,β 呈现减小趋势。哈吉斯特朗在研究瑞典人口迁移时发现,对工人迁移而言 β 取值为 1.2,对知识分子迁移而言 β 取值为 0.4(唐小波,1994)。由式知 $A_{ij} = e^{-\beta * d_{ij}}$,当摩擦系数 β 变小时,空间影响随距离衰减速度较慢,呈等级扩散特征(程开明,2010)。因此,较大港口对吸引力腹地港口的吸引力大小决定了需求 p_d,在供求平衡下也就影响到了由 p_d 部分决定的航运要素量。

在供求关系下,一个港口航运要素的总量是由吸引力腹地内部需求 p_d、外生的外部需求 p_0 和港内需求 p 决定的。在每一步,港口 i 在更大的港口中选择港口 j,形成了选择港口 j 的集合 Ω_j。通过计算属于这个集合的港口航运要素需求总和确定要素数量。下一步的港口航运要素主体依据以下公式更新:

$$p_i(t+1) = s_1 \sum_{d \in \Omega_j} p_d(t) + s_2 p_{j0}(t) + s_3 p_j(t) \qquad (5\text{-}23)$$

s_1、s_2、s_3 同是要素的服务供给系数。

尽管外部航运需求在每个港口按正态分布保持不变,但由于吸引力腹地需求的减少,总航运要素数量在一定时期后稳定下来。这是因为航运活动的集聚导致港口航运要素数量的增长,从而吸引更多的需求。但是同样的过程也限制了成长:首位港口的航运要素数量失衡增长减少了其他港口的航运要素数量,因此指向首位港口的需求 p_d 也减少了,使得航运要素数量也减少了。总的航运要素数量正是取决于这一需求。同样的条件运用到每个层次,由于航运要素数量是自限制的,分布趋向于幂律分布。从模型的运行得到了一个相互联系的组织体系,港口间的航运要素数量分布服从幂律分布。

5.3.2 航运中心体系中航运中心自生能力涌现模拟

5.3.2.1 模拟程序的设置

在世界上分布着一定数量的港口,港口具有初始的航运要素数量。随着经济发展,世界各港口航运要素有一个共同的自然增长率。港口规模即港口航运要素的增长与集聚受吸引力腹地需求、外生的外部需求和港内要素随着经济自然增长的共同影响。大港对交易成本在阈值以内的小港具有吸引力,吸引力的大小与两者距离有关。港口腹地吸引力越大能获得更多的需求,从而吸引更多的航运要素集聚,扩大航运产业集群规模。由于资源的有限性,所有港口航运要素总和受到最大资源的限制。港口规模、交易成本与阈值的大小决定了港口吸引力腹地的大小,也是形成层级结构的关键所在。在层级结构的形成过程中,一些港口超越其他港口,拥有更广阔的腹地和更大的规模,发展成为航运中心。本课题将一个港口在航运中心体系中自组织演化成为更高或最高等级的港航经济区域(即不同影响区域范围的航运中心)的现象归因于航运中心自生能力的涌现。上述过程的模拟采用 Netlogo 平台实现。Netlogo 是一个用来对自然和社会现象进行仿真和模拟的软件,适合对随时间演化的复杂系统进行建模,建模人员能够向独立运行的主体发出指令,这就使得探究微观层面的个体行为和个体交互与整体涌现出的宏观模式之间的联系成为可能,在许多领域都可以作为一个得力的研究工具。

Netlogo 的世界是由主体构成的,主体执行观察者输入的命令或预设的规则,每个主体同时并行执行各自的行为。主体包括四个类型,即海龟、瓦片、链和观察者。此模拟中,瓦片构成的平面是各港口所在的区域范围,构成主体的活动空间;海龟是各个港口,它可以成长或消亡,但不能移动;链是港口间的航运需求与服务关系,它引起层级结构的不断变化;观察者是建模人员,可以调整各参数或控制其他主体的行为,来考察对涌现结果的影响。根据前面的分析,航运中心自生能力涌现模拟流程如图 5-8 所示。

本模型的 Netlogo 的操作界面如图 5-9 所示。

需要说明的是,人工生命的航运中心体系层级结构模型是对现实航运系统的抽象和压缩,如果能通过现实航运系统探索到人工生命系统中参数可能的取值范围,则能够更好地贴近现实经济运行。由于经济系统中很多变量难以搜集到数据,人工生命系统恰好可以补充现实统计数据的不足,通过人为设定可能的取值范围,探索这些变量对现实经济系统运行的影响。本模型的重要目的是探索参数变化对航运中心体系层级结构和航运中心涌现的影响。

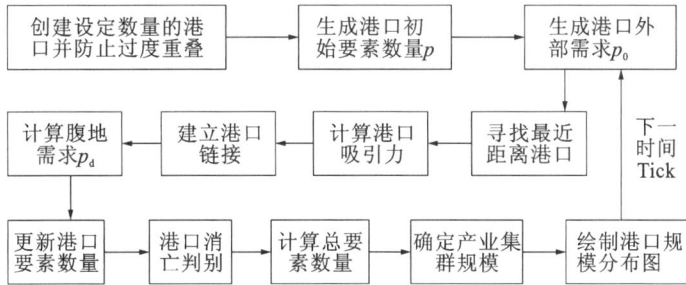

图 5-8 模拟程序总体流程图

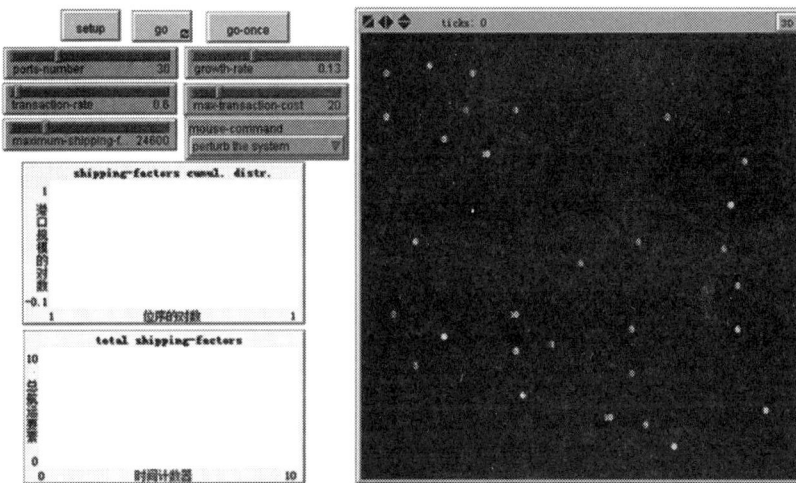

图 5-9 航运中心体系中的航运中心自生能力涌现模拟的 Netlogo 操作界面

只要保证参数在可能的取值范围内变动,人工生命系统就能够合理运行,即可通过控制参数变化探索其对航运中心体系层级结构和航运中心涌现的影响。因此,本模型在设定参数取值范围时设定了一个尽可能大的取值范围,以期能包含经济系统运行的实际情况,并通过调整参数大小观察模型涌现结果的变化。例如,在下文的交易效率的试验中按以上原则设定了参数取值:港口数=100,要素增长率=0.1,系统最大航运要素数量=21900,最大交易成本阈值=99。

为方便参数的调整,对于几个重要参数在操作界面上设置了滑条,在模型运行中就可以很轻松地改变参数大小,从而可以很直观地观察到某个参数变化对模型运行结果的影响。可以通过"ports-number"滑条设置整个世界的港口个数;通过"growth-rate"滑条设置港口要素的全局增长率;通过"transaction-rate"滑条设置交易费率(即单位距离交易成本)的大小;通过"max-transaction-cost"设置最大交易成本的阈值;由于资源的有限性,通过"maximum-shipping-factors"设置世界所有航运要素总数的最大值。

通过在不同参数值下模型的多次运行,可以推断出港口体系的层级结构和航运中心形成依赖于许多因素:港口位置、初始航运要素、最大交易成本的阈值和交易效率等。交易成本与交易效率之间存在反比关系,在本模型中用交易成本的大小反映交易效率的高低,交易成本由大到小则交易效率由低到高。用"SETUP"获得不同的港口初始位置配置,就会演示出不同的增长路径。此外,增加交易成本能减小最大港口规模,随后再减小交易成本,并不总是原来的那些港口增大规模。这也说明航运中心的成长具有一定的必然性,同时也有发展中的偶然性。

5.3.2.2 模拟试验与结果分析

在5.2节中,从要素禀赋结构、交易效率、规模经济三个方面分析了航运中心自生能力涌现的机理,因此航运中心自生能力的模拟试验也是有关这三个方面。根据每一个方面的相关试验结果,分析了该因素对于航运中心自生能力的影响。

1)有关交易效率的试验

模型模拟结果表明,港口规模与位序的对数散点图随交易效率的提高(即交易费率的降低,使交易成本降低,而交易成本与交易效率成反比)越趋向于直线(图 5-10),即随着交易效率提高,港口规模越趋向于幂律分布,航运

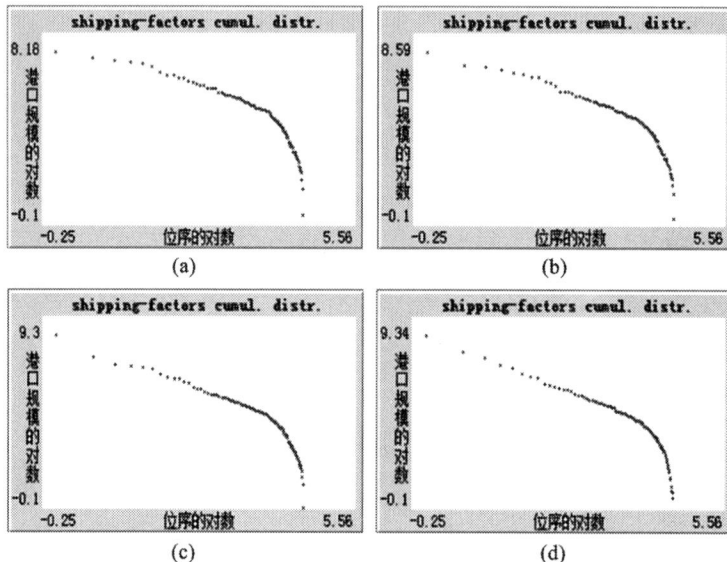

图 5-10 港口航运要素累计分布的散点图

(a)交易费率(transaction rate)=10;(b)交易费率(transaction rate)=7;

(c)交易费率(transaction rate)=4;(d)交易费率(transaction rate)=1

中心体系的层级结构更加明显,首位港口能达到更大规模,吸引更大范围的港口,也就更加容易形成航运中心,其自生能力更强。

以上 4 幅图是在不同交易费率下,层级结构稳定后的航运要素累计分布散点图。其他参数取值:港口数＝100,要素增长率＝0.1,系统最大航运要素数量＝21900,最大交易成本阈值＝99。

航运中心经历了从硬实力到软实力的发展过程,航运生产要素从初始的岸线资源、劳动力和基础设施投资的集聚到航运高级人才、航运知识信息、航运创新的集聚。影响交易效率的因素很多,其中,满足交易需要的物质条件、交易技术和交易制度是影响交易效率的重要因素。赵红军(2005)对中国 1997 年至 2002 年的平均交易效率进行了测定,政府政策制度、交通通信技术与基础设施、教育水平是影响交易效率的 3 个主要维度。不同航运要素在不同技术条件下的交易效率是不一样的,随着技术进步、全球市场更加自由开放和知识信息在生产要素中的地位越来越重要,从航运硬实力要素到软实力要素,航运相关要素的交易效率越来越高,交易成本逐渐降低。航运交易效率提高和交易成本降低为港口向地区航运中心和世界航运中心的发展提供了动力,对航运中心自生能力有重要影响,也为拥有更高交易效率的软实力要素比硬实力要素能获得更广范围和更持久的影响力提供了解释。

图 5-11 为在不同交易费率下,层级结构稳定后航运中心体系空间结构的样例。其他参数取值:港口数＝100,要素增长率＝0.1,系统最大航运要素数量＝21900,最大交易成本阈值＝99。

只有在两港之间的要素交易成本低于最大交易成本的阈值时,两港才会产生吸引,从而产生航运服务的需求和要素的流动。最大交易成本的阈值可以理解为只有要素交易成本小于这一阈值时,提供相关航运服务才是有利可图的,要素的流动和集聚才会发生。因此,最大交易成本的阈值越大,航运中心体系的层级结构和航运中心更容易形成。最大交易成本的阈值的大小受多方面因素的影响,如政府的市场准入等政策、航运技术与信息技术的发展。

图 5-12 为在不同最大交易成本阈值下,层级结构稳定后航运中心体系空间结构的样例。其他参数取值:港口数＝100,要素增长率＝0.1,系统最大航运要素数量＝21900,交易费率＝1。

2)有关航运中心地位稳定性的试验

通过"mouse-command"按钮选择"perturb the system",每选中一个港口

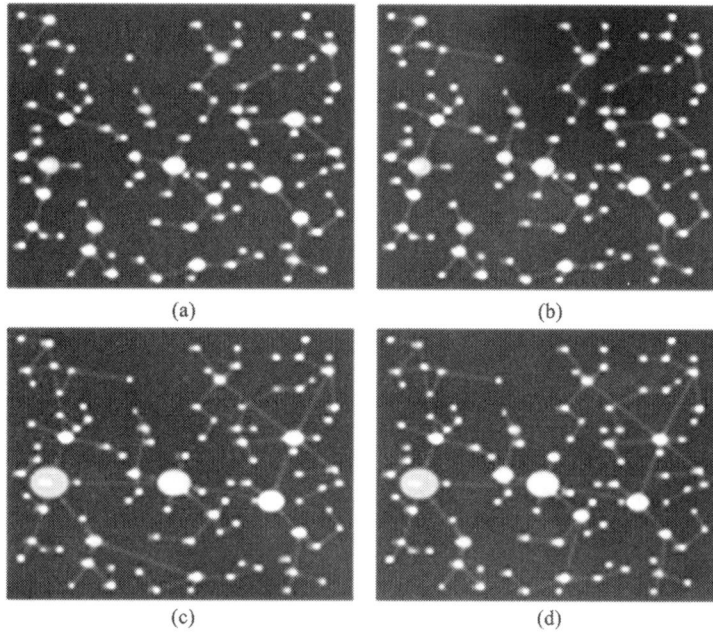

图 5-11 不同交易费率下航运中心体系空间结构样例

(a)交易费率(transaction rate)＝10；(b)交易费率(transaction rate)＝7；

(c)交易费率(transaction rate)＝4；(d)交易费率(transaction rate)＝1

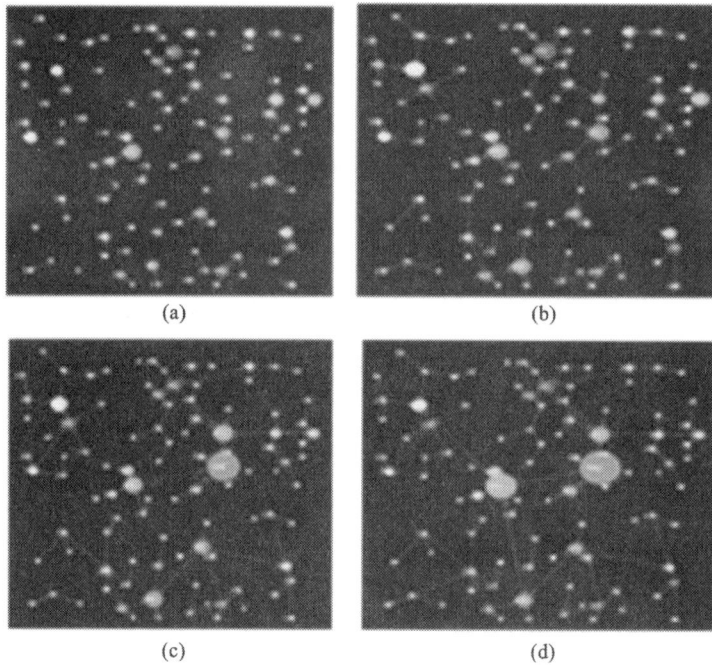

图 5-12 不同最大交易成本阈值下航运中心体系空间结构样例

(a)最大交易成本阈值＝5；(b)最大交易成本阈值＝10；

(c)最大交易成本阈值＝20；(d)最大交易成本阈值＝30

用鼠标点击,使港口航运要素数量减半来扰动系统。这种扰动对腹地越大的港口作用越小,一般情况下航运要素数量能在短时间内很快恢复,其吸引力腹地也没改变。如果扰动过大,则这种改变将不能恢复,这个港口将失去其原有吸引力腹地。这说明航运中心特别是以软实力辐射全球的航运中心地位一旦形成,就具有很强的抗干扰能力,一般的经济波动和小幅度衰退不会动摇其航运中心地位。为更好地考察一个港口的吸引力腹地范围,可以通过"mouse-command"按钮选择"show dependent ports",然后鼠标点击某港口,则用方框形状显示其吸引力腹地所有港口。

3)有关某一港口初始要素数量的试验

程序内部还有一些内置参数,可以通过修改程序赋值或操作界面的命令栏进行修改。比如模型在初始设定每个港口的航运要素时采用的是1~10的随机生成方法,初始航运要素赋值高的港口发展成航运中心的概率更大一些。如果在操作界面的命令栏输入"ask port n [set shipping-factors m]",表示将第 n 个港口航运要素主体数量"shipping-factors"赋值为 m,当 m 远大于10时(比如 $m=50$),第 n 个港口往往会发展成为全局的航运中心。这说明丰富的航运要素基础是形成航运中心的重要条件,航运资源要素相对于其他港口具有比较优势是航运中心自生能力形成的良好基础。

4)有关某一港口所处地理位置的试验

如果模型运行前在命令栏输入"ask port n [setxy x y]",然后点击回车键,可以改变第 n 个港口的位置。如果 (x,y) 为模拟世界的某个端点坐标,多次试验发现即使该港口拥有比别的港口大得多的初始航运要素数量 m,不再像之前总是形成全局航运中心,即使形成了全局航运中心其抗扰动能力也很差。这一试验说明地理区位也是航运中心形成的重要条件,是航运中心自生能力的自然条件基础。

5)有关某一港口所在区域增长速度的试验

在层级结构已稳定后暂停运行,在命令栏输入"ask port n [set port-growth-rate a]"(a 为赋予的超出全局增长率的部分),然后回车。每个港口的"port-growth-rate"如果不用这一命令改变的话在程序里值始终为0,表示每个港口的增长率都是一样的,都是全局增长率"growth-rate"。这一命令表示将第 n 个港口的增长率设置为"growth-rate$+a$",这样第 n 个港口比别的港口要素和需求增长速度要快。然后增大航运要素总的容量限制"maximum-shipping-factors"滑条的值,再点击运行。在多次试验后发现,增长速度更快的港口层级会变高,成为更为重要和影响范围更大的航运中心,如果 a 足够大,其至会取代原来全局的航运中心。这一试验说明港口所在的社会经济环境如果能提供更多的航运要素和需求,航运中心的自组织成长更快,自生能力更强。这个试验结果正好反映了现实中的情形,即社会经济发展更快的地区的港口或航运中心发展更快,其自生能力更强,对传统航运中心构成了挑战。

6)有关某一港口规模经济的试验

在层级结构已稳定后暂停运行,在命令栏输入"ask port n〔set port-saturation b〕",然后回车。如果不输入命令改变的话 port-saturation 在程序里值始终为 1,表示每个港口的规模经济性都是一样变化的,都是按全局的 saturation＝(maximum-shipping-factors－total-shipping-factors)/ maximum-shipping-factors 变化。如果 b＞1,则第 n 个港口的规模经济性比其他港口要好。然后增大航运要素总的容量限制"maximum-shipping-factors"滑条的值,再点击运行。在多次试验后发现,规模经济性更好的港口增长会更快,在航运中心体系中的层级会变高,但在原有更高层级航运中心特别是全局航运中心的影响下,它所具有的规模经济优势不一定使其成为全局航运中心。除非将 b 设置得足够大(比如 10 以上),同时给其足够发展时间(将"maximum-shipping-factors"滑条的值增大较多),这一港口发展成为全局航运中心的可能性就会增大很多。这一试验说明规模经济能带来航运中心自生能力,但在原有航运中心格局下,还有些内在因素使其光凭规模经济优势还不容易获得自生能力高层次的自我升级能力。

试验还表明世界总体航运要素总的容量限制和全局增长率不改变空间结构,只影响各港口的绝对规模和成长速度,港口相对规模及其产生的层级结构不发生变化,也就是说航运中心所处的层级地位和腹地范围不会发生变化。这说明世界的整体宏观环境的波动会对整个航运界产生影响,但不会影响由内部因素决定的单个航运中心的自生能力。

5.3.3 武汉长江中游航运中心自生能力涌现的条件分析

航运中心在港口体系中能够自组织产生和发展,其自组织成长过程就是自生能力涌现的过程。上文仿真模拟结果表明,航运交易效率提高和交易成本降低对航运中心自生能力有重要影响;航运中心特别是全局航运中心地位一旦形成,其中心地位具有很强的稳定性;航运资源要素相对于其他港口具有比较优势是航运中心自生能力形成的良好基础;地理区位是航运中心自生能力的自然条件基础;社会经济发展更快的地区的港口或航运中心的自生能力更强;规模经济优势能提升航运中心自生能力,但不会必然获得自生能力高层次的自我升级能力;世界的整体宏观环境波动不会影响航运中心自生能力。综合上述影响因素,分别从区位、航运资源要素等方面分析武汉长江中游航运中心自生能力涌现的条件。

5.3.3.1　武汉长江中游航运中心的区位比较优势

1)地理区位

武汉航运中心位于湖北省武汉市,地处长江水系的中游,长江和汉江在此交汇,货轮可经长江直达俄罗斯、东南亚、港澳地区、日本和韩国,货运量位居长江水系第三位。武汉西抵重庆,下达上海,有着广阔的经济腹地。武汉城市圈区位优势明显,与长沙、郑州、洛阳、南昌、九江等大中城市在半径600千米的范围内,与京、津、沪、穗、渝、西安等特大城市相距1200千米左右,在我国经济地理圈中处于中心位置。

2)交通区位

武汉航运中心拥有多种交通运输方式,对外交通发达,已形成完备的铁、水、公、空、管综合运输网络。武汉是全国四大铁路枢纽之一,京广、京九、汉丹、武九国铁干线以及京汉广、沪汉蓉客运专线在武汉交汇,形成"米"字形网络构架;武汉是中部重要的公路枢纽,以107、316、318国道和8条省级干道为主,形成以武汉为中心的公路网,可直通8省195个城镇。城市有机场两座,民用航线10条,过境航线15条,可直达全国173个城市,并已开通直达香港的包机。

3)经济区位

武汉航运中心的核心腹地及扩散域范围内的经济发展状况良好。武汉是我国重要的老工业基地,长江中下游的特大城市,是中央明确定位的中部地区中心城市,经济上保持着平稳较快的发展,2012年GDP达到8004亿元。武汉城市圈总体发展正处于工业化中期加速阶段,工业化总体水平高于全国,处于中西部地区前列。2010年武汉城市圈GDP达到9000亿元,同比增长15.06%。中部四省构成的东西向经济走廊,东部沿海发达地区向西部地区的辐射带,正在形成一体化经济区域。

经济的发展必然带动其派生出的航运物流强劲的增长。长江中游水系流经的主要省份为湖南、湖北、江西、安徽四省,武汉所在的湖北地区在航运物流整体上具有较为明显的比较优势。

湖北、湖南、江西、安徽四省的货物吞吐量总体上差别不大,但湖北的集装箱吞吐量比其他三省多得多,这是湖北集约型经济和产业升级转型的重要体现,也是使武汉成为长江中游航运中心的货源保证和重要基础。具体数据见表5-1。

表 5-1　2012 年中部四省经济状况及港口货物吞吐量情况

省份	GDP（亿元）	GDP 增长率	货物吞吐量（万吨）	货物吞吐量同比增长率	集装箱吞吐量（万标箱）	集装箱吞吐量同比增长率
湖北省	22250.5	13.3%	23518.1	8.6%	95.1	10.3%
湖南省	22154.2	12.6%	21867	3.8%	29.57	26.9%
江西省	12948.5	10.6%	25270.8	7.3%	22.6	18.8%
安徽省	17212.1	12.5%	36097.2	−3.5%	45.58	17.5%

数据来源：中国港口年鉴 2013。

同时与其他正在建设的航运中心横向比较来看，从表 5-2 可以看出，在构建航运中心的前期准备的比较中，武汉与其他城市相比前期准备是充足的。

表 5-2　各城市航运中心建设时 GDP 对比表

城市	武汉	上海	大连	天津	重庆
年份	2010	1995	2003	2006	2009
名称	长江中游航运中心	上海国际航运中心	东北亚航运中心	北方航运中心	长江上游航运中心
当年 GDP（亿元）	5517	2462	1632	4337	5097
2010 年可比价格 GDP（亿元）	5517	3352	2033	4962	5280

5.3.3.2　武汉长江中游航运中心的资源要素优势

下面从航运中心资源要素即人力资源、知识资源、资本资源、港口基础设施和自然资源来具体分析武汉建设长江中游航运中心的优势。

1）人力资源优势

武汉市的劳动力资源丰富，不仅体现在劳动力的数量上，也体现在劳动力的质量上。在 2010 年 11 月 1 日第六次全国人口普查中，全市常住人口为 9785392 人，居全国城市第五位，较 2000 年 11 月 1 日第五次全国人口普查的 8048091 人而言，共增加 1737301 人，总增长率达到 21.59%，年均增加 173730 人，年均增长率为 1.97%。其中 15～64 岁的人口为 8013317 人，占总人口的 81.89%。同 2000 年第五次全国人口普查相比，15～64 岁人口的比重上升了 7.29 个百分点。

在劳动力质量方面，全市常住人口中，具有高中（含中专）文化程度的有 2131417 人。每 10 万人中具有高中文化程度的人口从第五次全国人口普查时期的 20707 人上升为 21782 人,增长了 5.19 个百分点。

武汉与宜昌、荆州、岳阳、九江等在人力资源方面的比较见表 5-3。

表 5-3 2010 年武汉航运中心影响范围的重要港口城市的人力资源情况

城市	15～64 岁的人口数(万人)	具有高中(含中专)文化程度人口数(万人)
武汉	801.3317	213.1417
宜昌	318.3662	85.5686
荆州	437.6852	82.7913
岳阳	410.0164	125.8383
黄石	181.7352	39.9759
九江	338.8207	75.2884
芜湖	162.0456	34.6269
安庆	361.5869	63.5000

由上述的第六次全国人口普查的相关资料可以看出,武汉市在长江中游相关城市的对比中,人力资源不论是在劳动力数量上,还是在劳动力质量上都有着明显的比较优势。

2)知识资源优势

武汉市发展内河航运中心的知识资源优势主要体现在高水平的航运人才以及相关的航运技术研发设计方面,其实力接近甚至超过沿海国际航运中心和主要港口,是长江中游其他港口城市无法比拟的。

武汉是全国的科教重镇,也是最具规模和影响力的航运科技研发机构、航运人才培训基地的集聚地。以武汉理工大学、海军工程大学为代表的高等院校,以中船重工 719 所、长江船舶设计研究院等为代表的船舶科研设计院所,以长航规划设计院为代表的水运规划单位,以武汉理工大学船员培训中心为代表的航运人才培训机构,为武汉长江中游航运中心的建设提供了全方位的科技与人才支持,使武汉成为现代航运科技与人才的高地。

武汉市航运研发与教育能力突出,船舶专业人才培养能力全国排名第一,研发设计能力名列前茅。船员培训情况见表 5-4。

表 5-4 2010 年国内主要港口城市海船船员培训基本情况

城市	培训机构数	开展培训项目	培训规模(人次)
武汉	10	22	3208
大连	8	26	3310

续表 5-4

城市	培训机构数	开展培训项目	培训规模(人次)
上海	6	25	3010
天津	5	14	1760
广州	7	20	2270

3)资本资源优势

航运中心的建设是服务产业的相关建设,属于对第三产业的投资。表 5-5 描述了武汉与其他 7 个港口城市在 2012 年对第三产业固定资产投资额的比较。在第三产业的固定资产投资中,武汉在 8 个港口城市中的总投资量较大幅度领先。充足的资本也为港口的硬件发展注入了强劲的增长动力,范围广阔的腹地和快速发展的经济为武汉长江中游航运中心的建设提供了强有力的资本优势。

表 5-5 2012 年武汉航运中心影响范围的重要港口城市第三产业固定资产投资

项目 / 港口	第三产业固定资产投资(亿元)
武汉港	3272.62
宜昌港	713.17
荆州港	378.64
岳阳港	435.08
九江港	367.56
黄石港	286.9
芜湖港	817.15
安庆港	401.00

数据来源:武汉市 2012 年国民经济和社会发展统计公报,宜昌市 2012 年国民经济和社会发展统计公报,荆州市 2012 年国民经济和社会发展统计公报,岳阳市 2012 年国民经济和社会发展统计公报,九江市 2012 年国民经济和社会发展统计公报,黄石市 2012 年国民经济和社会发展统计公报,芜湖市 2012 年国民经济和社会发展统计公报,安庆市 2012 年国民经济和社会发展统计公报。

4)港口基础设施优势

到 2010 年底,武汉新港共有 27 个港区,共有生产性泊位 275 个(含 11 个客运泊位),已利用岸线长 37.93 千米,陆域面积 602.1 万平方米,水域面积

296.8 万平方米,仓库面积 22.6 万平方米,堆场面积 281.6 万平方米,客运设施 3.7 万平方米,各类装卸机械 1035 台套,港口铁路专用线长 78.77 千米。最大靠泊能力 7000 吨,年货物通过能力 5022 万吨,年旅客通过能力 900 万人次。

表 5-6 为 2012 年武汉航运中心影响范围的重要港口的基础设施情况。

表 5-6   2012 年武汉航运中心影响范围的重要港口的基础设施情况

港口	泊位长度(米)	泊位数(个)	最大停泊能力(吨级)
武汉港	20464	230	10000
宜昌港	34476	373	3000
荆州港	33911	336	5000
黄石港	6588	117	5000
岳阳港	11366	147	5000
九江港	23656	255	5000
安庆港	9372	136	10000
芜湖港	12887	131	10000

由表 5-6 可以看出,相比较于其他港口,武汉港口基础设施的综合规模良好,码头平均规模较大,特别是在最大单个码头规模上具有绝对优势。改革开放以来,武汉港口规模不断扩大,机械化程度逐渐提高,基础设施建设逐步完善,成为长江中游客货水陆联运的主要港口。

5) 自然资源优势

在自然资源上,主要比较内河航运的关键制约因素,即航道条件。鄂、湘、赣、皖四省的长江中游干线及支流航道及港口现状分布如图 5-13 所示。

与岳阳港等其他省市的大港相比,武汉新港的深水岸线资源比水资源和土地资源更具有优势,也更加珍贵。这些岸线资源是阳逻港 5 个 5000 吨级到 10000 吨级集装箱码头深水泊位建设的基础条件。借助这样的优良深水泊位条件,在航道条件允许的情况下,完全可以实现万吨级轮船江海直达,从而促进周边省市外贸货物借道出关,直接拉近了中部地区到沿海的空间距离。

综上所述,武汉的区位和航运资源要素禀赋的优势明显,为其建设长江中游航运中心奠定了坚实的基础。航运产业集群是航运中心自生能力的外在表现和进一步涌现的基础,通过分析航运产业集群的发展状况可以较全面地把握航运中心自生能力的发展层次和所处阶段。通过武汉长江中游航运

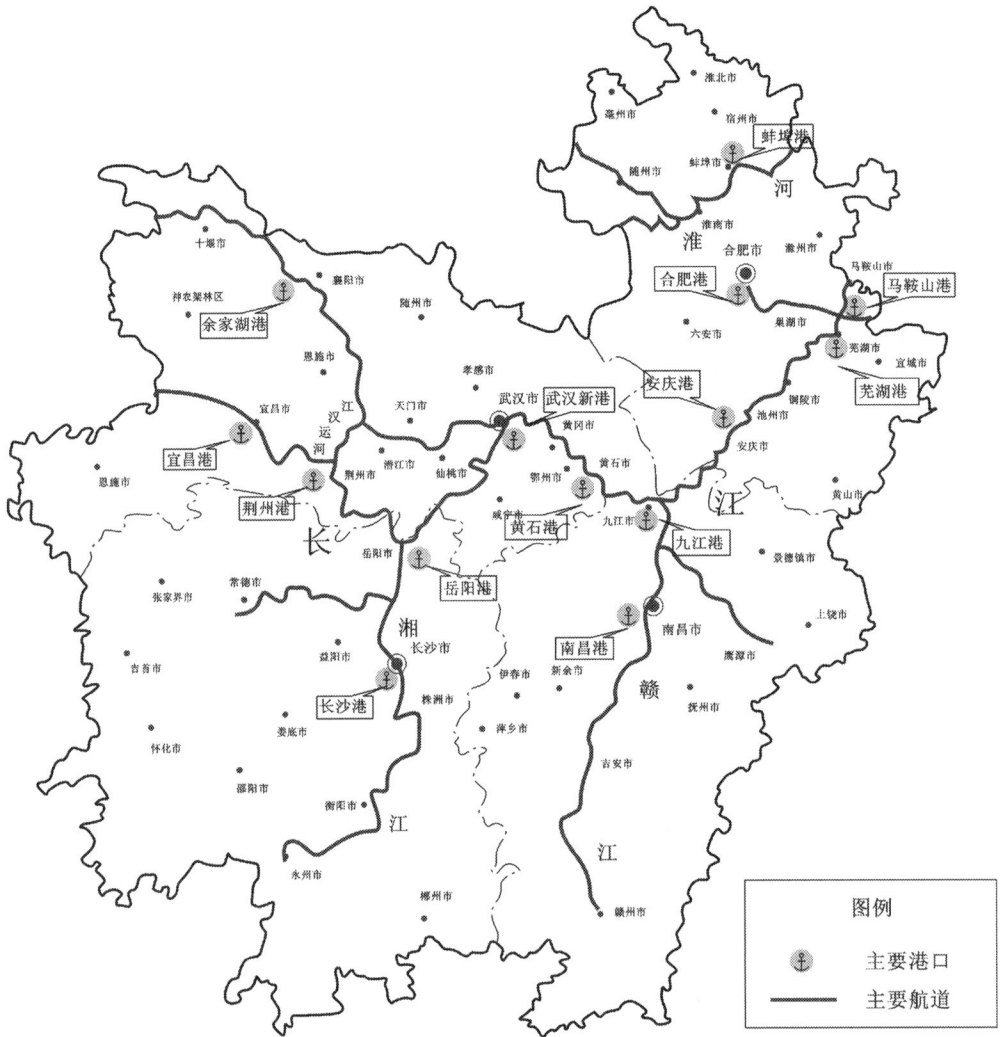

图 5-13　鄂、湘、赣、皖四省主要港口及航道分布

中心的比较优势的分析,可以看出武汉航运产业集群有了良好的发展基础,港口集群现象已较为明显,航运服务产业具有一定集群发展态势,高端或智能航运业开始起步。结合要素禀赋优势和产业集群发展状况来看,武汉在区域范围内具有向第一代航运中心发展的潜力。

但武汉航运产业要素之间的集群效应在总体上不是很明显,航运产业集群配置较低、内部整合不够,未能充分发挥出航运产业集群的竞争优势。通过综合分析,本课题从定性上认为武汉航运中心自生能力处于航运中心萌芽的自我生长阶段,正在引导武汉航运产业集群规模进一步壮大,为获得向第一代航运中心跃迁的自我升级能力奠定基础。由于武汉的跨越式发展目标,加上身处第三代航运中心时代发展纯粹意义上的第一代航运中心已不可能,所以武汉航运中心自生能力引导下的发展应是起点更高、综合功能更完善和具有国际视野的发展,与传统的不同代际的航运中心自生能力引导的发展是有所区别的,但无本质上的差别。

6 武汉长江中游航运中心
自生能力形成与演进分析

基于对航运中心自生能力形成与演进的周期性研究,本章分析了武汉长江中游航运中心自生能力形成与演进的机制。同时,通过对长江中游地区港口体系的等级规模演进、长江中游地区港口体系层级结构分形特征演进的分析,提出了武汉长江中游航运中心自生能力形成与演进的路径。

6.1 航运中心自生能力形成与演进的周期性

航运中心代际的划分不是依据它所处的时代,不同代的航运中心可以在同一时间共存;也不是仅依据它的绝对规模,在一定的地理范围内,既可能有区域性的航运中心,也可能有全球性的航运中心存在。要考查一个航运中心的发展阶段,主要依据它拥有的航运产业和产业发展基础与方向。也就是说,以航运产业集群的不同发展阶段为依据划分航运中心代际,而航运产业集群又是航运中心自生能力核心的外在体现。

6.1.1 航运中心代际的划分和代际演进周期性

1)国际航运中心代际划分主要观点综述

近 20 年来,国际航运中心一直是我国港航学术界研究的热点,学者们对国际航运中心的代际划分提出了 4 种主要观点,这些观点为本课题航运中心的代际划分提供了借鉴和参考。

第 1 种观点按照港航业务的发达程度将国际航运中心分为早期国际航运中心和现代国际航运中心。此观点认为港口生产性业务和航运业务的国际地位才是国际航运中心的根本,国际航运中心不是航运服务业的中心,更应突出集装箱运输和中转枢纽港的功能。伦敦由于港航基础业务的萎缩,所以是没落的一代国际航运中心,而新加坡、香港、鹿特丹和上海等集装箱吞吐量巨大的港口才是新一代的国际航运中心。这种观点虽有些人赞同但不是主流。

第 2 种观点将航运中心划分为 4 代。其中以庄崚(2010)等人提出的观点为代表,他们认为:第1代的"航运中转型"国际航运中心主要是在世界范围内实现转运、储存、发货功能;第2代的"加工增值型"国际航运中心主要开发港口产业,对在途与存储货物进行加工增值服务,大力发展集装箱化运输并配以自由港的优惠政策等;第3代的"资源配置型"国际航运中心主要将集约开发国际航运生产力作为其首要功能;第4代的"低碳智网型"国际航运中心是建立在第4代港口基础上的面向未来的一种崭新模式。

第3种观点是将国际航运中心划分为3代。世界海事大学副校长马硕(2010)根据功能的不同将国际航运中心分为生产型、服务型、知识型3代。第1代的"生产型"国际航运中心的兴衰周期短,可持续性弱;第2代的"服务型"国际航运中心的可持续性则强得多;第3代的"知识型"国际航运中心的可持续性最强,具有不易形成、形成后中心地位较稳固的特点。

第4种观点根据服务对象的变化,将国际航运中心分为3代。茅伯科(2010)提出:第1代国际航运中心的服务对象主要是宗主国和殖民地之间的贸易,具有单极化的特点;第2代国际航运中心的服务对象主要是以跨国公司为主导的自由贸易,这个阶段是双核多中心的国际航运中心;第3代国际航运中心主要服务于经济全球化,此阶段是多中心、特色化的国际航运中心。

以上4种观点各自从国际地位、服务范围、服务功能、服务对象等方面对国际航运中心代际进行了划分,对本课题界定的航运中心代际划分的研究很有启示。

2)主导产业集群发展状况是航运中心代际划分的依据

武汉航运中心与上海航运中心处于不同发展阶段,业务与影响力的覆盖范围也不同,但它们是长江流域同时存在的两个航运中心。所以本课题界定的航运中心与国际航运中心的代际划分依据既有相通之处又有所区别。要考查一个航运中心的发展阶段,主要看它拥有的航运产业和产业发展基础与方向,也就是说以航运产业集群的不同发展阶段为依据划分航运中心代际。不同的航运产业集群发展阶段体现了航运中心不同的服务功能、影响力范围,反映了航运中心不同的发展阶段即不同的代际。

3)航运中心代际演进的周期性

航运中心成长是航运产业集群量性成长和质性成长的综合体现。航运中心是由各个与航运相关的产业集群组成的一个整体,从作为一种产业形态的航运业务出现的时间先后顺序和航运中心发展历程来看,可以总结出这样一个规律:作为基础航运的港口装卸和航运作业一般是最先出现的,也是后续衍生出其他航运业务的基础;之后出现的是与港口装卸和航运作业有着直接关联的航运服务业,然后才有航运金融、航运信息、教育、研发等高端航运服务业的出现。航运中心从出现某种航运业务,然后不断量性成长发展为航运产业,这一产业又带来新的相关业务,形成新的产业,最后形成多种产业相互关联与作用的产业集群,这一过程体现了从量变到质变的过程。

每一代航运中心都由上一代航运中心形成的航运产业集群和当前主导发展的产业集群组成,因此,每一代航运中心都存在主导产业集群发展的生命周期。本课题借鉴张明龙等人(2008)的观点将航运产业集群的生命周期分为孕育、成长、成熟、衰退4个阶段。

在主导航运产业集群的孕育阶段,集群的最初形态表现为在相当集中的区域内出现少数提供同类新型航运服务的企业,这些企业由于具有较强的市场竞争力和不错的盈利能力,成为吸引企业集聚的磁石。由于没有形成以新型航运产业为主导的产业链,从严格意义上来说并没有形成产业集群。随着孕育阶段的深入,区域内提供同类新型航运服务的企业不断增加,集群的形态开始初步浮现,集群雏形开始初步形成。随着孕育阶段企业的发展及盈利,该区域的集聚力逐步增强,大量提供同类型航运服务的企业在该区域集中,主导航运服务产业成为集群的核心层,并衍生出大量的相关企业,这意味着集群开始形成配套的产业链,标志着主导航运产业集群进入了成长阶段。

在主导航运产业集群的成长阶段,企业大量集聚,竞争也越来越激烈,导致部分企业竞争力不断提升,而且由于同一区域的知识扩散效应带动整个区域的产业升级,大型航运相关服务企业开始出现,并吸引跨国公司的加入,形成主导航运产业集群的核心力量,产业链开始逐步完善。随着提供主导航运服务的企业、纵向联系企业和相关支撑机构的大量集聚、丛生,并通过各种正式和非正式的联系,集群开始形成网络效应,同时政府行为和外部竞争开始提升集群适应环境和利用环境资源的能力,促使主导航运产业集群快速成长、竞争力迅速提升。伴随着完整的、配套的、以新型航运产业为主导的航运产业链体系的形成,航运产业集群开始步入成熟阶段。

在主导航运产业集群的成熟阶段,区域内已经拥有数量众多的相关企业,企业集聚逐步趋于稳定,各企业间竞争与合作的关系更加密切,形成一个坚实、稳定、密切的航运产业价值体系,能在较长时期内维持与增强航运产业集群的竞争优势。在这一时期,产业集群成员企业逐步向更广泛区域开拓市场空间,在航运影响力范围的竞争中取得一定的优势,使得集群向着量性发展的方向前进,维持一种稳步成长的发展状态,成熟期不断延长。相反,如果在这一阶段,航运产业集群的发展没有开拓新的市场空间或新的产业空间,集群可能会出现僵化现象,集群的发展就会停滞,甚至步入衰退。

在主导航运产业集群的衰退阶段,原有新型航运产业主导的产业集群量性成长已经乏力,集群内资源出现转移和外流现象,产业集群规模开始萎缩。当航运产业量的扩张到一定程度,就必须依靠航运中心自生能力的提升为新的航运产业提供发展基础,才能维持航运产业的成长态势,实现航运中心的代际成长。也就是说,由产业集群量性成长区间过渡到下一个量性成长区间这一质的转折需要自生能力的主导,也需要自生能力自身的成长与质变。本课题结合航运产业集群的生命周期构建了如图 6-1 所示的自生能力主导下的航运产业集群量性成长向质性成长过渡图,作进一步说明。

在图 6-1 中,横轴 F_i 代表的是航运资源总量,纵轴 G_i 代表的是航运经济总量,自生能力主导下的航运产业集群从量性成长向质性成长过渡的机理分析如下:

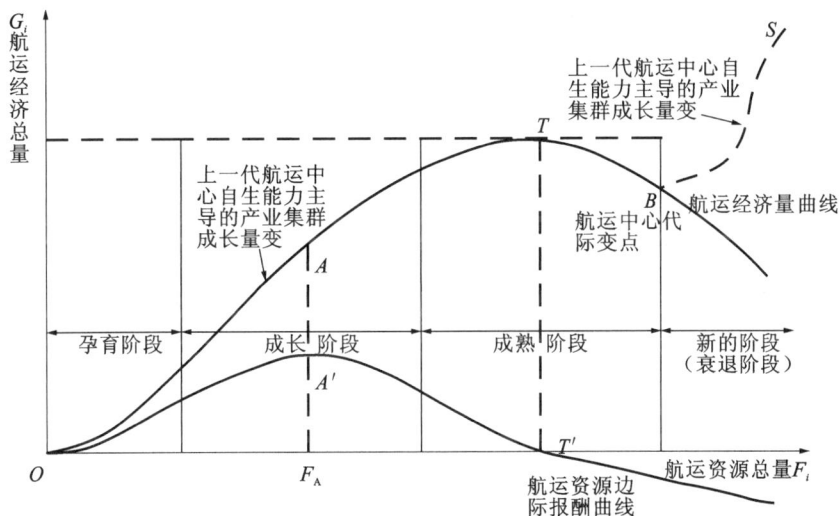

图 6-1 自生能力主导下的航运产业集群量性成长向质性成长过渡

第一,航运中心在现有产业基础上,所需航运资源不断集聚,航运产业集群规模不断增大,航运产业集群最初的成长以量的扩张为主。从图中起始曲线增长的趋势可以分析,随着航运资源总量的增加,航运产业集群持续增长,航运经济总量也趋于增大。

第二,现有航运资源的持续增加并不能总使航运经济总量持续扩张,经济学中的边际报酬递减规律决定了随着航运资源的增加,航运经济总量会体现先快速增长然后速度放慢,最后趋于稳定的特征,这正如图中从起始到峰值的曲线所示。图中,A 点是一个转折点,在此之前边际报酬递增,而在此之后边际报酬则呈现递减的趋势,直到 T 点之后,边际报酬会为负。也就是说,航运资源增加使得航运经济总量扩张到峰值后,再继续增加相同航运资源的投入反而会使航运经济总量减少,这种边际报酬递减的变化趋势可以从图中 $OA'T'$ 曲线清晰地显示。

第三,事实上,当现有航运资源进一步集聚使得航运经济总量不能同步增长的时候,航运产业就必须考虑航运资源的优化配置与产业的升级,否则就无法保持产业的竞争优势,航运中心就得不到进一步发展。航运中心资源集聚与优化配置能力是自生能力的核心,此时航运产业成长就由量的成长进入了自生能力主导的质的成长区间,形成新的航运产业和航运中心新功能,为航运中心下一阶段资源集聚与产业集群发展形成新的动力和方向。在这种情况下,新的航运资源的集聚带来的是经济总量的继续扩张,从图 6-1 分析,就是 BS 这段曲线体现的趋势。

总结以上三点,我们可以发现航运产业集群成长的初始期一般是处于量的成长区间,当规模增长到一定程度,量性成长乏力,就必须通过自生能力形成新的航运产业,提高航运资源配置的效率,此时就进入了质的成长区间。新的航运产业对经济增长的作用非常巨大,在航运产业系统中的地位也愈来愈高,对相关产业的带动作用也愈来愈大,航运中心功能与结构发生变化,从而实现代际演进。

4)航运中心的代际划分

根据以上航运中心代际划分依据的分析,按照航运中心主导产业集群发展状况,将航运中心分为四个发展阶段:

航运中心萌芽阶段:港航产业集群发展阶段。航运要素向港口集中阶段,扩散效应小,主要集聚物质资金,以港航业发展为主,比如码头、造船。

第一代航运中心:基础航运产业集群成熟与航运服务业发展阶段。航运要素继续向港区集中,港航业趋向成熟,但核心港区空间有限,拥挤成本增加,一些与航运直接相关的服务产业开始发展并向港区附近迁移,扩散效应显现。

第二代航运中心:航运服务业集群成熟与高端航运服务业发展阶段。航运要素向港口周边地区集中,与港航业直接关系减弱,航运服务业集群趋向成熟。随着通信发展,有关金融、信息等高端航运服务业出现并向港口内部扩散。

第三代航运中心：高端航运服务业集群成熟与航运资源综合配置阶段。随着信息产业与互联网技术发展，知识信息流动范围扩大，高端航运发展所需资源要素进一步集聚，使高端航运服务业集群日趋成熟，航运业与金融保险业紧密结合、相辅相成，成为航运金融中心，综合航运服务功能日趋完善，对公司总部、顶尖人才的吸引力增强，成为区域内各种航运资源要素综合配置的智能中心，与城市融为一体。

6.1.2 航运中心自生能力演进与航运中心成长的关联机理

航运中心各代的跨越存在着一个"过渡期"，本课题将这一过渡期称为航运中心的"代际成长"，因此航运中心成长可分为代内成长与代际成长。航运中心"代内成长"应着力发展中低层次自生能力特别是自我生长能力，集聚与整合现有航运产业，增强现有航运功能；航运中心"代际成长"应注重构建自我升级能力，集聚新的航运资源要素，形成新的航运功能，增强竞争力，参与更高层次、更大业务范围的竞争。周期性出现的代内成长构成了航运中心持续成长的主体，是航运中心代际成长的基础以及航运中心实现代际更迭的前提。因此，航运中心代内成长是航运中心持续成长过程中面临的重要问题。同时，加强航运中心代际成长的战略管理，是实现航运中心代际推进、促进航运中心持续成长的关键。

航运中心代内成长与代际成长是航运中心持续成长过程中的两个重要组成部分，二者相互依赖。当航运中心代内成长积累到一定程度，才能推进航运中心代际转换。航运中心代内成长的质量决定着航运中心代际成长的质量和成长空间。航运中心代际成长是联结航运中心上下两个代际的重要"纽带"，是航运中心后续代内成长的基础。从对航运中心成长性质的角度考察，我们发现，航运中心代内成长是航运中心在外部环境相对稳定的情况下航运中心量的成长过程，其主要任务是整合各种基本能力；航运中心代际成长则是航运中心在动态的竞争环境下航运中心质的成长过程，其战略重点是构建航运中心自我升级能力。因此，在动态的全球竞争环境下，航运中心实现持续成长的关键在于构建高层次的自生能力。在每一周期性的航运中心代际成长过程中，航运中心的集聚与整合能力必须达到该代际的高层次自生能力状态，才能实现代际推进与更迭，并在此基础上进行下一代航运中心自生能力的构建。在不确定环境下，由于航运中心核心业务与功能刚性的存在，航运中心很容易跌入代际转换的陷阱，从而导致其抗风险能力变弱。因此，应该加强航运中心每一周期性自生能力的更新与重构，确保核心业务和功能与环境动态匹配,从而实现航运中心代际推进,最终促进航运中心持续成长。

6.1.3　航运中心自生能力的代际演进模型

航运中心持续成长的过程伴随着自生能力的不断演进、整合和提升。航运中心自生能力可分为自我生存能力、自我生长能力和自我升级能力三个层次,它们是不同强度的航运产业集聚与整合能力的表现形式。自我生存能力是航运中心保持其中心地位的基础,其强度较弱;自我生长能力是航运中心持续成长的保证,其强度增大;自我升级能力是航运中心获取持续竞争优势的源泉,其强度较强。在不确定环境下,航运中心自生能力必须与环境匹配并及时更新和提升,最终促进航运中心持续成长。根据图 6-1 所描述的航运中心主导航运产业集群代内成长周期,以及航运中心自生能力与航运中心成长的关联关系,本课题构建了如图 6-2 所示的航运中心自生能力代际演进模型。

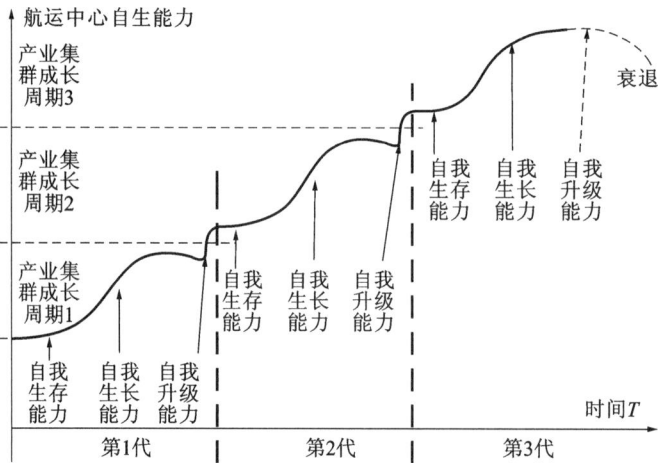

图 6-2　航运中心自生能力代际演进模型

图 6-2 表明:随着航运中心所处环境的不断变化,航运中心自生能力将呈周期性的整合和提升。在每一代际的航运中心成长初期,航运中心专注于生存能力和生长能力的构建,旨在巩固和加强在所在区域的中心地位,缺乏在更广泛区域范围航运市场的竞争能力和竞争优势。随着航运中心的进一步成长壮大,航运中心的低层和中层自生能力基本形成,并通过对航运中心诸多产业要素的集聚和产业集群的整合,使航运中心自生能力上升为自我升级能力,从而航运中心具备了在更高级航运业务、更广阔航运市场进行竞争的

能力和优势,从而实现航运中心的代际跃迁。在竞争环境下,如果航运中心不随着环境的变化而提升其自生能力,航运中心的市场竞争能力将会逐渐衰退,从而导致航运中心内部航运产业集群竞争优势的丧失。航运中心自生能力演进的过程与航运中心成长过程类似,但存在着一个"时差"。只有当航运中心自我升级能力形成之后才会出现航运中心向更高一级航运中心的转变。当航运中心实现代际升迁之后,航运中心原有功能成长速度放缓,新的功能在更高层次市场上寻找新的增长点,为形成新的自我生长能力奠定基础。如果航运中心无法形成自我升级能力从而实现代际突破,航运中心的成长速度就会逐渐放慢,最终导致航运中心成长停滞,甚至消亡。

6.1.4 航运中心自生能力形成与演进的序参量分析

序参量的确定对航运中心自生能力的形成与演进起着至关重要的作用。航运产业集群是航运中心自生能力的外在表现形式和进一步涌现的基础,不同代际的航运中心所发展和具有代表性的产业集群是有所区别的,从而不同代际的航运中心自生能力的序参量也不尽相同。

6.1.4.1 航运中心自生能力代际演进的产业集群分析

航运产业集群的成长与航运中心自生能力息息相关,其中航运中心的发展依靠航运产业集群的不断成长来推动;而航运中心的建设也对航运产业集群成长提出了更高的要求。航运产业集群成长的过程具有长期性、渐进性和阶段性,其成长的升级与航运中心自生能力的演进有着较强的阶段耦合性,见表6-1。

表6-1 航运产业集群成长与航运中心自生能力代际演进关联分析

航运产业集群发展阶段	航运中心功能	航运中心自生能力代际演进
港航产业集群发展阶段:航运要素向港口集中阶段,扩散效应小,主要集聚物质资金,以港航基础产业发展为主。 代表性的产业集群:码头装卸仓储	自然资源的充分利用与改造。 港口装卸、航运、货物转运、货物储存和配送、理货、拖船等基础港航功能	萌芽阶段:自然资源潜在支持力是主要力量 自我生存能力 ↓ 自我生长能力 ↓ 自我升级能力

续表 6-1

航运产业集群发展阶段	航运中心功能	航运中心自生能力代际演进
基础航运产业集群成熟与航运服务业发展阶段:航运要素继续向港区集中,但空间有限,拥挤成本增加,一些与航运直接相关的服务产业向港区附近迅速发展,扩散效应显现,港航业趋向成熟。 代表性的产业集群:港口产业集群	航运基础设施的完善与资金的进一步投入。 货物运输、旅客运输、港口装卸、理货、拖船、货物转运、货物储存和配送、运输工具设备的制造修理等基础港航功能完备;货运代理、船舶代理、船舶供应、船员劳务、货运服务等港航相关性较强的服务功能加强	第一代航运中心阶段:航运中心企业竞争力、经济社会资源潜在能力是主要力量 自我生存能力 ↓ 自我生长能力 ↓ 自我升级能力
航运服务业集群成熟与高端航运服务业发展阶段:航运要素向港口周边地区集中,与港航业直接关系减弱,随着通信发展,有关金融、信息等服务向港口内部扩散。 代表性的产业集群:代理行业产业集群	航运人才的集聚与分工的进一步细化。 货运代理、船舶代理、船舶供应、船员劳务、货运服务、航运经纪、船舶检验、船舶登记、船舶入级、船舶经营等服务功能完备;航运金融、法律、信息等功能增强。出现自由港等开放形式	第二代航运中心阶段:航运中心产业发展能力、航运中心企业竞争力是主导力量 自我生存能力 ↓ 自我生长能力 ↓ 自我升级能力
高端航运服务业集群成熟与综合配置功能形成阶段:航运硬件要素向其他地区扩散,但对公司总部、顶尖人才的吸引力增强,成为智能中心,与城市融为一体。 代表性的产业集群:航运信息产业集群	政府引导航运中心转型,航运知识与信息的集聚与传播。 基础航运功能出现衰退迹象,航运服务功能完备。航运金融、法律、航运创新、航运知识、信息、政策、决策、规划等高端服务功能强大而齐全。为贸易提供后勤服务,具有较高的开放度和自由度	第三代航运中心阶段:地方政府的调控能力、航运中心产业发展能力是主导力量 自我生存能力 ↓ 自我生长能力 ↓ 自我升级能力

表 6-1 的具体分析如下:

1)航运中心萌芽阶段的航运产业集群成长与自生能力演进

随着社会经济的发展,地区和国际商品贸易大大增加,一些具有良好航运自然条件和较好产业基础的地区开始发展成港口;随后海上运输方式不断进步,国际贸易需求也不断增长,在政府政策适当引导、自然环境、产业基础等因素的综合作用下,航班密度逐渐增加,港口规模逐渐扩大,港口具备了自我生存和自我生长能力,以物质资源为主的航运要素向港口聚集,以码头、造船为主的航运产业初步形成。这一时期,随着运输量的增加以及港口设施环境的逐步改善,一些港口自我升级能力逐渐显现,发展规模和航运资源配置能力明显超越其他港口,在地区与国际贸易中地位突出,航运中心渐渐开始萌芽。

这一阶段基础航运产业集群的出现与量性成长是航运中心自生能力演进的基本特征。16世纪的伦敦,现阶段的武汉、重庆处于航运中心的萌芽阶段。

2)第一代航运中心阶段的航运产业集群成长与自生能力演进

这一阶段航运要素继续向港区集中,港口基础设施不断完善,而以港口集团及大型船公司为代表的骨干企业开始出现,港口的运营效率提高,同时集疏运基础设施和集疏运方式不断发展,港口与腹地交流愈加便捷,港口企业、航运公司、集疏运企业等港航产业集群的规模持续快速扩张,第一代航运中心的自我生存能力进一步加强。同时,港航相关衍生服务企业和中间代理企业开始出现,并且在合作与竞争过程中各类企业的服务质量迅速提高,企业数量迅速增长,新的航运产业开始萌芽,第一代航运中心具备了自我生长能力。航运服务业在量上继续扩张,对所在腹地区域港口影响力进一步增强,航运服务产业集群初步显现,为获得航运中心自我升级能力奠定了量的基础。

第一代航运中心的形成主要是由于自然资源潜在支持力和经济社会资源潜在能力得到了充分发挥,其良好的地理位置和港口的自然条件是自然资源潜在支持力的具体体现,腹地经济的快速发展和工业化水平大幅提高使经济社会资源潜在能力得到提升。依靠这些因素,第一代航运中心成为物质资源调度、储存、集散、配送的重要场所。但港口空间有限,拥挤成本增加,一些与航运直接相关的服务产业向港区附近发展,扩散效应显现,港口与城市进一步融合,为航运服务业的发展累积基础。

基础航运产业集群趋于成熟、航运服务业的出现与量性成长体现了第一代航运中心自生能力的演进特征。第一代航运中心的代表有17世纪至19世纪末20世纪初的伦敦、鹿特丹,以及现阶段的大连、广州。

3)第二代航运中心阶段的航运产业集群成长与自生能力演进

这一阶段港航企业已在航运中心大量集聚,各类服务企业也已形成产业发展态势,但是与第一代相比,此时的增长速度变得缓慢,增长到一定程度后逐渐趋于稳定。此时航运产业集群的整体优势已充分显现,航运中心所提供的港口服务、航运服务、集疏运服务、中间代理等港航服务比其影响区域内其他港口在质量和数量上都有明显优势,市场占有率高而且持续稳定,对所在区域经济贡献也最突出,具备了第二代航运中心的自我生存能力。

第二代航运中心港口管理通常采取一系列经济自由化的政策,比如航运自由、货物流动自由、贸易自由、资金进出自由等。这些自由化政策使港口物流更加顺畅,大量货物进出港口,人员、资金的流动也被带动起来,相对于第一代航运中心而言,航运产业集群链向港口及临港地区的加工增值服务延伸,加工业和制造业在港区及临港地区集聚,推动了第二代航运中心的发展。增值服务业的产业链更长、能级更高是第二代航运中心相比于第一代航运中心的特点。除了传统的货物集散、配送服务外,第二代航运中心的金融、贸易、航运、海事、信息、咨询、商业等高端航运服务业开始出现并迅速发展,使第二代航运中心具备了自我生长能力。

随着通信技术发展,航运服务要素向港口周边地区集中,与港航业直接关系较弱的资金、信息等服务业向港口内部扩散,为高端航运服务业集群的产生奠定基础,形成第二代航运中心的自我升级能力。

通过以上第二代航运中心航运产业集群成长的分析,可以说航运服务业集群的成熟、高端航运服务业的成长体现了第二代航运中心自生能力的演进特征。19世纪末20世纪初至20世纪80年代的伦敦、纽约,现阶段的上海是第二代航运中心的代表。

4)第三代航运中心阶段的航运产业集群成长与自生能力演进

随着区域产业结构调整或者是国内外经济形势的变化,货物吞吐量开始萎缩,导致港口功能衰退,港航业产值下降,依靠原有基础航运产业发展起来的航运中心发展遇到瓶颈。在这个阶段要继续保持航运产业集群原有的竞争优势,就必须寻找新的成长方式。通过引进创新因素,高端航运服务成了航运中心的转型方向,航运中心重新走上了上升轨道。在这一阶段,主要是重点发展以航运金融、海事仲裁、航运信息咨询、航运教育研究与培训为核心的高端航运服务。因此高端航运服务的发展弥补了港口货运衰退的不足,从而维持原航运产业集群规模,保持了产业竞争优势。可以说高端航运服务业集群发展阶段就是新一轮产业成长周期的形成期,也使航运中心具备了第三代的自我生存能力。

第三代航运中心的核心功能是资源配置功能,其功能是第一代航运中心、第二代航运中心功能的延伸和发展,功能定位更高。第一、第二代航运中心主要从事对货物资源的配置,物流及其相应的服务是其主要功能。而第三代航运中心的资源配置内涵更加丰富,不仅包括物流资源配置,同时,形成由物流资源配置延伸的资金、服务、产业、信息、人才等无形的生产要素资源的综合配置功能。并且第三代航运中心资源配置的优选能力更强、资源配置的技术手段更先进、资源配置的产业链更长、资源配置的自由化程度更高、资源配置的乘数效应更大,正是以上这些第三代航运中心内涵丰富的资源配置,使航运中心具有自我生长能力,才能成为所在城市和地区的综合性资源调动中心,即成为辐射经济腹地的资源配置中心。因此,从这个意义上说,第三代航运中心城市同时应是金融中心、贸易中心城市。

通过以上高端航运服务业集群成长的特征与第三代航运中心的资源配置功能的分析,可以说高端航运服务业集群成长与成熟、综合配置功能的形成体现了第三代航运中心自生能力的演进特征。从 20 世纪 80、90 年代开始,伦敦、纽约进入到第三代航运中心的发展阶段。

由以上分析可以看出,在航运中心产业集群的形成过程中贯穿着航运中心自生能力的作用,不同航运产业集群的发展又为下一阶段的航运中心自生能力提供基础。航运产业集群是航运中心自生能力的外在表现形式和进一步涌现的基础,即可以通过航运中心产业集群的发展状况推断航运中心自生能力的状况。不同代际的航运中心所发展和具有代表性的产业集群是有所区别的,从而不同代际的航运中心自生能力的序参量也不尽相同。

6.1.4.2 航运中心自生能力形成与演进的序参量分析

1)序参量与航运中心自生能力

序参量是协同论的核心概念,是指在系统演化过程中从无到有的变化,影响着系统各要素由一种相变状态转化为另一种相变状态的集体协同行为,并能指示出新结构形成的参量。因此,在现代管理中,尽管影响管理系统的因素很多,但只要能够区分本质因素与非本质因素、必然因素与偶然因素、关键因素与次要因素,找出其中起决定作用的序参量,就能把握整个管理系统的发展方向。因为序参量不仅主宰着系统演化的整个进程,而且决定着系统演化的结果。序参量概念对现代管理提供了新的理论视角,解释了系统如何在临界点上发生相变以及序参量如何主导系统产生新的时间、空间或功能结构。序参量的特征决定了它是管理系统发展演化的主导因素,只要在管理过程中审时度势,创造条件,通过控制管理系统外部参量和加强内部协同,强化和凸显我们所期望的序参量,就能使管理系统有序、稳定地运行。可见,序参量的确定对航运中心自生能力的形成与演进将起着至关重要的作用。

序参量具有三个基本特征:(1)序参量是宏观参量。协同论研究的是由大量子系统构成的系统的宏观行为,而不是仅从微观层次的参量了解这些宏观行为;(2)序参量是微观子系统集体运行的产物、合作效应的表征和量度;(3)序参量是通过各个部分的协同作用产生的,而它一旦形成,就成为系统的控制中心,支配各子系统的行为,决定整个系统的有序结构和功能行为,主宰系统的整体演化过程。

2)基于代际演进的航运中心自生能力序参量的确定

在本课题第3章已经分析和明确了要素集聚与优化配置能力是航运中心自生能力的核心,航运中心自生能力由5个方面能力子系统构成,即航运中心自然资源的潜在支持力、航运中心经济社会资源的潜在能力、航运中心产业发展能力、航运中心企业竞争力和地方政府的调控能力。航运中心自生能力各能力子系统之间存在直接或间接的相互联系和相互作用,它们并不是独立存在的,航运中心自生能力各分力之间相互作用形成钻石模型。同时根据6.1.4.1节的分析,不同代际的航运中心所发展和具有代表性的产业集群是有所区别的,从而不同代际的航运中心自生能力的序参量也不尽相同。

在航运中心萌芽阶段,基础航运产业集群的出现与量性成长是航运中心自生能力演进的基本特征。在这一阶段港口的自然条件起着重要作用,以物质资源为主的航运要素向港口聚集。自然资源潜在支持力是航运中心萌芽阶段自生能力的序参量,世界老牌的航运中心无不是在航道、岸线资源相对丰富,经济相对发达地区萌生出来的。

在第一代航运中心阶段,基础航运产业集群趋于成熟、航运服务业的出现与量性成长体现了第一代航运中心自生能力的演进特征。这一阶段航运要素继续向港区集中,港口基础设施不断完善,以港口集团及大型船公司为代表的骨干企业开始出现。航运中心企业竞争力、经济社会资源潜在能力是第一代航运中心自生能力的序参量。

在第二代航运中心阶段,航运服务业集群的成熟、高端航运服务业的成长体现了第二代航运中心自生能力的演进特征。这一阶段港航企业已在航运中心大量集聚,航运产业集群的整体优势已充分显现,增值服务业的产业链更长、能级更高,与港航业直接关系较弱的服务业向港口内部扩散。航运中心产业发展能力、航运中心企业竞争力是第二代航运中心自生能力的序参量。

在第三代航运中心阶段,高端航运服务业集群成长与成熟、综合配置功能的形成体现了第三代航运中心自生能力的演进特征。在这一阶段港航业产值下降,通过创新向高端航运服务转型,成为所在城市和地区的综合性资源配置中心,第三代航运中心城市同时是金融中心、贸易中心城市。地方政府的调控能力、航运中心产业发展能力是第三代航运中心自生能力的序参量。

6.2 武汉长江中游航运中心自生能力的形成与演进机制

随着航运中心自生能力代际演进,航运中心也经历了代际变迁。在这一过程中,航运中心自生能力形成与演进机制提供了动力与机制保证。航运中心自生能力形成与演进机制主要包括航运产业集聚机制、协调发展机制、学习创新机制和投融资机制。航运产业集聚机制侧重于充分利用自然资源和经济社会资源,协调发展机制侧重于航运中心影响力扩展过程中的内外部协调发展,学习创新机制侧重于知识和信息资源的产生,投融资机制侧重于产业资金的集聚。在武汉长江中游航运中心建设过程中,有些机制对自生能力的形成产生了重要作用。同时,有些机制还有待进一步完善和改进,这将对自生能力的快速形成和代际演进产生更大的促进作用。

6.2.1 武汉长江中游航运中心自生能力形成与演进的产业集聚机制

1)鼓励发展新型企业协作关系

鼓励港口、航运、造船及关联产业间相互投资、参股、合资建设码头和物流服务体系,以资本为纽带建立密切的硬件设施建设、综合业务经营、干支航线合资等互利共赢的现代企业发展模式,建立长江中游沿线港口、航运企业业务集成、实力综合、联动发展的新型协作关系。

2)重点发展高附加值的航运产业,提高航运交易效率和降低交易成本

完善航运服务,重点发展高附加值的航运产业。武汉航运服务业存在着产业发展不均衡、服务体系相对落后和缺乏倾斜性发展政策等做支持的问题。因此,针对这些问题,不仅要继续重点发展以集装箱为主的江海联运、港口装卸、外轮和货物代理、外轮理货、引航、船舶拖带、船舶供应、物流延伸、航运物流信息等服务功能,还要大力促进航运服务功能转变,形成高层次、门类

逐步齐全、各类服务协同发展的航运服务,同时提供船舶交易、船舶检验及注册登记、海事处理等相关的服务以及引进和大力培育知识型、高附加值的服务项目,加大和完善航运金融与保险、航运经纪人、公估公证、船舶检验、海事法律咨询和海事仲裁等服务功能,实现各种航运活动全方位、一站式服务,加快各类航运交易信息的快速顺畅流转,降低航运交易成本,提高交易效率,从而满足武汉航运中心建设要求。

3)增强经济社会资源的潜在能力

武汉长江中游航运中心是构建中部支点的重要抓手。长江流域经济以点轴圈空间模式发展,武汉长江中游航运中心的建设必将带动产业集聚,增强武汉的增长极效应。同时,航运中心的建设会增强地区间要素合理流动与资源优化配置能力,并通过长江、湘江、赣江构成的轴线传导至长江中游各城市群,从而撬动整个中部地区的发展。

武汉作为中部首位城市,应积极探索新型工业化、城市化发展之路,调整产业布局,推动沿江流域经济持续增长,打造武汉航运中心核心腹地的经济社会保障力。汉江作为武汉航运中心重要的经济腹地,汉江整治后将为汉江沿线企业的发展提供良好的区位条件,建议政府部门提供政策扶持,鼓励国内外知名企业沿江建厂,充分发挥水运优势,打造汉江经济带,促进湖北省经济协调发展,进一步增强武汉航运中心扩散域内经济社会实力,促进产业进一步集聚。

6.2.2　武汉长江中游航运中心自生能力形成与演进的协调发展机制

1)跨区域的港口整合

武汉新港作为武汉航运中心的地理载体,横跨武汉、鄂州、咸宁、黄冈四市,突破狭隘的区域概念,整合优势资源,展开跨区合作,形成港口的规模效应,是湖北省委、省政府的一大创举。

2)内部的协调机构

2009年4月中央编办批复成立武汉新港管理委员会(以下简称管委会),6月省委、省政府印发通知,明确武汉新港建设和管理若干问题。

管委会作为省政府的派出机构,委托武汉市管理。管委会既是武汉新港的管理机构,也是"武汉新港规划建设领导小组"的办事机构,其主要职责是围绕"统一领导、统一规划、统一建设、统一管理"的总体要求,组织制定和实施武汉新港发展、建设规划和港区建设用地、新城组群、岸线资源开发利用等专项规划,统筹港口建设项目、公用基础设施和相关产业发展项目的建设管理,根据授权或委托行使相关行政许可等管理职权,研究制定和组织实施促进港口发展的政策措施以及推进招商引资、公共信息平台建设等工作。

3)与外部的协作机制

实行省、部联动机制。加强与相关部委的沟通联系,争取国家部委的指导和支持;签署湖北省与交通部共建武汉航运中心协议,形成国家部委和地方政府共同推进武汉航运中心建设的联动机制。

形成省级协同发展机制。发起签立中部地区鄂、湘、赣、皖四省长江中游城市群港口战略合作框架协议,定期召开协调工作会议,按照差异化发展的思路,在航线、物流和通关等方面形成分工协作、优势互补的协同发展机制,实现长江中游港口互利共赢的发展新模式。

6.2.3　武汉长江中游航运中心自生能力形成与演进的学习创新机制

1)搭建创新平台,促进创新汇集

技术创新在产业集群中的作用不可取代,武汉航运中心的建设充分重视以高校及科研院所为依托的资本与技术融合。出台政策和资金支持办法,搭建产学研创新平台,在新能源、绿色环保、循环经济、智能航运等领域开展前沿研究。

2)加大航运人才的引进培养

在航运要素中,首先就是知识资源方面,武汉长江中游航运中心的建设除了要具备航海、轮机、电气、港口工程、机械等高级工程技术人才外,为适应时代发展的需要,还需要熟悉国际贸易和国际运输业务的复合型交通运输高级专业人才。目前,武汉各大高校和培训机构的航运人才的培养虽然满足了各层次的需要,但这些机构多注重某一专业或者某一层次的重点培养,缺乏高层次、复合型人才培养的师资投入、专业建设。因此武汉市应采取措施积极鼓励培训机构向多元化的方向发展,努力培养复合型人才。其次,政府应支持水运建设的发展,加大对水运教育的资金投入。最后,还要加大航运高端、紧缺人才的引进,制定人才引进的优惠政策和创新的奖励政策。

3)充分发挥协会功能

产业集群中的行业协会或商会可以通过建立行规行约,约束企业的行为,避免无序的竞争,发展得好的行业协会或商会,其成员身份还具有品牌效应。同时,会员通过正式的组织参与,可以结识更多的合作者,扩展非正式的社交网络,获得信息和商机。虽然在武汉航运产业集群中,已建有港口协会、物流协会、长江船东协会等协会组织,但是它们的作用并没有完全发挥出来,协会之间互动较少,集群中各个层次上的企业互相交流与合作的活动少之又少。

6.2.4 武汉长江中游航运中心自生能力形成与演进的投融资机制

1)创造良好的投资政策环境

武汉新港在学习和借鉴国内外先进港口的建设、管理经验基础上,针对影响和制约港口发展的突出问题,围绕体制机制、财税政策、土地政策、信贷政策、投资奖励政策、施工环境维护、公共基础设施建设等内容,重点突破、先行试验,研究制定并组织实施促进武汉新港建设发展的政策措施,优化投资环境,引导、支持国内外企业投资新港、建设新港。

2)积极争取外部投入

在优化武汉新港投资政策环境的同时,新港管委会将积极争取国家支持,进一步加快实施长江中游航道整治工程,使武汉至安庆航道水深尽早达到6米;争取海关总署支持武汉新港通关一体化建设,以东西湖保税物流中心(B型)为依托,在阳逻、白浒山设立保税区和出口加工区,推进以港口为核心的武汉综合保税区建设;争取水利部批准罗霍洲、天兴洲的综合开发,扩大武汉新港的资源优势。

3)创新航运投融资体制,吸引资金集聚

积极为有发展前景、信用良好的造船、航运等企业赢得金融机构的信贷支持。创新航运融资的方式,支持航运相关企业、金融机构等共同建立航运产业基金,为航运金融、航运物流、航运制造业融资等提供服务。支持航运相关企业等参与组建或参股金融租赁公司,积极推动有实力的金融机构、航运企业等共同出资组建专业化的航运保险和融资担保机构。鼓励和支持港航企业发行股票和企业债券,引导外资和民间资本投资内河水运基础设施建设和养护维护以及建设码头港口、物流园区、集疏运道路等工程项目。

4)加大招商引进大型企业

目前,我国中西部地区正面临着全球航运巨头加快市场"东进西迁"步伐的大好机遇,武汉要重点加强与国际航运巨头和国内大集团的合资合作,借助航运巨头总部信息中心、接单中心、销售中心的"头脑"功能,形成较强的产业带动效应,促进产业延伸、企业集聚和服务配套。

6.3 武汉长江中游航运中心自生能力形成与演进状况分析

航运中心自生能力是一种使航运中心不断内生成长并最终获得突出的区域影响力的能力。港口体系是由不同层次的航运中心和港口构成的层级结构,在港口体系中一个港口自组织发展成为其区域内最具突出影响力的、各种航运产业集聚的经济区域,这就是航运中心自生能力涌现的结果。可以通过研究长江中游地区港口体系自组织演进过程中的分形特征和武汉的等级规模变化,研判武汉航运中心自生能力的形成与演进状况。

6.3.1 长江中游地区港口体系的等级规模演进

长江中游地区,包括湖南、湖北、江西、安徽四省,重要的长江干线沿线港口主要有:宜昌、荆州、岳阳、武汉、黄石、九江、安庆、芜湖。因此,本课题选择这8个主要港口研究长江中游地区港口体系的位序规模和层级结构。同时,长江干线及支流将各港口相互连接,各港口间存在经济贸易的联系,从而成为一个相互联系的长江中游港口体系。

1)长江中游港口规模的衡量指标

要衡量和对比港口的总体航运规模,特别是站在航运中心自生能力这样一个复杂性的角度,不能仅仅依靠港口吞吐量这样的指标,也不能仅仅针对港口本身,还要结合港口直接腹地的经济发展和人口状况等。本课题研究的是港口的综合航运规模在自组织下的变化所涌现出的自生能力。因此,选取的指标要能反映港口航运的综合实力,又要体现自生能力的多方面的分力和各种资源要素的作用,同时要考虑指标的可获取性和科学相关性。结合以上考虑,最终筛选出10个指标来综合衡量港口的综合航运规模或实力,具体指标体系见表6-2。

表6-2 长江中游地区主要港口规模的评价指标体系

指标名称	变量
等级航道水深(米)	x_1
直接腹地 GDP(亿元)	x_2
直接腹地人口(万人)	x_3
总吞吐量(万吨)	x_4

续表 6-2

指标名称	变量
集装箱吞吐量(万标箱)	x_5
港口年投资额(万元)	x_6
专利申请(项)	x_7
泊位长度(米)	x_8
泊位个数(个)	x_9
政府支持	x_{10}

注:直接腹地 GDP 指港口直接辐射的多个区域的 GDP 总和;直接腹地人口指港口直接辐射的多个区域的人口总和;总吞吐量指港口直接辐射的多个区域的散货与集装箱吞吐总吨位;政府支持指标为 0-1 变量,根据各城市政府重要报告、发展规划和地方领导人的重要讲话来确定其值,1 代表政府强调和重视地方航运发展,0 代表政府未特别强调地方航运发展。

2)基于因子分析的长江中游主要港口规模评价

要从 10 个指标综合判断港口的航运规模并进行比较,可以采用因子分析、主成分分析、聚类分析、对应分析、典型相关分析等定量分析方法,而因子分析的一些特点与本课题研究的问题有很好的匹配性。因子分析是实现多个实测变量与少数几个不相关的综合指标相转换的多元统计方法。因子分析的基本目的就是用少数几个因子去描述许多指标或因素之间的联系,即将相关比较密切的几个变量归在同一类中,每一类变量就成为一个因子,以较少的几个因子反映原资料的大部分信息。首先,因子分析法的一个突出优势是可将大量相关变量转换成较少且独立的综合指标,这些综合指标可以检验与航运中心自生能力各分力的相关性。其次,可以确定各综合指标的权重因子,从而明确各综合因子对航运中心发展的影响。

(1)因子分析法的模型与原理

因子分析法是从研究变量内部相关的依赖关系出发,把一些具有错综复杂关系的变量归结为少数几个综合因子的一种多变量统计分析方法。它的基本思想是将观测变量进行分类,将相关性较高,即联系比较紧密的分在同一类中,而不同类变量之间的相关性则较低,那么每一类变量实际上就代表了一个基本结构,即公共因子。对于所研究的问题就是试图用最少个数的不可测的所谓公共因子的线性函数与独特因子之和来描述原来观测的每一分量。

因子分析法数学模型如下:设 n 个可能存在相关关系的测试变量 $r_1, r_2,$

$\cdots,r_n$ 含有 s 个独立的公共因子 $f_1,f_2,\cdots,f_s(s\leqslant n)$,测试变量 r 含有独特因子 $u_i(i=1,2,\cdots,n)$,诸 u_i 间互不相关,且与 $f_j(j=1,2,\cdots,s)$ 也互不相关,每个 r_i 可由 s 个公共因子和自身对应的独特因子 u_i 线性表示:

$$\left.\begin{array}{l} r_1 = a_{11}f_1 + a_{12}f_2 + \cdots a_{1s}f_s + c_1 u_1 \\ r_2 = a_{21}f_1 + a_{22}f_2 + \cdots a_{2s}f_s + c_2 u_2 \\ \vdots \\ r_n = a_{n1}f_1 + a_{n2}f_2 + \cdots a_{ns}f_s + c_n u_n \end{array}\right\} \tag{6-1}$$

用矩阵表示:

$$\begin{bmatrix} r_1 \\ r_2 \\ \vdots \\ r_n \end{bmatrix} = (a_{ij})_{ns} \cdot \begin{bmatrix} f_1 \\ f_2 \\ \vdots \\ f_s \end{bmatrix} + \begin{bmatrix} c_1 u_1 \\ c_2 u_2 \\ \vdots \\ c_n u_n \end{bmatrix} \tag{6-2}$$

且满足:

①$s \leqslant n$;

②$COV(f,u)=0$(即 f 与 u 是不相关的);

③$e(f)=0,COV(f)=I_s$(即 $f_1,f_2,\cdots,f_s$ 不相关,且方差皆为1,均值皆为0);

④$e(u)=0,COV(u)=I_n$(即 $u_1,u_2,\cdots,u_n$ 不相关,且都是标准化的变量,假定 $r_1,r_2,\cdots,r_n$ 也是标准化的,但并不相互独立)。

因子负荷矩阵的元素 a_{ij} 表示第 i 个变量 r_i 在第 j 个公共因子 f_j 上的负荷,简称因子负荷。如果把 r_i 看成 s 维因子空间的一个向量,则 a_{ij} 表示 r_i 在坐标轴 f_j 上的投影。

(2)长江中游地区港口规模的因子分析

根据2007—2013年《中国港口统计年鉴》、各港口统计公报、湖北省和江西省交通厅内部统计资料(少数几个数据通过百度搜索得到),整理了8个港口2006—2012年的10个指标的数据。

①综合因子确定

本课题采用SPSS软件,对2006—2012年长江中游地区主要港口规模进行因子分析。首先选取2012年的数据,对原始数据做归一化处理,以此数据为基础进行计算,输出总方差及累计贡献率,见表6-3。

表6-3结果表明:以特征值大于或者等于1的标准可确定公共因子为3个,3个综合因子的累计贡献率达87%,也即在87%的可靠度下,3个综合因子可用作确定长江中游主要港口规模的指标。

表 6-3　总方差分析与累计贡献率统计表

成分	初始特征值			提取平方和载入			旋转平方和载入		
	合计	方差百分比（%）	累计贡献率（%）	合计	方差百分比（%）	累计贡献率（%）	合计	方差百分比（%）	累计贡献率（%）
1	4.775	47.746	47.746	4.775	47.746	47.746	4.288	42.878	42.878
2	2.636	26.361	74.107	2.636	26.361	74.107	2.261	22.614	65.492
3	1.290	12.898	87.005	1.290	12.898	87.005	2.151	21.513	87.005
4	0.815	8.147	95.151						
5	0.326	3.263	98.414						
6	0.127	1.275	99.689						
7	0.031	0.311	100.000						
8	1.680E-16	1.680E-15	100.000						
9	2.790E-17	2.790E-16	100.000						
10	−1.853E-16	−1.853E-15	100.000						

为进一步确定综合因子的类别，使因子变量含义更清晰，需对因子矩阵进行旋转，以方差极大法进行因子旋转，SPSS 输出结果详见表 6-4。

表 6-4　旋转成分矩阵

因子		成分		
		1	2	3
等级航道水深	x_1	−0.166	0.855	−0.238
直接腹地 GDP	x_2	0.974	0.053	0.008
直接腹地人口	x_3	0.960	−0.047	0.157
总吞吐量	x_4	0.324	0.799	−0.131
集装箱吞吐量	x_5	0.974	0.189	−0.028
港口年投资额	x_6	0.802	0.269	0.342
专利申请	x_7	0.815	0.472	−0.063
泊位长度	x_8	0.076	−0.099	0.988
泊位个数	x_9	0.075	−0.170	0.977
政府支持	x_{10}	0.268	0.720	0.033

表 6-4 显示了 10 个指标与综合因子的相关度。第一个综合因子在原始变量 x_2、x_3、x_5、x_6、x_7 有较高的载荷,且相关系数均达 80% 以上,这 5 个指标综合反映了城市的经济社会资源、创新实力与港口产业发展;第二个综合因子在 x_1、x_4、x_{10} 有较高的载荷,这 3 个指标表明港口的基础设施状况与政府支持;第三个综合因子则在 x_8、x_9 有很高的载荷,这 2 个指标可表示港口的自然资源。这 3 个在算法中自行组合的综合指标与航运中心自生能力的自然资源的潜在支持力、经济社会资源的潜在能力、航运中心产业发展能力、航运中心企业竞争力和地方政府的调控能力等 5 个分量具有较强相关性,特别是与自然资源的潜在支持力、经济社会资源的潜在能力、航运中心产业发展能力高度对应。

②综合规模

因子综合得分通常依据因子得分系数来确定,SPSS 输出的因子得分系数矩阵见表 6-5。

表 6-5 因子得分系数矩阵

因子	成分		
	1	2	3
等级航道水深	−0.157	0.459	0.032
直接腹地 GDP	0.268	−0.122	−0.088
直接腹地人口	0.264	−0.151	−0.024
总吞吐量	−0.020	0.369	0.029
集装箱吞吐量	0.250	−0.053	−0.084
港口年投资额	0.147	0.081	0.143
专利申请	0.158	0.126	−0.037
泊位长度	−0.065	0.096	0.497
泊位个数	−0.053	0.055	0.479
政府支持	−0.040	0.361	0.109

将 SPSS 计算的 2012 年 8 个港口的 F_1、F_2、F_3 值记入表 6-6。结合综合评价值计算公式 $F = a_1 F_1 + a_2 F_2 + a_3 F_3$,得到长江中游地区主要港口规模综合得分 F 并排名,具体见表 6-6。其中,a_i 为每一个对应的因子变量的方差贡献(特征值)与 3 个因子变量的总累计方差贡献的比值,运用表 6-3 的旋转平方和载入的方差百分比以及累计贡献率分别计算 a_1、a_2、a_3。

表 6-6　2012 年长江中游地区主要港口规模综合得分与排名

城市	F_1	a_1	F_2	a_2	F_3	a_3	综合规模 F	排名
武汉	2.4429	0.4928	−0.1228	0.2599	−0.0607	0.2473	1.1569	1
宜昌	−0.3870	0.4928	0.4190	0.2599	1.5437	0.2473	0.3000	2
岳阳	−0.0570	0.4928	0.0698	0.2599	−0.7496	0.2473	−0.1953	6
九江	−0.2855	0.4928	−0.0841	0.2599	0.5600	0.2473	0.0340	4
荆州	−0.3222	0.4928	−1.0697	0.2599	1.1675	0.2473	−0.1481	5
黄石	−0.5453	0.4928	−1.2633	0.2599	−1.2753	0.2473	−0.9124	8
安庆	−0.5626	0.4928	0.0370	0.2599	−0.7439	0.2473	−0.4516	7
芜湖	−0.2833	0.4928	2.0140	0.2599	−0.4417	0.2473	0.2746	3

同理,以因子分析法为理论基础,应用 SPSS 统计软件,对 2006—2011 年长江中游地区 8 个主要港口进行综合规模得分计算与排名,结果见表 6-7。

表 6-7　2006—2011 年长江中游 8 个主要港口综合规模与排名

城市	2011 年综合规模	排名	2010 年综合规模	排名	2009 年综合规模	排名	2008 年综合规模	排名	2007 年综合规模	排名	2006 年综合规模	排名
武汉	1.1443	1	1.1156	1	1.1487	1	1.2416	1	1.2310	1	1.1978	1
宜昌	0.2355	3	0.2193	3	0.2573	2	0.4320	2	0.2250	3	0.1101	3
岳阳	−0.4010	6	−0.4012	6	−0.3407	5	−0.4667	6	−0.3334	5	−0.1814	5
九江	−0.0278	5	−0.0316	5	−0.5017	7	−0.5434	7	−0.6696	7	−0.5557	8
荆州	0.1497	4	0.1228	4	0.0850	4	0.0154	4	−0.1466	4	−0.4158	6
黄石	−0.8088	8	−0.8150	8	−0.6254	8	−0.5602	8	−0.4099	6	−0.4969	7
安庆	−0.5527	7	−0.5380	7	−0.4786	6	−0.4094	5	−0.3109	4	−0.1699	4
芜湖	0.2609	2	0.2482	2	0.1053	3	0.2906	3	0.2746	2	0.2618	2

(3)港口体系等级规模

根据运输经济学理论,港口与城市具有同构异形的特征。借鉴马克·杰斐逊的城市首位律,可分析港口体系等级规模的合理性。马克·杰斐逊的城市首位律中讲道,城市首位指数包括 2 城市指数、4 城市指数和 11 城市指数。

2 城市指数:

$$s_1 = p_1/p_2 \tag{6-3}$$

4 城市指数：

$$s_4 = p_1/(p_2 + p_3 + p_4) \tag{6-4}$$

11 城市指数：

$$s_{11} = 2p_1/(p_2 + \cdots + p_{11}) \tag{6-5}$$

式中　p_n——第 n 个城市的人口规模，对于本报告港口体系，p_n 表示第 n 个
港口的综合规模。

根据城市位序-规模法则，当 2 城市指数 s_2 为 2，4 城市指数 s_4 和 11 城市
指数 s_{11} 为 1 时，城市的规模结构为理想状态，该法则适用于港口等级规模的
合理性分析。由于样本仅选取 8 个港口，根据公式主要计算 2006—2012 年长
江中游主要港口综合规模的 2 城市指数与 4 城市指数，见表 6-8。

表 6-8　2006—2012 年长江中游主要港口等级规模指数

首位度/年份	2012	2011	2010	2009	2008	2007	2006
2 城市指数	3.85	4.38	4.49	4.46	4.27	4.49	4.58
4 城市指数	1.73	1.77	1.89	1.95	1.98	2.05	2.04

由表 6-8 可知：长江中游地区港口规模指数均大于理想值，从 s_2 与 s_4 综
合来看，首位港口武汉在长江中游港口体系中有着最突出的影响力，对整个
长江中游地区的港口体系的影响较强，2006—2012 年期间，s_2 趋于理想值 2，
s_4 趋于理想值 1，表明港口等级规模分布趋于均衡。

6.3.2　长江中游地区港口体系层级结构分形特征演进

张嗣瀛（2006）结合复杂系统与复杂网络，通过论证一个树状生长模型揭
示了树状生长过程及自相似结构的涌现可集中由简单的幂律体现。幂律是
自组织形成的临界状态，在它的支配下，系统得以保持有序演进发展，并涌现
层层相似的自相似结构，其分形维数或相应的指数，是系统功能的度量。在
现实世界的复杂系统中，树状分形广泛存在，本课题的港口层级体系就是这
样一个树状生长过程。港口体系在自组织演进下形成层级结构，并服从幂律
分布，层层自相似结构在其中涌现。同样，作为这些层级结构的重要节
点——航运中心也是自组织涌现的。

1）理论基础

（1）分形理论

分形理论（fractal theory，FT）是美国科学家曼德布罗特（B. B. Mandel-
brot）创立的一种集自然、社会及思维科学的新理论，该理论的突出功能在于

可解决并解释非线性世界里的那些随机、复杂的问题。此外,该理论认为具有不规则或支离破碎表象的几何体(现象)间存在内在规律,即自相似性——局部与整体具有相同的结构,不是完全数学上的相似而是统计上的自相似(张济中,1995)。

1967年曼德布罗特在美国《科学》杂志上发表了题为《英国的海岸线有多长?》的著名论文。海岸线作为曲线,其特征是极不规则、极不光滑的,呈现极其蜿蜒复杂的变化。我们不能从形状和结构上区分这部分海岸与那部分海岸有什么本质的不同,这种几乎同样程度的不规则性和复杂性,说明海岸线在形貌上是自相似的。在没有建筑物或其他东西作为参照物时,在空中拍摄的100千米长的海岸线与放大了的10千米长的海岸线的两张照片,看上去会十分相似。事实上,具有自相似性的形态广泛存在于自然界中,如:连绵的山川、飘浮的云朵、岩石的断裂口、布朗粒子运动的轨迹、树冠、花菜、大脑皮层……曼德布罗特把这些部分与整体以某种方式相似的形体称为分形(fractal)。1975年,他创立了分形几何学(fractal geometry)。在此基础上,形成了研究分形性质及其应用的科学,称为分形理论。

(2)分形维数模型及港口规模分布模型

①分形维数模型

分形理论认为具有自相似结构的随机复杂的几何体(现象)具有分形特征,且几何体间遵循内在规律和自相似性,从而不断发展与演进。由于分形体无特征尺度,无法利用一般测度方法进行度量,因此选择分形维数予以描述。分形维数,又称分维,通常用分数或带小数点的数表示。长期以来人们习惯于将点定义为零维,直线为一维,平面为二维,空间为三维,爱因斯坦在相对论中加入时间维,就形成四维时空。对某一问题给予多方面的考虑,可建立高维空间,但都是整数维。在数学上,把欧氏空间的几何对象连续地拉伸、压缩、扭曲,维数也不变,这就是拓扑维数。然而,这种传统的维数观受到了挑战。曼德布罗特曾描述过一个绳球的维数:从很远的距离观察这个绳球,可看作一点(零维);从较近的距离观察,它充满了一个球形空间(三维);再近一些,就看到了绳子(一维);再向微观深入,绳子又变成了三维的柱,三维的柱又可分解成一维的纤维。那么,介于这些观察点之间的中间状态又如何呢?

最常用的分形维数测算方法是豪斯道夫(Hausdauf)分维数。数学家豪斯道夫在1919年提出了连续空间的概念,也就是空间维数是可以连续变化的,它可以是整数,也可以是分数,称为豪斯道夫维数。记作 Df,一般的表达式为：$K=L^{Df}$，也可记作 $K=(1/L)^{-Df}$，取对数并整理得 $Df=\ln K/\ln L$，其中 L 为某客体沿其每个独立方向皆扩大的倍数，K 为得到的新客体相对原客体的倍数。显然，Df 在一般情况下是一个分数。因此，曼德布罗特也把分形定义为豪斯道夫维数大于或等于拓扑维数的集合。英国的海岸线为什么测不准？因为欧氏一维测度与海岸线的维数不一致。根据曼德布罗特的计算，英国海岸线的维数为 1.26。有了分维，海岸线的长度就确定了。

结合本章研究内容，可将其定义为：假设一定区域内共有 n 个港口，以港口综合规模为依据，分别进行港口的大小排序，对于给定的一个分数 c，综合规模大于 c 的港口数量 $N(c)$ 与尺度 c 的关系满足：

$$N(c) \propto c^{-H} \tag{6-6}$$

式中 H——豪斯道夫维数。

式(6-6)反映了港口体系层级结构的幂律分布和自相似性。

对式(6-6)两边取对数，得：

$$\lg N(c) = P - H\lg c \tag{6-7}$$

式中 P——常数。

②港口规模分布模型

一般来说，城市规模服从城市位序-规模分布模型，其中被广泛使用的模型是齐夫(G. K. Zipf)公式：

$$\lg P_i = \lg P_1 - k\lg R_i \tag{6-8}$$

式中 i——城市位序；

P_i——第 i 位城市的规模；

R_i——第 i 位城市的位序；

P_1——理论上最大城市的规模；

k——常数。

对应于分形模型，参数 k(齐夫维数)与 H(豪斯道夫维数)互为倒数，即 $H=1/k$。

当 $H=k=1$ 时，表明城市体系处在自然状态下的最优分布，即最大港口的综合规模与最小港口的规模比值为整个港口体系的城市数目；

当 $H>1$，$k<1$ 时，表明区域内港口规模比较分散，高位次港口规模不突出，中位次的港口较多，且中小型港口较发达，高位次港口与低位次港口间的规模差距较小，高位次港口的首位作用较弱，对区域经济的带动作用有限；

当 $H<1$，$k>1$ 时，表明区域内港口规模分布较集中，首位港口的垄断地位高，大港口地位突出，但中小型港口不够发达，港口分布不均衡，这将不利

于各级港口之间的运输、贸易;

当 $H \to \infty, k \to 0$ 时,表明区域内港口趋于一样大;

当 $H \to 0, k \to \infty$ 时,表明区域内仅有唯一的绝对首位港口。

通常后两种情况在现实中不会发生。此外,在进行港口规模多年对比时, k 变大,则港口规模分布趋于集中的力量大于分散的力量;k 变小,说明港口间分散的力量大于集中的力量。

2)长江中游地区港口体系规模结构分形特征

以 2012 年长江中游主要港口规模综合得分(表 6-6)为数据基础,对数求解如表 6-9 所示,根据齐夫公式(6-8)求解 2012 年长江中游地区主要港口体系的城市位序-规模回归方程,并计算维度值。

表 6-9 2012 年各港口综合规模与位序对数求解结果

城市	$y = \lg P_i$	$x = \lg R_i$
武汉	−0.1238	0
宜昌	−0.3668	0.301
岳阳	−0.4395	0.6021
九江	−0.4566	0.699
荆州	−0.498	0.7782
黄石	−0.8633	1
安庆	−1.0315	1.0413
芜湖	−1.0716	1.0792

经过 SPSS 计算得回归方程为:$\lg P_i = -0.7991 \lg R_i - 0.03533$,相关系数 $R^2 = 0.9284$,表明该港口体系符合分形法则,且具有极高的相关性。由回归方程可知回归拟合直线斜率的绝对值 $|k|$ 为 0.7991,则豪斯道夫维数 $H = 1/k = 1.2514$,大于 1。同理,可计算 2006—2011 年间长江中游主要港口的城市体系分维数据,见表 6-10。

表 6-10 2006—2011 年长江中游地区主要港口规模分布分维结果

年份	回归方程	H	R^2
2011	$\lg P_i = -0.7954 \lg R_i - 0.02934$	1.2572	0.9252
2010	$\lg P_i = -0.7891 \lg R_i - 0.03924$	1.2673	0.9162
2009	$\lg P_i = -0.7691 \lg R_i - 0.0230$	1.3000	0.8866

年份	回归方程	H	R^2
2008	$\lg P_i = -0.7549 \lg R_i - 0.0502$	1.3247	0.8828
2007	$\lg P_i = -0.7979 \lg R_i - 0.0368$	1.2533	0.8875
2006	$\lg P_i = -0.7782 \lg R_i - 0.0545$	1.2850	0.8898

通过上述计算过程得到了 2006—2012 年的长江中游 8 大港口综合规模与排名(表6-7)、长江中游主要港口等级规模指数(表 6-8)、长江中游地区主要港口规模分布分维结果(表 6-10)。根据以上指标在 2006—2012 年的演进过程,可以做以下分析。

从表 6-7 不难看出,2006 年以来,长江中游地区主要港口中,武汉市综合规模一直处于首位,且随时间推移,综合规模总体呈现小幅度增长;宜昌、岳阳、九江、荆州、芜湖 5 大长江干线港口的综合规模排名存在波动,主要集中在宜昌、岳阳、荆州和九江之间。以九江为例,2010 年以来经济快速发展,作为江西省的长江水系重要港口,政府加大了对航运业的重视程度,九江整个航运发展潜力巨大;岳阳作为湖南的长江水系港口,辐射腹地经济实力较雄厚,城市自身规模较大,但由于水水中转的湘江发展受限制,在 2009 年完成主要港口建设后政府对航运产业发展重视程度下降,其综合规模出现下降趋势。

由表 6-10 可见,回归方程的相关系数 R^2 均大于 0.88,相关性较好,表明 2006—2012 年间长江中游地区主要港口规模分布具有明显的分形特征,分形理论适合本问题的研究;相关系数 R^2 随着时间出现先降低后增加的趋势,相关系数的增加,说明直线回归方程拟合度越来越精确,则长江中游地区主要港口规模分布越符合幂律分布。此外,从豪斯道夫维数 H 值的大小来看,这 7 年的 H 值均在 1.25 以上,齐夫维数 $k < 1$,即可说明长江中游地区主要港口规模较分散,高位次港口规模不突出,中位次港口则较多且较发达,导致高位次港口与低位次港口间的规模差距较小,居于高位次的武汉首位作用较弱,对长江中游流域区域经济的带动作用还未能充分发挥。从豪斯道夫维数 H 值的变化来看,5 年内 H 值的变化呈现两大趋势:2007—2008 年呈现上升趋势,一方面表明长江中游 8 个港口的规模在进一步分散,空间上较均衡,但首位城市武汉的带动作用却在降低,另一方面说明港口空间作用力较小,不利于港口间的互相协作;2009—2012 年则呈现逐步下降趋势,表明长江中游 8 个港口的均衡、同步发展实现了城市体系区域均衡化、空间结构网络化,且作

为首位港口的武汉在长江中游地区港口体系中的首位作用在不断增强,港口体系规模趋向于最优分布。

从首位度、分形维数和幂律分布直线拟合的绝对值来看,长江中游港口体系的中位港口多、竞争激烈,港口层级结构的幂律分布不明显,首位港口武汉的地位不够突出,区域内的影响力有待增强。因此,有必要思考增强武汉航运中心自生能力涌现性的政策措施,促进武汉尽快建成长江中游航运中心。

7 提升武汉长江中游航运中心自生能力的博弈分析

航运中心内部存在不同的利益方,航运中心的服务由这些利益方共同作用完成。但是由于各个利益方是具有独立利益,决策自主,以自身利益为目标的个体,而各利益方对自身利益最大化的追求会导致自身利益和航运中心整体利益之间的矛盾,影响航运中心自生能力的提升。因此,本章对武汉长江中游航运中心港口群之间,港口群内部以及产业之间进行博弈分析,以完善航运中心的利益协调和整合功能,提升其自生能力。

7.1 航运中心横向整合的博弈分析

从横向角度看,航运中心的横向参与主体由于存在一定程度的相互替代性,因此存在竞争的现象。而横向参与主体由于是各自具有独立利益、独立决策的主体,并且以自身利益最大化为目标,在博弈过程中可能会出现因为选择自身利益最大化而无法得到帕累托最优的稳态结果。

7.1.1 航运中心核心港区与其他港区间的博弈

7.1.1.1 模型假设

假定在航运中心辐射范围内,存在 n 个港区为客户提供服务。航运中心核心港区需求量为 q_1,p_1 为航运中心的服务价格。a、b 为常系数。航运中心核心港区与该 n 个港区腹地产生交叉,因此航运中心核心港区与该 n 个港区之间存在竞争关系。航运中心核心港区与港区的服务主要以港区的综合服务价格体现,即 $p_i(i=1,2,\cdots,n)$。假设航运中心核心港区的需求函数为线性函数,不仅与航运中心核心港区本身的价格有关,还受到与航运中心核心港区存在竞争关系的港区的服务价格的影响,其函数表达式为:

$$q_1 = a - p_1 + f(p_2, p_3, \cdots, p_n) \tag{7-1}$$

假设航运中心核心港区与港区 i 的固定成本为 c_i,单位变动成本为 θ(假设各港口变动成本相同),利润函数为:

$$\Pi_i = (p_i - \theta)q_i - c_i \tag{7-2}$$

现假设航运中心核心港区存在唯一的竞争港区 2，航运中心核心港区需求为 q_1，服务价格为 p_1，港区需求为 q_2，服务价格为 p_2，航运中心与港区的需求函数满足关系式：

$$q_1 = a - p_1 + bp_2 \tag{7-3}$$

$$q_2 = a - p_2 + bp_1 \tag{7-4}$$

在上式中 $a > 0, 0 \leqslant b \leqslant 1$，表明同一市场内不同类港口的服务具有替代性，$b$ 越大表明替代性越强。因此，两个港区的利润函数分别为：

$$\left. \begin{array}{l} \Pi_1 = (p_1 - \theta)(a - p_1 + bp_2) - c_1 \\ \Pi_2 = (p_2 - \theta)(a - p_2 + bp_1) - c_2 \end{array} \right\} \tag{7-5}$$

假设航运中心核心港区与港区 2 具有相互的完全信息。航运中心核心港区与港区 2 之间不存在一方主导另一方的关系。航运中心核心港区与港区 2 同时做出竞争或者合作的决策。在完全信息条件下，航运中心核心港区与港区 2 存在 4 种策略组合，即竞争-竞争、合作-竞争、竞争-合作和合作-合作。

7.1.1.2 完全信息下的竞争合作博弈

1）完全信息条件下的竞争-竞争型静态博弈

该静态博弈是指航运中心核心港区与港区 2 同时做出与对手竞争的决策，各自以自身利润最大化为目标，即 $\dfrac{\partial \Pi_1}{\partial p_1} = 0$ 且 $\dfrac{\partial \Pi_2}{\partial p_2} = 0$。解得航运中心核心港区与港区 2 的支付分别为：

$$\left. \begin{array}{l} u_1^{00} = \dfrac{(a + b\theta - \theta)^2}{(2 - b)^2} - c_1 \\[2mm] u_2^{00} = \dfrac{(a + b\theta - \theta)^2}{(2 - b)^2} - c_2 \end{array} \right\} \tag{7-6}$$

2）完全信息条件下的合作-竞争型静态博弈

该静态博弈是指航运中心核心港区与港区 2 同时做出决策，航运中心核心港区作出合作决策，以两者利润之和最大化为目标，而港区 2 选择竞争决策，仅以自身利润最大化为目标，即 $\dfrac{\partial \Pi_{1+2}}{\partial p_1} = 0$ 且 $\dfrac{\partial \Pi_2}{\partial p_2} = 0$。解得航运中心核心港区与港区 2 的支付分别为：

$$\left. \begin{array}{l} u_1^{10} = \dfrac{(a + b\theta - \theta)^2 (b + 1)}{2(2 - b)^2} - c_1 \\[3mm] u_2^{01} = \dfrac{(a + b\theta - \theta)^2 (b + 2)^2}{4(2 - b^2)^2} - c_2 \end{array} \right\} \tag{7-7}$$

3）完全信息条件下的竞争-合作型静态博弈

该静态博弈是指航运中心核心港区与港区 2 同时做出决策,港区 2 采取合作决策,以两港区利润之和最大化为目标,而航运中心核心港区采取竞争决策,仅以自身利润最大化为目标,即 $\frac{\partial \Pi_1}{\partial p_1} = 0$ 且 $\frac{\partial \Pi_{1+2}}{\partial p_2} = 0$。解得航运中心核心港区与港区 2 的支付分别为:

$$\left. \begin{aligned} u_1^{01} &= \frac{(a+b\theta-\theta)^2(b+2)^2}{4(2-b^2)^2} - c_1 \\ u_2^{10} &= \frac{(a+b\theta-\theta)^2(b+1)}{2(2-b)^2} - c_2 \end{aligned} \right\} \tag{7-8}$$

4)完全信息条件下的合作-合作型静态博弈

该静态博弈是指航运中心核心港区与港区 2 同时做出决策,航运中心核心港区和港区 2 同时采取合作策略,以双方利润之和最大化为目标,即 $\frac{\partial \Pi_{1+2}}{\partial p_1} = 0$ 且 $\frac{\partial \Pi_{1+2}}{\partial p_2} = 0$。解得航运中心港区与港区 2 的支付分别为:

$$\left. \begin{aligned} u_1^{11} &= \frac{(a+b\theta-\theta)^2}{4(1-b)} - c_1 \\ u_2^{11} &= \frac{(a+b\theta-\theta)^2}{4(1-b)} - c_2 \end{aligned} \right\} \tag{7-9}$$

完全信息条件下的航运中心核心港区与港区 2 竞争合作模型的博弈矩阵见表 7-1。

表 7-1　航运中心核心港区与港区竞争合作博弈矩阵

		港区 2	
		竞争	合作
航运中心核心港区	竞争	$\frac{(a+b\theta-\theta)^2}{(2-b)^2} - c_1$ $\frac{(a+b\theta-\theta)^2}{(2-b)^2} - c_2$	$\frac{(a+b\theta-\theta)^2(b+2)^2}{4(2-b^2)^2} - c_1$ $\frac{(a+b\theta-\theta)^2(b+1)}{2(2-b)^2} - c_2$
	合作	$\frac{(a+b\theta-\theta)^2(b+1)}{2(2-b)^2} - c_1$ $\frac{(a+b\theta-\theta)^2(b+2)^2}{4(2-b^2)^2} - c_2$	$\frac{(a+b\theta-\theta)^2}{4(1-b)} - c_1$ $\frac{(a+b\theta-\theta)^2}{4(1-b)} - c_2$

可以证明,当 $b \leqslant \frac{\sqrt{5}-1}{2}$ 时,该博弈矩阵存在三个均衡策略,包括两个纯策略:竞争-竞争,合作-合作,以及一个竞争和合作同时存在的混合策略;当 $b <$

$\dfrac{\sqrt{5}-1}{2}$ 时,该博弈矩阵存在唯一的 Nash 均衡策略:竞争-竞争。并且,由于 $\dfrac{(a+b\theta-\theta)^2}{(2-b)^2}<\dfrac{(a+b\theta-\theta)^2}{4(1-b)}$,可知竞争-竞争并非是航运中心核心港区与其他港区的帕累托最优结果。因此,政府需要进行适当的引导,促使航运中心核心港区与其他港区完成合作,达到自身利益和资源配置的最优化。

7.1.2　航运中心核心港区的内部博弈

1)博弈描述

在航运中心的核心港区内部,由于面对的是共同的经济腹地和客户群,因此港口之间也存在竞争以及合作的关系。并且,由于核心港区内部竞争合作的长期性,核心港区内部的竞争合作博弈体现为一个长期、演变的过程。因此,采用演化博弈理论来研究核心港区内部的港口间的博弈。在演化博弈理论中,演化稳定策略(ESS)和复制动态是其中非常重要的两个概念。ESS在演化博弈中表现为稳定状态,它能够反映出动态系统的局部稳定性。复制动态方程指的是某个策略在种群中被采用的频率,表现形式为动态微分方程。对 ESS 和复制动态微分方程可作如下描述:

(1)若策略 s* 是一个 ESS,当且仅当 s* 构成一个 Nash 均衡;

(2)一种策略的 Payoff(支付)比种群的平均适应度高,这种策略就会在种群中发展,即"物竞天择,适者生存"。具体表现为该策略增长率大于零,可用微分方程表示如下:

$$\frac{\mathrm{d}x}{\mathrm{d}t}=x(u_{ik}-u_i),\quad k=1,2,\cdots \tag{7-10}$$

式(7-10)中: x 表示 i 种群采用策略 k 的比例,u_{ik} 表示该种群采用策略 k 时的支付(以适应度来表示),u_i 表示该种群的平均适应度,k 表示不同的策略。

2)核心港区内部的演化博弈分析

假设在航运中心的港区内存在两类港口分别为港口 1 和港口 2。为不失一般性,假设两类港口的固定成本不同,即 $c_1\neq c_2$,则博弈矩阵为非对称博弈得益矩阵,令 $c_1>c_2$。假设两类港口的需求分别为 q_1 和 q_2,服务价格分别为 p_1 和 p_2,港口的需求函数假设为线性,由自身的服务价格以及另一类港口的服务价格决定。满足如下关系式:

$$\left.\begin{aligned}q_1&=a-p_1+bp_2\\q_2&=a-p_2+bp_1\end{aligned}\right\} \tag{7-11}$$

其中港口 1 的需求为 q_1,服务价格为 p_1,港口 2 的需求为 q_2,服务价格为 p_2。a、b 为常系数。假设:以成本 c_1 选择竞争策略的港口数量比例为 x,以成本 c_2 选择竞争策略的港口数量比例为 y,则以成本 c_1 和成本 c_2 选择合作策略的港口数量比例分别为 $1-x$ 和 $1-y$。θ 为港口的单位变动成本,假设港口 1 和港口 2 的单位变动成本相同。

港口 1 中选择竞争策略的港口的适应度为:

$$u_1^0 = \left[\frac{(a+b\theta-\theta)^2}{2(2-b)^2} - c_1\right]y + \left[\frac{(a+b\theta-\theta)^2(b+2)^2}{4(2-b^2)^2} - c_1\right](1-y)$$

$$(7\text{-}12)$$

港口 1 中选择合作策略的港口的适应度为:

$$u_1^1 = \left[\frac{(a+b\theta-\theta)^2(b+1)}{2(2-b)^2} - c_1\right]y + \left[\frac{(a+b\theta-\theta)^2}{4(1-b)} - c_1\right](1-y)$$

$$(7\text{-}13)$$

以成本 c_1 选择策略的港口的平均适应度为:

$$u_1 = x \cdot u_1^0 + (1-x) \cdot u_1^1 \tag{7-14}$$

根据式(7-14),以成本 c_1 选择策略的港口的复制动态微分方程为:

$$\frac{\mathrm{d}x}{\mathrm{d}t} = x(u_1^0 - u_1) = x(1-x)(u_1^0 - u_1^1) = -\eta x(1-x)(\Delta - y)$$

$$(7\text{-}15)$$

式中

$$\eta = \frac{(a+b\theta-\theta)^2 b^2}{4(2-b^2)^2(1-b)} \tag{7-16}$$

$$\Delta = \frac{(b^2+b-1)(2-b)^2}{b^2(-b^2+b-1)} \tag{7-17}$$

当 $\frac{\sqrt{5}-1}{2} \leqslant b \leqslant 1$ 时,该模型的解才有意义,即 $0 \leqslant \Delta \leqslant 1$。

同理,以成本 c_2 选择策略的港口的复制动态微分方程为:

$$\frac{\mathrm{d}y}{\mathrm{d}t} = y(u_2^0 - u_2) = y(1-y)(u_2^0 - u_2^1) = -\eta y(1-y)(\Delta - x)$$

$$(7\text{-}18)$$

由式(7-15)对港口 1 位置的博弈群体的复制动态方程进行分析得出以下结论:

当 $y = \Delta$ 时,$\frac{\mathrm{d}y}{\mathrm{d}t}$ 始终为 0,表示所有 x 都是稳定状态;

当 $y > \Delta$ 时,$x^* = 0$ 和 $x^* = 1$ 是两个稳定状态,其中复制动态方程的导

数 $F'(x)$ 满足：$F'(0)>0,F'(1)<0$，所以 $x^*=1$ 为 ESS；

当 $y<\Delta$ 时，$x^*=0$ 和 $x^*=1$ 是两个稳定状态，其中复制动态方程的导数 $F'(x)$ 满足：$F'(0)<0,F'(1)>0$，所以 $x^*=0$ 为 ESS。

同理，当 $x=\Delta$ 时，$\dfrac{\mathrm{d}y}{\mathrm{d}t}$ 始终为 0，即所有 y 都是稳定状态；

当 $x>\Delta$ 时，$y^*=1$ 和 $y^*=0$ 是两个稳定状态，其中复制动态方程的导数 $F'(y)$ 满足：$F'(0)>0,F'(1)<0$，所以 $y^*=1$ 为 ESS；

当 $x<\Delta$ 时，$y^*=1$ 和 $y^*=0$ 是两个稳定状态，其中复制动态方程的导数 $F'(y)$ 满足：$F'(0)<0,F'(1)>0$，所以 $y^*=0$ 为 ESS。

因此，航运中心核心港区内部的演化博弈过程如图 7-1 所示。

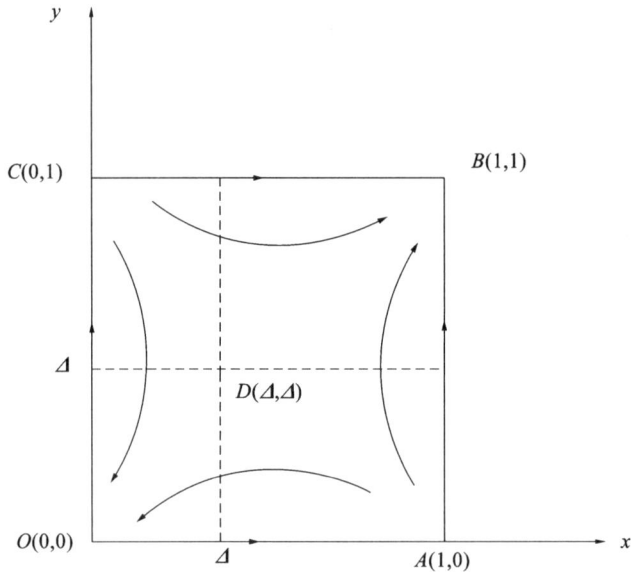

图 7-1　航运中心核心港区演化博弈过程

分析图 7-1，在该演化博弈中存在 5 个局部均衡点，分别是 $O(0,0)$、$A(1,0)$、$B(1,1)$、$C(0,1)$、$D(\Delta,\Delta)$，其中 B 点和 O 点是 ESS，即博弈双方均采用合作或者均采用竞争，而 A 点和 C 点是不稳定均衡点，D 是鞍点。当博弈开始时，如落在 $AOCD$ 所组成的区域，最后稳态为 O 点，即 1 类港口和 2 类港口都采用"合作"的策略；当博弈开始时，如落在 $ABCD$ 所组成的区域时，最后稳态为 B 点，即 1 类港口和 2 类港口都采用"竞争"的策略。在实际情况下，航运中心港区内部演化是一个长期过程，因此在相对长的时期内航运中心港区会处于竞争合作共存的一个状态。

3）演化博弈结果分析

通过对以上演化博弈模型的分析可得到如下结论:港口之间竞争合作演化的长期均衡结果可能是完全竞争,也可能是完全合作;在一定的信息引导机制下,港口将收敛于哪一个均衡点受到博弈发生的初始状态影响。核心港区内部港口之间的博弈结果中,竞争-竞争与合作-合作的比例由鞍点 $D(\Delta,\Delta)$ 决定。由式(7-17)可知,核心港区的演化博弈结果由核心港区内港口间的服务替代率 b 决定。当 $\frac{\sqrt{5}-1}{2} \leqslant b \leqslant 1$ 时,服务替代率 b 越大,则图 7-1 中 $ABCD$ 面积越大,系统收敛于 B 点(竞争-竞争)的概率越大,即港口之间演化博弈的结果更倾向于竞争-竞争;b 越小,图 7-1 中 $AOCD$ 面积越大,系统收敛于 O 点(合作-合作)的概率越大,即港口之间的演化博弈结果更倾向于合作-合作。当 $b < \frac{\sqrt{5}-1}{2}$ 时,$\Delta < 0$,演化博弈结果无意义。但是也说明了当港口之间服务替代率过小时,港口之间不存在明显的竞争合作关系。

7.2　航运中心纵向整合的博弈分析

在航运中心中,基础航运产业和航运服务产业共同作用,形成产业链,共同完成航运中心的服务。但是航运中心的航运产业是各自具有独立利益、独立决策的主体,因此航运产业存在追求自身利益与追求集体利益的矛盾。因此,本节采用博弈来分析航运中心纵向产业链之间的竞争合作。

7.2.1　模型假设

为便于分析,将航运中心产业间博弈简化为港口与港口服务业之间的博弈,模型假设如下:

1)由于港口和港口服务业之间地理位置相近,相互之间获取信息较为容易,因此假设港口和港口服务业之间博弈属于完全信息博弈;

2)假设港口面临的需求与价格有关,需求函数为 $q = a - bp$;

3)港口和港口服务业均是完全理性的,以追求自身利益最大化为目的;

4)港口和港口服务业之间为单次博弈。

符号说明:

q——产业链服务需求量,a,b 为常系数;

p——港口为用户提供单位服务能力的价格;

w——港口服务业为港口提供单位服务能力的价格;

Δp—— 一单位服务能力从港口服务业处转移到港口再到用户的加价幅度,即 $\Delta p = p - w$;

c_{sv}—— 港口服务业的单位服务能力成本;

c_{pv}—— 港口的单位服务能力成本;

Π_s—— 港口服务业的期望利润;

Π_p—— 港口的期望利润;

Π_{sc}—— 港口与港口服务业组成的产业链系统期望利润。

7.2.2 港口与港口服务业的非合作博弈

由于港口和港口服务业共同完成航运服务,因此港口和港口服务业在非合作博弈情况下存在谁是领导者、谁是追随者两种情况。以下说明航运中心产业间整合的必要性,同时分析在以港口为主导以及以港口服务业为主导情况下的港口与港口服务业的非合作博弈。

7.2.2.1 港口主导下的非合作博弈

港口主导下的港口-港口服务业非合作博弈,港口为领导者,港口服务业为追随者,而二者都以自身利润最大化为决策目标。港口和港口服务业博弈的顺序为:港口首先确定加价幅度 Δp,然后港口服务业根据港口的加价幅度 Δp 来确定自身的服务价格。

港口的期望利润函数为:

$$\Pi_p = (p - w - c_{pv})q = (\Delta p - c_{pv})[a - b(w + \Delta p)] \qquad (7\text{-}19)$$

港口服务业的期望利润函数为:

$$\Pi_s = (w - c_{sv})q = (w - c_{sv})[a - b(w + \Delta p)] \qquad (7\text{-}20)$$

港口服务业以自身利润最大化为目标,因此对其利润函数求 w 的导数,令其等于零得:

$$\frac{\partial \Pi_s}{\partial w} = [a - b(w + \Delta p)] - b(w - c_{sv}) = 0 \qquad (7\text{-}21)$$

可以得到港口服务业出售给港口的最优价格为:

$$w^* = \frac{a - b\Delta p + bc_{sv}}{2b} \qquad (7\text{-}22)$$

式(7-22)为港口服务业的反应函数,对于每一个可能的港口加价它都给出了港口服务业的最优服务能力出售价格。而港口在追求自身利润最大化的目标下,根据提供商的价格 w 来选择最优的 Δp,以使得自己的利润最大化。此时将港口的利润求关于 Δp 的一阶导数,并令其等于零得:

$$\frac{\partial \Pi_{\mathrm{p}}}{\partial \Delta p} = [a - b(w + \Delta p)] - \frac{b}{2}(\Delta p - c_{\mathrm{pv}}) = 0$$

$$\Delta p^* = \frac{a + bc_{\mathrm{pv}} - bc_{\mathrm{sv}}}{2b} \qquad (7\text{-}23)$$

把式(7-23)代入式(7-22)中,可以得到港口服务业的最优价格为:

$$w^* = \frac{a - bc_{\mathrm{pv}} + 3bc_{\mathrm{sv}}}{4b} \qquad (7\text{-}24)$$

而港口提供的最优价格为:

$$p^* = w^* + \Delta p^* = \frac{3a + bc_{\mathrm{pv}} + bc_{\mathrm{sv}}}{4b} \qquad (7\text{-}25)$$

将式(7-25)代入 $q^* = a - bp^*$ 可以得到均衡状态下港口与港口服务产业的最优提供服务能力量为:

$$q^* = \frac{a - bc_{\mathrm{pv}} - bc_{\mathrm{sv}}}{4} \qquad (7\text{-}26)$$

式(7-24)、式(7-25)、式(7-26)中的 w^*、p^*、q^* 即为港口主导下的港口-港口服务业非合作博弈关系中的均衡解。

将式(7-24)、式(7-25)、式(7-26)代入式(7-19)和式(7-20)即可得到港口和港口服务业的期望利润分别为:

$$\left. \begin{array}{l} \Pi_{\mathrm{p}} = \dfrac{(a - bc_{\mathrm{pv}} - bc_{\mathrm{sv}})^2}{8b} \\[3mm] \Pi_{\mathrm{s}} = \dfrac{(a - bc_{\mathrm{pv}} - bc_{\mathrm{sv}})^2}{16b} \end{array} \right\} \qquad (7\text{-}27)$$

此时港口服务产业链系统的期望利润为:

$$\begin{aligned} \Pi_{\mathrm{sc}} &= \Pi_{\mathrm{p}} + \Pi_{\mathrm{s}} \\ &= \frac{(a - bc_{\mathrm{pv}} - bc_{\mathrm{sv}})^2}{8b} + \frac{(a - bc_{\mathrm{pv}} - bc_{\mathrm{sv}})^2}{16b} \\ &= \frac{3(a - bc_{\mathrm{pv}} - bc_{\mathrm{sv}})^2}{16b} \end{aligned} \qquad (7\text{-}28)$$

7.2.2.2 港口服务业主导下的非合作博弈

港口服务业主导下的港口-港口服务业非合作博弈,即二者都以各自利润最大化为决策目标,并且港口服务业为主体,是价格的领导者,港口为追随者。港口和港口服务业的博弈顺序为:港口服务业首先确定向港口出售服务能力的价格 w,然后港口确定服务能力加价 Δp 使自己的利润最大化,港口最终为客户提供服务能力。在完全信息情况下,港口服务业在确定服务能力价格时必须要考虑港口的反应。

港口的期望利润函数为：

$$\Pi_p = (p - w - c_{pv})q = (\Delta p - c_{pv})[a - b(w + \Delta p)] \qquad (7\text{-}29)$$

港口服务业的期望利润函数为：

$$\Pi_s = (w - c_{sv})q = (w - c_{sv})[a - b(w + \Delta p)] \qquad (7\text{-}30)$$

港口服务业首先确定自己出售给港口的服务能力价格，即把 w 看作常量，港口要想使自己的利润最大化，需要对 Δp 求一阶导数，并令其等于零可以得到：

$$\frac{\partial \Pi_p}{\partial \Delta p} = [a - b(w + \Delta p)] - b(\Delta p - c_{pv}) = 0$$

$$\Delta p^* = \frac{a - bw + bc_{pv}}{2b} \qquad (7\text{-}31)$$

式（7-31）为港口的反应函数，对于每一个可能的服务能力价格港口都给出了最优的加价。

港口为客户提供服务能力的价格 p^* 为：

$$p^* = w + \Delta p = \frac{a + bw + bc_{pv}}{2b} = \frac{a + b(w + c_{pv})}{2b} \qquad (7\text{-}32)$$

将式（7-32）代入式（7-30）中，对 w 求一阶导数，并令其等于零得：

$$\frac{\partial \Pi_s}{\partial w} = \left(a - bw - \frac{a - bw - bc_{pv}}{2}\right) - \frac{b}{2}(w - c_{sv}) = 0$$

$$w^* = \frac{a - bc_{pv} + bc_{sv}}{2b} \qquad (7\text{-}33)$$

将式（7-33）代入式（7-31）得：

$$\Delta p^* = \frac{a + 3bc_{pv} - bc_{sv}}{4b}$$

将式（7-33）代入式（7-32）得到港口为客户提供服务收取的价格为：

$$p^* = w^* + \Delta p^* = \frac{3a + bc_{pv} + bc_{sv}}{4b} \qquad (7\text{-}34)$$

将式（7-34）代入 $q^* = a - bp^*$ 得到港口的服务能力最优订购量为：

$$q^* = a - bp^* = \frac{a - bc_{pv} - bc_{sv}}{4} \qquad (7\text{-}35)$$

将式（7-33）、式（7-34）、式（7-35）代入式（7-29）、式（7-30）得到港口和港口服务业的期望利润分别为：

$$\Pi_p = \frac{(a - bc_{pv} - bc_{sv})^2}{16b}$$

$$\Pi_{\mathrm{s}} = \frac{(a - bc_{\mathrm{pv}} - bc_{\mathrm{sv}})^2}{8b}$$

港口服务产业链系统的期望利润为：

$$\Pi_{\mathrm{sc}} = \Pi_{\mathrm{p}} + \Pi_{\mathrm{s}}$$

$$= \frac{(a - bc_{\mathrm{pv}} - bc_{\mathrm{sv}})^2}{16b} + \frac{(a - bc_{\mathrm{pv}} - bc_{\mathrm{sv}})^2}{8b}$$

$$= \frac{3(a - bc_{\mathrm{pv}} - bc_{\mathrm{sv}})^2}{16b}$$

7.2.3　港口与港口服务业的合作博弈

合作博弈分析是指港口和港口服务业进行合作，将二者构成的产业链看作一个利益共同体，双方共同决定价格和服务提供量使得港口和港口服务业组成的产业链系统利润最大化。

根据式(7-19)、式(7-20)可以把产业链系统的期望利润表示为：

$$\Pi_{\mathrm{sc}} = \Pi_{\mathrm{p}} + \Pi_{\mathrm{s}} = (\Delta p - c_{\mathrm{pv}})q + (w - c_{\mathrm{sv}})q$$

$$= (p - c_{\mathrm{pv}} - c_{\mathrm{sv}})(a - bp) \tag{7-36}$$

将产业链系统利润对 p 求一阶导数，并令其等于零得：

$$\frac{\partial \Pi}{\partial p} = (a - bp) - b(p - c_{\mathrm{pv}} - c_{\mathrm{sv}}) = 0$$

$$p^* = \frac{a + bc_{\mathrm{pv}} + bc_{\mathrm{sv}}}{2b} \tag{7-37}$$

将式(7-37)代入 $q^* = a - bp^*$ 得：

$$q^* = a - bp^* = \frac{a - bc_{\mathrm{pv}} - bc_{\mathrm{sv}}}{2} \tag{7-38}$$

将式(7-37)、式(7-38)代入式(7-36)得：

$$\Pi_{\mathrm{sc}} = (p^* - c_{\mathrm{pv}} - c_{\mathrm{sv}})q^* = \frac{(a - bc_{\mathrm{pv}} - bc_{\mathrm{sv}})^2}{4b} \tag{7-39}$$

7.2.4　博弈比较分析

将上面的非合作博弈与合作博弈时所求出的最优的港口期望利润、港口服务业期望利润以及双方组成的产业链系统期望利润列入表7-2，进行比较分析。

将非合作博弈与合作博弈时港口出售给用户的最优服务能力价格、港口服务业为港口提供服务的价格以及最优需求量列入表7-3中，进行分析比较。

表 7-2　不同博弈方式利润

	港口期望利润	港口服务业期望利润	产业链系统期望利润
港口主导的非合作博弈	$\dfrac{(a-bc_{pv}-bc_{sv})^2}{8b}$	$\dfrac{(a-bc_{pv}-bc_{sv})^2}{16b}$	$\dfrac{3(a-bc_{pv}-bc_{sv})^2}{16b}$
港口服务业主导的非合作博弈	$\dfrac{(a-bc_{pv}-bc_{sv})^2}{16b}$	$\dfrac{(a-bc_{pv}-bc_{sv})^2}{8b}$	$\dfrac{3(a-bc_{pv}-bc_{sv})^2}{16b}$
合作博弈	—	—	$\dfrac{(a-bc_{pv}-bc_{sv})^2}{4b}$

从表 7-2 和表 7-3 中可以得到如下结论:

表 7-3　不同产业链下的服务能力相关数据

	港口的最优服务能力价格 p^*	港口服务业的最优价格 w^*	港口的最优需求量 q^*
港口主导的非合作博弈	$\dfrac{3a+bc_{pv}+bc_{sv}}{4b}$	$\dfrac{a-bc_{pv}+3bc_{sv}}{4b}$	$\dfrac{a-bc_{pv}-bc_{sv}}{4}$
港口服务业主导的非合作博弈	$\dfrac{3a+bc_{pv}+bc_{sv}}{4b}$	$\dfrac{a-bc_{pv}+bc_{sv}}{2b}$	$\dfrac{a-bc_{pv}-bc_{sv}}{4}$
合作博弈	$\dfrac{a+bc_{pv}+bc_{sv}}{2b}$	—	$\dfrac{a-bc_{pv}-bc_{sv}}{2}$

从表 7-2 和表 7-3 可以看出,在合作情况下,航运中心产业链整体利润大于非合作情况下产业链的整体利润,即 $\dfrac{(a-bc_{pv}-bc_{sv})^2}{4b} > \dfrac{3(a-bc_{pv}-bc_{sv})^2}{16b}$。当港口和港口服务业不管哪一方处于领导地位时,都会利用自己的领导优势,通过降低另一方的价格以提高自身利润,导致产业链整体处于非最优的状态,并且在非合作情况下,港口及港口服务业的均衡价格高于合作时的均衡价格,即 $\dfrac{a+b(w+c_{pv})}{2b} > \dfrac{a+bc_{pv}+bc_{sv}}{2b}$。在最优需求量方面,港口及港口服务业的最优需求量为 $\dfrac{a-bc_{pv}-bc_{sv}}{4}$,小于合作时的最优需求量 $\dfrac{a-bc_{pv}-bc_{sv}}{2}$。由此可见,在非合作情况下,港口及港口服务业单独决定

自身的价格,都会导致由于追求自身利益的最大化而使另一方的利益受损,最终导致产业链利润无法达到最优。只有双方以整体利益为目标,协调双方的利润分配,才能达成整体产业链的最优化。

7.3 武汉长江中游航运中心的整合分析

航运中心的利益方之间,从横向角度来看,相互之间的替代作用导致了横向主体之间的竞争;从纵向角度来看,利润的分配导致了纵向产业链主体之间的竞争。而竞争引发的利润损失必然会导致整体利益的受损,影响航运中心自生能力的发展。只有航运中心的利益方之间由竞争转向合作,才能增强航运中心的整体利润,提高航运中心的自生能力。国内外较为成熟的航运中心在发展过程中普遍存在一个从竞争走向合作的过程,武汉长江中游航运中心的发展也可借鉴国内外航运中心的发展模式。

7.3.1 国内外航运中心的竞合发展模式

从国内外成熟航运中心的发展模式来看,国内外航运中心都存在一个从竞争转向合作的过程,并且航运中心的合作发展模式对于航运中心的发展和升级起到了基石的作用。

1)纽约国际航运中心竞合发展模式

纽约国际航运中心以纽约港为核心,位于由纽约港与新泽西港构成的纽约-新泽西港口群,是北美东海沿岸最大的国际航运中心,腹地涵盖北美东大西洋全球最富裕的消费中心。在早期发展中港口群没有整体的合作规划,甚至就港口和航道边界问题还曾经争论不休,两港分割管理模式的弊端日益凸显,交通压力日益紧迫。于是,两地政府共同协商成立了跨越州际管辖的联合港务局,共同管理纽约港和新泽西港,主要负责港口码头建设、公共基础设施统一建造、维护航运信息系统建设和港口安全。具体表现为:共同承担港口公共基础设施建设,接纳大型化、专用化船舶靠泊的需求;建设最繁忙的公共汽车站以及先进的轨道运输系统,以提供更高效的集疏运体系;共同建设完善的航运信息系统,为码头公司、船公司、海关等及时提供详细的航运信息。

这种组建联合港务局的竞合发展模式基本实现了港口行政管理与经营管理的统一,极大地促进了港口的统一协调管理,实现了港口资源的优化配置,大大降低了资源因内耗的损失,有利于航运中心在自身完善的同时,吸引众多私营和国营企业聚集在此发展国际航运业务,这也是纽约国际航运中心成为全球顶尖航运中心的重要基石。

2）东京国际航运中心竞合发展模式

东京国际航运中心坐落于日本东京湾港口群，其腹地面积涵盖日本最大的港口工业区和城市群，与东京港濒临的港口包含横滨港、川崎港等国际大港。早期日本运输行业分布由政府有关部门集权管理，港口属于内务省管辖，在价格上日本主要大港采用自由竞争的方式。为协调港口群内港口的发展，缓解各个港口之间的竞争压力，日本政府组建了运输省，将港口管理权下放给地方政府及其港口管理机构。港口管理机构仅拥有港口基本管理权，负责制定港口发展规划、港口设施的建设和维护、保持和改善港口环境等；而运输省则掌握港口群规划协调的最终权力，负责制定国家港口发展政策，为港口制定必要的法律法规，提供规划设计和建设的技术性标准等。1985 年运输省同船东协会商定后，规定东京、川崎、横滨等日本港口的入港费和岸壁使用费采取统一的标准，使日本港口对内的竞争转向对外的竞争。

同时，东京国际航运中心也加强了与临港工业的联系。东京国际航运中心西侧是"京滨"工业带，以重工业和化工为主，工业生产值占全国 40％，包括日产汽车、石川造船、三菱重工、日本石油等跨国公司。而东京国际行业中心东侧为"京叶"工业带，也是日本重要的工业带之一，包括大型炼钢厂、大型炼油厂和大型石油化工厂以及三井造船厂。根据临港工业带的布局，日本政府合理定位东京国际航运中心的发展，实现东京国际航运中心与邻近港口的错位发展，避免与邻近港口之间的过度竞争。

东京国际航运中心以"区港联动，分工明确"的竞争与合作模式，实现了东京港与邻近港口的错位发展，避免恶性竞争，达到共同揽货和整体宣传，提高整体知名度，从而形成同国外港口相抗衡的局面。

3）鹿特丹国际航运中心竞合发展模式

鹿特丹国际航运中心以鹿特丹港为核心。鹿特丹港素有"欧洲门户"之称，作为西欧的商品集散中心，不仅是荷兰的国际贸易门户，而且是整个欧洲的物资流通基地。

1993 年欧盟成立欧洲海港组织（ESPO）来协调管理整个欧洲地区的海港。ESPO 模式强调港口自主经营，确保自由竞争，通过法律来协调航运业的整体利益，为特定的航运项目提供技术咨询和资金支持，统计并整理欧洲航运业的有关数据。鹿特丹国际航运中心在遵循 ESPO 模式下，与安特卫普港、阿姆斯特丹港等西欧港口形成比荷海港系统。根据港口规模和分工比荷海港系统分为 4 个层次：第一层次鹿特丹港，全球货物吞吐量最大的港口之一,也是欧洲最大的集装箱港口,其临港工业包括炼油、造船、石油化工、钢材等;第二层次安特卫普港,作为著名的综合石化基地和国际高价值货物的重要贸易地区,也是欧洲最重要的中转港;第三层次是阿姆斯特丹港,荷兰西部矿石和煤炭的进口港,主要承担干散货运输;第四层次是其他中小型港口。

在欧洲海港组织的倡导下,遵循比荷海港系统,鹿特丹和安特卫普之间联合建立了一条新的南北向货物铁路线,并建设支线进一步延伸向意大利北部,实现鹿特丹港与欧洲超级铁路核心网络相连接。一方面增强了比荷海港系统内各港口的集疏运功能,促进港口间的交流合作;另一方面也进一步提高了鹿特丹国际航运中心的综合竞争力,带动鹿特丹国际航运中心发展。

比荷海港系统竞合模式为鹿特丹国际航运中心提供了良好的发展环境,促使鹿特丹港与安特卫普港、阿姆斯特丹港等国际大港形成了分工合理、层次分明的港口体系,而有效避免了彼此之间的恶性竞争和资源浪费。

4)上海国际航运中心竞合发展模式

上海国际航运中心位于我国经济、文化、科技最发达的长江三角洲地区,是国内领先国际上较为先进的航运中心,是我国各大港口群中港口分布密度最大的港口群之一。早期长江三角洲地区港航企业管理体制混乱,存在行政壁垒的限制,加剧了港口航运基础设施的重复建设,从而形成了"大而全"、"小而全"的局面。各港口的通关手续、税费标准、管理模式等方面差异明显,缺乏一个科学合理的布局规划。各港口在功能定位上的重复性,阻碍了区域内资源的流动和跨地区合作,导致港口功能、产业结构趋同。

为了更好地发挥上海国际航运中心的作用,防止和避免重复建设,做到资源的合理配置,上海港一方面与宁波港形成"双枢纽港",实施以上海港为航运中心主体,宁波港作为有益补充的发展战略。并成立上海组合港管理委员会,行使跨地区的港口集装箱码头行政管理职能,但上海组合港的功能如今并未实际有效运作,上海港与宁波港的竞争仍大于合作。另一方面,由于在深水港的建设问题上,上海港发展集装箱业务的最大制约是水深条件,上海港舍弃与宁波北仑深水港的优势互补,而选择另建属于上海港的大小洋山深水港。

上海港在舟山建造洋山深水港的举措,体现的是异地投资,两地受益的合作模式。上海港与宁波港所形成的"双枢纽港"模式,虽然短期内难以发挥良好的合作作用,但在未来却是上海港与浙江、江苏等地区港口整体合作的重大举措,将有利于上海港与邻近港口的统一规划建设,优化配置岸线资源,实现上海港与其他港口公共资源共享,避免上海港与宁波港等港口的恶性竞争,进而发挥长江三角洲港口的整体效益,提高上海国际航运中心的核心竞争力。

7.3.2 武汉长江中游航运中心的整合策略

1)核心港区与其他港区的整合策略

核心港区主要是指以武汉新港为片区的港口群,其他港区主要是指以岳阳港和九江港为片区的港口群。武汉新港、岳阳港和九江港分别隶属于湖北省、湖南省和江西省,它们分别为各自省份吞吐量规模最大的港口。3个港口彼此地理位置相邻,岳阳市距离武汉市 231 千米,九江市距离武汉市 269 千米。由于各自省份的政策导向、投资建设力度以及地理位置关系,武汉新港与岳阳港、九江港的竞争相比其他长江中游典型港口更为剧烈。

武汉港现有码头泊位数 168 个,5000 吨级以上泊位 41 个,千吨级以上泊位 166 个。该港有 52 个公用码头和 116 个货主码头,其中通用码头泊位 38 个,专用码头泊位 14 个。货主码头所占份额较大,码头资源利用率不高,通用码头比例适中,但只能满足对装卸设备要求不高的货物中转装卸,而专用码头份额较小,难以满足危险品、特殊货物的靠泊装卸需求。

岳阳港现有规模以上泊位 116 个,位于长江干线的码头泊位 58 个,其中通用码头泊位 28 个,专用码头泊位 30 个。岳阳港通用码头与专用码头所占份额分别为 48%、52%,两者份额几乎相同,反映了岳阳港既能满足干散货、件杂货等对装卸设备要求不高的货物中转装卸,又能满足特殊货物船舶靠泊需求。

九江港拥有生产性泊位 118 个,码头泊位数 182 个。5000 吨级以上泊位 27 个,千吨级以上泊位 136 个。该港拥有 96 个公用码头和 86 个货主码头,其中包括 83 个专用码头和 13 个通用码头。由于仅有 7% 的通用码头,九江港难以适应件杂货、干散货等通用性强的货种,份额较大的专用码头则可以满足客运、砂石等特殊货物中转装卸服务。

从 3 个港口的港口资源结构可知,武汉新港专用码头所占份额较小,仅占总码头数的 8%,而九江港则是通用码头所占份额小,仅占 7% 的份额。因此,武汉新港在公用码头资源方面可以和九江港的公用码头互补,发挥各自港口的竞争优势。相比九江港,岳阳港在长江干线的泊位数较小,大多数泊位仍位于岳阳老港。因此,武汉新港可进一步与岳阳港合作,充分利用岳阳港专用码头,岳阳港则可以利用武汉新港丰富的岸线资源和长江沿线的泊位。

2）航运中心产业的整合策略

武汉产值超千亿的优势产业包括汽车及零部件、光电子信息、高端装备制造、食品和农副产品深加工、生物和医药、精品钢材及深加工、石油化工等产业。港口城市的产业特点决定了武汉港主要从事集装箱、煤炭、钢材、石油、矿石和粮食等各种货物的港口装卸、仓储运输，港口发展和关联项目的投资，餐饮娱乐、机械加工和旅游广告等业务，其服务范围主要面向华北、华中、华东、西南等片区以及沿海东亚等地区。

岳阳市主导产业为石化和食品企业，规模均在两百家左右，分别占全部规模工业增加值 30% 和 20% 以上，其他产业诸如造纸、纺织、机械制造和电子光纤等产业也是岳阳市的特色支柱产业，同时岳阳也是湖南省重要的旅游城市。岳阳市的主要产业决定了岳阳港主要的业务包括集装箱业务、大宗散货业务、件杂货业务、滚装车业务、客运旅游业务。石油、化工原料、煤炭、矿石和粮食等货物可通过岳阳港中转到上海、江苏、广东等地。

九江市拥有石油化工、钢铁、有色金属、纺织服装、汽车船舶、绿色食品等十大产业，占全部规模以上工业主营业务收入的比重超过 80%。临港产业的特点决定了九江港每年进出口货物主要以矿建材料、煤炭、金属矿石、钢材、石油化工、水泥和木材等为主，是负责闽、浙、赣三省的水陆联运物资中转枢纽。

由此可见，武汉市与岳阳市、九江市在主导产业方面存在交叉，也各自具有不同的发展特色。主导产业的交叉，促使武汉港、岳阳港和九江港所从事的航运业务相同，容易在货源上互相争夺。另一方面，不同城市的特色产业也为 3 个港口的合作提供了前提条件。武汉长江中游航运中心核心港区武汉新港的发展方向应实行错位发展模式，避免因为业务模式的重叠而导致的与邻近港口之间的过度竞争，为武汉长江中游航运中心的整合打下基础。

8 基于中部崛起的武汉长江中游航运中心自生能力提升战略研究

　　航运中心的自生能力不仅可以从复杂适应系统理论得到解释,也可以利用哈耶克自生自发秩序理论进行解读。哈耶克自生自发秩序理论及其自由市场秩序思想认为,自由的市场经济实质上是参与者自生自发进行市场各种交易和活动的一个过程。这是因为自由的市场经济能够赋予参与市场活动的所有群体和个体一定的自由和权利,不同的参与者根据自身境况设定相应的利益目标,充分发挥其积极性、主动性、创新性,从而为了实现各自的利益目标而在整体上呈现一种自发竞争的态势。但是,哈耶克所推崇的自由市场秩序也并不意味着政府完全放任市场。现代市场经济发展历程和现状也已经表明,由于市场不是万能的,市场也存在许多缺陷和问题,当市场出现本身所不能控制的问题时,如信息不对称、公共产品、交易成本等问题,市场也经常会失灵。国家和政府应当适当进行干预和调节,从而保障市场不至于处于瘫痪的状态。

　　本课题研究的是武汉长江中游航运中心自生能力的提升,自生能力的基础含义是自我生存、自我生长、自我升级的能力,而航运中心的自生能力表达的则是在一定外部环境下通过航运中心内部机制,对某些航运要素集聚和航运资源优化配置,使航运中心内各要素具备自我生长和自我升级的功能,并最终将外部输入和内部投入转化为持续且内生的发展驱动力,并在扩散域内获得突出的区域影响力的能力。中部崛起作为武汉长江中游航运中心自生能力建设的重要外部环境,对自生能力的建设也提出了相应的要求。

　　2013 年 11 月 9 日至 12 日,我国召开十八届三中全会。全会指出,经济体制改革是全面深化改革的重点,核心问题是处理好政府和市场的关系,使市场在资源配置中起决定性作用,减少政府对市场的过度干预。因此,在研究如何提升武汉长江中游航运中心自生能力时,可以借鉴哈耶克的自生自发秩序理论及其自由市场秩序思想,结合现阶段我国经济体制改革重点,使航运中心市场的自由发展与政府的适度调控有机结合。

8.1 自生能力的另一种解释——哈耶克的自生自发秩序理论

哈耶克经济社会理论的一个核心是自生自发秩序理论,其独特贡献是市场经济理论。在哈耶克看来,经济自由意味着自生自发秩序在市场领域的运用,即自由的市场秩序。哈耶克的自由市场秩序思想也存在理论限度。

8.1.1 自生自发秩序理论

自生自发秩序理论是哈耶克新自由主义思想的重要理论,他将秩序归为两类:第一类是人工秩序(Artificial Order),该秩序源于外部,是人为的安排;第二类是成长秩序(Grown Order),该秩序源于内部,是一种抽象的自生自发秩序。

哈耶克的自生自发秩序需要有三个要素来提供支撑,这三个要素是:自由、规则和竞争。自由体现在个人可以自由地通过自身具备的知识能力去实现自己的目标,进而推动整个社会的进步,这将有利于自生自发秩序的形成;人在自由实现自身目标的同时,并不是绝对意义上的自由,还必须遵守一定的规则,只有在规则的许可下,才能达到真正的自由;竞争是个人自由发展过程中必须面对的环境,只有存在竞争,人才能进一步突破自己,从而带动社会进步,这也有利于自生自发秩序的发展。

哈耶克是这样运用自生自发秩序解释经济问题的:人们为了不同的目的竞争可利用的资源,经济问题就产生了,这时人们就必须考虑成本问题,所以必须做出某种选择。但在此秩序中,这样的经济问题不是由任何人有意识的决策来解决的,单个人做出一种决策是以既定的价格为基础的,而这种价格机制不是人类设计的产物,受其指引的人们通常也不知道自己为什么会如此行事。也就是说,由竞争的压力自动生成了一些秩序,或者说由市场自发产生了一些秩序。

8.1.2 自由市场秩序思想

按照哈耶克的观点,自由是市场经济的前提条件,而市场经济是人类社会在商品交换过程中自发形成的。在市场经济中,每个参与主体不断寻求发展进而形成一种自生自发秩序。在市场经济的生产、交换、分配、消费过程中,每个主体的市场行为在这种自生自发秩序下自由地进行,不受政府的束缚及限制,参与个体根据设定的利益目标,通过自由竞争的方式,实现自身利益最大化目标。这种市场经济中形成的自生自发秩序就是自由市场秩序。哈耶克认为,自发出现的自由市场秩序,是迄今为止人类社会、经济发展进化过程的最优阶段,是人类社会迄今为止出现过的最有效率的经济结构和经济制度。市场秩序的优势在于资源配置的有效性,而这种有效性又表现在它能够保证参与该市场活动的不同群体和个体能更有效地发挥其作用,从而在竞争中实现优胜劣汰的规则。

从哈耶克的观点可以看出,自由市场秩序可以刺激市场参与主体的积极性、主动性、创新性,进而使社会资源得到最优配置。市场经济体制不是依靠政府或相关制度来强制执行的,其本质是在一定时期、一定区域范围内,市场参与主体自由生产、自由交换、自由分配、自由消费,这个过程中,产生自由竞争、形成自由决策,最后的结果就是参与主体的目标利益最大化、社会资源配置最优化。换句话说,在自由的市场经济中,所有参与市场活动的群体及个人,会根据自身条件和客观环境,设定合理的利益目标,为了实现自身的利益目标,他们会主动学习、自发竞争,这个过程会促使自由市场秩序更加合理完善。因此,自由市场秩序被哈耶克极力推崇。自由市场秩序的重要意义在于它体现了人类现代文明的发展,促使人类通过学习不断取得进步,从落后的生产生活方式发展至今,实现了自由、平等,推动了现代文明的发展完善。今天,世界经济高度发达,还在实行平等竞争的市场经济,还在提倡自由的市场秩序,其原因就是,人类虽然在学习、在进步,但面对同样发展的世界,人类的认知程度、认知能力、认知的内容还是有限的,对事物、对规律处于无知状态是不可避免的。所以,通过自由的市场、自由的市场秩序,让人类有机会、有时间、有空间去发现探索世界的新生事物,发挥创新意识,提高适应新环境、新世界的能力,推动人类从无知到认知的跨越,同时也推进现代人类文明的健康发展。

自由市场秩序的演化要遵循一定的客观经济规律,其中,竞争机制是保持自由市场秩序向着良性方向发展的最优机制。市场经济中的竞争来源于市场中的参与主体会通过各种方式实现自身利益的最大化,竞争的结果就是某些主体在竞争中变得更加强大,拥有更多的资源,而另一部分群体在竞争中会由于资源的丧失变得弱小,为了生存进而依附那些强大的主体。在市场竞争的过程中,自由市场秩序也随之而进化发展。哈耶克认为,自由市场秩序的演化是一种社会进化的过程,而这种社会进化过程最本质的特征就是在这个过程中,参与主体会有主动的学习、交流、选择、创新,进而获得相应的能力引领社会进化。自由市场秩序作为这种获得性进化的一种产物,对于市场经济中的各个群体、个体能起到积极的引导作用,能够促使其学习创新,提高自身的适应能力,实现从未知到认知、能知的飞跃,推动整个市场向着良性、互动和友好的方向发展。同时,市场的良性发展也会推进自由市场秩序的选择、进化、发展和完善。

8.1.3 自由市场秩序理论限度

哈耶克认为,在自由的市场秩序中,每个群体、每个个体都可以根据自身的利益目标,自己决定自身行为,掌握自己的命运,国家、政府及他人不能强制干预个体的经济活动行为。但是,哈耶克理论所解释的自由不是无限度、无维度的自由,其理论也存在限度。哈耶克所推崇的自由市场秩序也并不意味着政府完全放任市场。现代市场经济发展历程和现状也已经表明,由于市场不是万能的,市场也存在许多缺陷和问题,当市场出现本身所不能控制的问题时,如信息不对称、公共产品、交易成本等问题,市场也经常会失灵。国家和政府应当适当进行干预和调节,从而保障市场不至于处于瘫痪的状态。

哈耶克本人是反对完全放任的自由市场秩序或者国家完全干预的计划经济的,他主张政府应该适当干预市场经济,特别是当市场出现失灵情况时。在自生自发的市场秩序里,由于某些商品具有非竞争性、非分割性、非排他性以及其他成本原因,不可能完全依靠自由市场秩序对市场进行合理科学的调节。1944年,在哈耶克的《通往奴役之路》一书中,他重申了其自生自发理论中的自由市场秩序,并不反对政府的适当干预。政府的适当干预有利于竞争机制在市场中更好地发挥作用。这种自由市场秩序中的经济与完全受控于国家的计划经济是不同的。依据哈耶克的观点,自由市场经济中的每个群体、每个个体所得到的真正的自由里还包含有政府对市场的辅助干预。市场经济发展中会出现贫富分化严重、资源垄断、社会保障滞后、就业歧视等无法用市场自由秩序解决的问题,国家和政府对于这些情况,实施干预的手段可以是行政手段或者法律手段等。总之,从哈耶克的理论观点可以得出,自由市场秩序存在理论限度,应用该理论时应注意到政府在其中的作用。

8.1.4 市场秩序与政府行为衔接路径启示

自生自发秩序的形成,促进了市场发展。自生自发秩序作为外部秩序存在的基础,所有参与者都必须遵守。政府行为即视为外部秩序,用以维系自生自发秩序的行为准则。政府行为在市场中的平衡点即为政府收益最大化下的市场发展,市场秩序与政府行为衔接路径的突破点在于调整政府行为以使外部秩序适应自由市场秩序从而达到平衡点。

1)政府需提供明确的外部秩序

在市场经济发展中,自生自发秩序不断进行自我调整,逐步完善。外部秩序伴随自生自发秩序的变动相应调整。政府行为作为外部秩序的化身,用法律制度保护信用环境及微观体制。所以政府提供的外部秩序应清晰明确,这样可降低市场主体对未来预期的不确定性,使之成为市场主体自觉遵守的行为准则,从而使外部秩序内化成自生自发秩序。

2)政府行为作为外部秩序需适应自生自发秩序

在市场发展中,政府行为是必不可少的。维护社会稳定及市场发展的自生自发秩序是政府行为参与市场发展的初衷。社会经济的发展也在自发地调整资源配置,相应产生政府控制和市场反控制的博弈关系,产生市场约束。

通常,政府控制市场的意愿、政府控制市场的成本及收益将决定政府行为参与市场发展的程度。当政府控制市场的意愿强烈,同时控制市场的收益大于成本,那么政府将实行较严格的市场控制;当政府控制市场的意愿较弱,政府就会逐步退出市场控制。所以,为使外部秩序适应自生自发秩序,需要不断调整政府行为,逐步达到平衡点,实现政府收益最大化下的市场发展。

2013年以来,我国以"简政放权"为切入点的新一轮体制改革有序推进,体现出新一届政府的改革决心与信心。2013年全国两会期间,政府明确提出,在本届政府任期内,国务院部门实施的行政审批事项要减少三分之一以上。国务院总理李克强同志指出,这次改革的核心就是转变政府职能,也就是简政放权。要限期完成职能转变的各项任务,绝不能"换汤不换药"。4月24日,国务院第一批取消71项行政审批事项;5月6日,第二批取消和下放61项行政审批事项;6月19日,第三批取消和下放32项行政审批事项;7月22日,第四批取消和下放50项行政审批事项。

李克强指出,稳定经济大势,既要发挥宏观政策的作用,更要依靠改革促进转型,激发社会、企业、个人的活力和创造力。要抓紧清理束缚生产力发展的障碍、取消不合理的政策和制度规定,降低企业生产经营成本,使它们在更公平公正的环境中参与竞争。特别是要加快转变政府职能,向市场放权、为企业松绑,用政府权力的"减法"换取市场活力的"加法"。李克强强调,要把错装在政府身上的手换成市场的手,要更加尊重规律,转变政府职能,处理好政府与市场、与社会的关系,经济领域要更多地发挥市场配置资源的基础性作用,社会领域要更好地利用社会的力量,包括社会组织的力量,把应该由市场和社会发挥作用的交给市场和社会。

基于自李克强总理上任以来,其制定的中国经济增长的相关计划及其发表的关于中国改革的重要观点,一个新兴名词——"李克强经济学"(Likonomics)横空出世,这是由时任海外投行巴克莱亚洲首席经济学家黄益平提出的,用来指李克强为中国制订的经济增长计划。

李克强经济学的第一个内涵在于:加强市场竞争机制。一方面,简政放权、降低准入,为民间经济重新提供公平机会,让市场机制自发起作用;另一方面,打破国家对地方政府、国家对银行、地方政府对地方企业的背书,明确责任权利,市场机制自然会淘汰低效率主体。

李克强经济学的另一个内涵在于:厘清政府市场边界。国家在保障公共生存安全如国防、环保、消除贫困、维护社会稳定等公共利益的市场失灵的情况下,必须加大投资力度,尤其是在经济下行的时候。在过去 10 年形成的话语体系中,这种政府介入通常被解读成"刺激"或"放水",这就是市场惯性造成的预期差。判断最终是惯性向改革靠拢还是改革向惯性靠拢,只需观察经济中分配资源的权力是更依靠市场机制还是更依靠行政分配。早前国家"4万亿"政策的执行明显是对后者的加强,究其原因是既没有厘清市场和政府的边界,也没有强调市场在资源配置中的基础作用。

8.2　基于中部崛起的武汉长江中游航运中心自生能力提升战略目标与重点

航运中心是各种航运要素的一个集合体,航运中心的自然资源的潜在支持力、经济社会资源的潜在能力、产业发展能力、企业竞争力和地方政府的调控能力等能力单元之间不断相互作用,不断自我修正与完善而超越了本身,并涌现出更为宏大的航运中心自生能力。

武汉长江中游航运中心的直接腹地为中部地区,且航运中心属于区域经济范畴,中部崛起的实现需要武汉长江中游航运中心的有力支撑。因此,中部崛起对武汉长江中游航运中心的建设提出了较高的目标要求,相应还提出了航运中心自生能力建设的战略总目标和分阶段目标,以及战略重点。武汉长江中游航运中心建设发展及自生能力各个阶段目标的实现,有利于促进中部崛起战略实现。

8.2.1 基于中部崛起的武汉长江中游航运中心建设目标要求

"中部崛起"战略的实施有利于武汉长江中游航运中心的建设与发展。但武汉长江中游航运中心起步较晚,与国内其他航运中心建设存在一定差距,首位港口城市武汉的地位不够突出,在中部区域内的影响力有待增强,航运中心还处于萌芽的自我生长阶段。航运中心建设是一个复杂的系统工程,不可能一蹴而就。因而,在目标制定过程中,必须分阶段逐步发展,最终实现总体目标。每个阶段目标,都应兼具较强的可行性和连续性,既要体现当前阶段的实际需要,符合当前的发展水平,同时还要能够为下一阶段的发展打下坚实基础。因此,下文首先分析了中部崛起对武汉长江中游航运中心建设目标的总体要求,然后分别分析了近期目标要求(至 2015 年)、中期目标要求(至 2020 年)及远期目标要求(至 2030 年)等三个部分。

8.2.1.1 武汉长江中游航运中心建设目标的总体要求

根据前文分析,航运中心自生能力的核心是航运要素的集聚形成相关产业集群,因此中部崛起对武汉长江中游航运中心建设的目标总体要求体现在以下两个方面:

1)航运要素方面

(1)形成以长江干线航道万吨级船舶航行 6 米水深为起始点,通江达海、条件优越的长江中游干线重要的通航环境枢纽,以及由"长江-江汉运河-汉江"高等级航道圈为主体、干支直达的省域水运网络体系,且具有完善的铁、水、公、空运输网络和多式联运服务体系的综合交通重要枢纽。

(2)建成面向现代航运业的科学研究体系和全方位、多层次航运人才培育体系,成为全国领先的航运科研基地和规模最大的船员培训基地及劳务输出基地。

(3)建成以船舶科研设计、中小型船舶与特种船舶制造、船舶装备制造为核心的现代船舶制造基地。

(4)建成由高效的多式联运体系和专业化物流园区构成的"立足中部、辐射西部、面向海外"的综合性物流及贸易基地。

(5)建成港口、航运、物流、监管等信息汇集和交互平台,成为推动全流域航运市场联动发展的现代化信息服务基地。

2)产业集群方面

(1)建成以武汉新港为代表的规模化、专业化、现代化港区。

(2)建成具有鲜明特色的航运金融、航运保险、航运政务、电子口岸等服务功能的全国内河航运服务集聚基地。

(3)建成以现代港口与船舶运输业为依托的先进制造业和现代服务业集聚区,成为中国内陆以港口经济为特色的中心城市和长江中游对外贸易第一大港。

8.2.1.2　武汉长江中游航运中心建设目标的近期要求

武汉长江中游航运中心建设目标的近期要求具体如下:

1)航运要素方面

(1)形成功能区划基本明晰、各项要素基本完备的航运中心体系架构。

(2)航运中心港区建设初具规模,港口货运量和集装箱运量稳步增长。

(3)港航基础设施及集疏运条件相对完善,初步形成以长江中游航道为核心的"长江-江汉运河-汉江"高等级航道圈和水运安全支持保障能力。

(4)综合航运服务基地和信息服务基地建设初具规模,航运服务功能基本健全,航运市场环境明显改善,初步形成长江中游地区航运资源的聚集和配置能力。

(5)初步形成航运科研体系,巩固航运人才培训的领先地位,航运人才的数量和学历层次结构大幅度提高。

2)产业集群方面

(1)初步形成以武汉新港为龙头的组合港,强化各种运输方式的有效衔接,相互促进、形成合力,港区基础设施进一步完善,集疏运条件明显完善。

(2)实现对武汉城市圈的完全覆盖和对长江中游经济带的有效辐射,临港产业开始有效聚集,作为中部地区的货物集散和加工增值中心地位明显,具备初步规模。

(3)船舶工业走廊初步形成,船舶工业实力明显增强,在特种船舶建造、船舶配套及新船型自主开发创新能力三个方面形成明显优势。

8.2.1.3　武汉长江中游航运中心建设目标的中期要求

武汉长江中游航运中心建设目标的中期要求具体如下:

1)航运要素方面

(1)形成与上海国际航运中心、重庆航运中心的协同发展机制。

(2)船舶工业总体实力进一步提升,确立江海直达船舶、内河大型货运及旅游船舶、特种船舶等技术水平和制造能力在全国的领先地位,全面建成以船舶科研设计、特种船舶制造、船舶装备制造为核心的现代船舶制造基地。

(3)航运科研达到国内一流水平,进一步扩大中西部航运人才培训的领先优势,加快发展高端航运人才培养,着力开展航运人才培养的国际化合作。

(4)全面建成综合航运服务基地和权威性的航运信息服务中心,对长江中游地区航运资源的配置能力明显提升,对引领我国内河航运服务业发展和航运资源的优化配置产生明显的示范效应。

2)产业集群方面

(1)集疏运条件完备。突显航运中心集疏运通道在武汉国家级综合运输枢纽整体战略中的作用,以集装箱中转运输为纽带,充分发挥多式联运的优势。

(2)武汉长江中游航运中心的辐射能力加强、范围加大。以港口岸线与后方陆域的一体化开发为导向,加速港航运输、物流服务和沿江产业开发,形成良好的联动发展态势,带动武汉城市圈和长江中游经济带的繁荣。

8.2.1.4　武汉长江中游航运中心建设目标的远期要求

武汉长江中游航运中心建设目标的远期要求具体如下:

1)航运要素方面

(1)建成航运资源要素高度集聚、航运服务功能完善、航运市场环境良好、区域影响力显著的绿色智能化内河航运中心。

(2)高端航运人才培训和航运人才的国际化培养在国内外具有重要影响;内河船舶、特种船舶等科技开发与船舶工业水平居国内领先地位,船舶出口占外贸出口总量的比重明显加大。

2)产业集群方面

(1)航运、公路、铁路等集疏运体系日益成熟,基本覆盖中部地区及部分西部地区经济腹地,对东亚、东南亚国家形成有效辐射,成为我国中西部地区通达我国沿海主要港口和东亚、东南亚重要的门户。

(2)武汉航运交易所建设发展趋于成熟,并以此作为航运业高效发展的综合服务平台,健全和完善口岸综合服务系统,形成与航运相配套的集金融、保险、贸易、口岸、法律、船代、货代等多种服务功能于一体的现代化航运服务体系。

(3)临港产业高度发达,港城互动紧密。航运交易所功能强大,金融中心、信息中心、人才中心地位确立,使武汉成为我国内河最大的国际化港口城市,促进内河航运和流域经济协调、可持续发展,成为推动长江经济带和中西部地区经济发展并融入世界经济体系的战略平台。

8.2.2　基于中部崛起的武汉长江中游航运中心自生能力提升战略目标

8.2.2.1　武汉长江中游航运中心自生能力提升战略总体目标

2011年1月,国务院将武汉长江中游航运中心建设列入国家战略。按照国家和湖北省对武汉长江中游航运中心的定位和要求,前期审议通过的《武汉长江中游航运中心建设战略纲要》总体战略构想是:以武汉新港为龙头,全力打造"一个中心、三大枢纽、六大基地"。其中,"一个中心"是指以武汉为核心,立足长江中游,辐射中西部地区,连接国内外市场,具有国际功能、通江达海的长江中游航运中心;"三大枢纽"是指长江中游通航环境的重要枢纽、综合运输的重要枢纽、港口经济的重要枢纽;"六大基地"即为中国内陆主要的集装箱运输基地、船舶制造基地、综合航运服务基地、航运科技与教育基地、物流及贸易基地、信息服务基地。《武汉长江中游航运中心建设战略纲要》还提出推进武汉长江中游航运中心建设的15项任务,其中包括推进长江干线武汉至安庆6米航道、武汉至宜昌4.5米航道工程,建设以武汉为中心、干支直达的高等级航道网等,设立武汉航运建设发展专项基金,鼓励和支持加快集装箱运输业发展,壮大船队规模,等等。

根据武汉长江中游航运中心建设的战略构想,课题组提出武汉长江中游航运中心自生能力提升总体战略目标为:依托长江中游沿江经济发展,以武汉新港为依托,以长江黄金水道为纽带,以港航基础设施建设为基础,以航运中心物流业及航运中心服务业建设和发展为核心,以信息系统发展为先导,用20年左右的时间基本建成航运资源要素高度聚集、航运服务功能完善、航运市场环境良好、航运资源整合能力显著提高、区域影响力显著的长江中游航运中心;初步形成以武汉为中心、以长江中游为腹地,与长江流域其他港口密切合作的航运枢纽港;逐步形成快捷高效、结构优化的现代化港口集疏运体系,实现一体化综合运输发展。

课题组将自生能力提升战略目标同时分为近期目标、中期目标及远期目标三个部分。

8.2.2.2　武汉长江中游航运中心自生能力建设的近期目标

中部崛起对武汉长江中游航运中心自生能力建设的近期要求为:基本形成完善航运基础业务服务体系,拥有初级水平的自生能力。具体如下:

1)基础航运产业集群趋于成熟、航运服务业出现;

2)航运中心企业竞争力增强、经济社会资源支撑作用增强,航运要素继续向港区集中,港口基础设施不断完善,以港口集团及大型船公司为代表的

骨干企业开始出现;

3)航运中心的业务更多的是为船舶提供中转服务,与港航基础产业直接相关的服务业得到迅速发展,为中部经济发展提供重要支撑。

8.2.2.3 武汉长江中游航运中心自生能力建设的中期目标

中部崛起对武汉长江中游航运中心自生能力建设的中期要求为:基本形成完善航运增值业务服务体系,拥有中级水平自生能力。

1)航运服务业集群的成熟、高端航运服务业的成长,港航企业在航运中心大量集聚,航运产业集群的整体优势充分显现,增值服务业的产业链更长、能级更高,与港航业直接关系较弱的服务业向港口城市内部扩散。

2)航运产业集群链向港口及临港地区的加工增值服务延伸,加工业和制造业在港区及临港地区集聚,以增值服务业的产业链更长、能级更高为特点,金融、贸易、航运、海事、信息、咨询、商业等增值衍生服务开始出现并迅速发展。

3)航运服务要素向港口周边地区集中,与港航业直接关系较弱的资金、信息等服务业向港口城市内部扩散,为高级航运服务业的产生与发展奠定基础,为中部发展提供更为有力的支撑。

8.2.2.4 武汉长江中游航运中心自生能力建设的远期目标

中部崛起对武汉长江中游航运中心目标规划的远期要求为:高端航运服务业集群成长与成熟、综合配置功能的形成,拥有高级水平自生能力。

1)港航业产值比重下降,通过创新向高端航运服务转型,成为所在城市和地区的综合性资源配置中心。航运高端服务业集群不断发展,拥有较强的自生能力。

2)以航运中心为服务平台,以金融资本市场为依托,实现国际和国内相关航运资源、产业资源、贸易资源、人才资源的综合利用和配置,促进湖北、武汉的航运经济和临港产业持续、健康、快速发展。

3)重点发展以航运交易、航运融资、航运保险、海事仲裁、航运信息咨询、航运教育研究与培训为核心的高端航运服务。

4)资源配置的优选能力更强、资源配置的技术手段更先进、资源配置的产业链更长、资源配置的自由化程度更高、资源配置的乘数效应更大,成为中部地区综合性资源调动中心,即成为辐射经济腹地的资源配置中心。

8.2.3 武汉长江中游航运中心自生能力提升战略重点

1)加快武汉新港建设

武汉新港是武汉长江中游航运中心的重要依托。要按照适度超前的原

则,科学、有效地利用长江岸线资源,合理规划产业园区和港区的功能,加快
形成通达、快捷、便利的铁、公、水、空等多种运输方式相互衔接、协调发展的
集疏运体系。

2)建好武汉航运交易所

航运交易所是航运中心的标志性机构,它是航运中心的重要载体,也是
通过市场进行资源配置的重要环节。对于一个内地航运中心来说,航运交易
所的地位尤其重要。把武汉航运交易所建设好、作用发挥好,一方面可以规
范航运市场行为,调节航运市场价格,发布航运市场信息,引导和影响航运业
的发展和走向。另一方面,可以形成专业化服务支撑体系,聚集航运金融结
算、交易、海事、保险、仲裁等航运要素,增强航运业与金融、贸易等机构的沟
通合作,促进长江中游金融中心的形成,进而形成武汉中游经济中心。

3)加快培养和引进战略人才

行业兴旺,关键在人才。航运中心功能全面,专业众多,需要大量的航
运、金融、保险、贸易、物流、仲裁以及政策咨询等多个方面的专业型和复合型
人才。要制定切实可行的政策和措施,加快培养和引进,尽快形成一支高素
质的人才队伍,推进航运中心的建设和发展。

4)筹备建设保税港区

保税港区的建立对于增强武汉长江中游航运中心的辐射力、吸引力和核
心竞争力具有重大意义,因此必须抓住国家加快长江黄金水道开发利用和全
国综合交通枢纽试点城市的机遇,发挥武汉海关的作用,积极做好武汉新港
空港综合保税区申报工作,发挥阳逻港区港口设施、水运口岸、航线网络等功
能优势,扩大启运港退税试点成果,重点建设阳逻港综合保税园区,引导航
运、代理、报关、保险、船舶供应、航运结算等企业聚集,吸引国内外物流、贸
易、加工企业入驻,同时加强武汉海关与沿海口岸海关的协作,加强口岸与检
验检疫机构的合作,全面推进"一次申报、一次查验、一次放行"模式,打造集
港口作业、航运服务、口岸通关、保税物流、保税加工、贸易等功能为一体的武
汉长江中游航运中心核心功能区,成为对外开放的重要门户。

5)大力发展集装箱和大宗散货运输业务

重点建设以武汉新港为龙头的"四大港口集群",大力发展武汉新港的主
要港区:阳逻港区(以集装箱为主、大宗散货为辅的联运中转港和物流中心)、
青山港区(以钢铁、矿石、化工为主要服务对象的工业港)、林四房港区(以煤
炭和金属矿石为主)、三江港区(以集装箱、散货为主)、白浒山港区(以石油及
化工品、集装箱为主),基本形成大宗散货、集装箱、件杂货、汽车运输等较为

完善的专业运输体系。

6）大力优化运力结构

鼓励航运企业，特别是大型航运企业新建、改造江海直达运输船、内河集装箱内支线运输船、内河大宗散货运输船和内河汽车滚装船，推进船舶大型化和标准化，优化运力结构，提高运输效率。加强江海直达班轮化运输，定点、定时、定航线，采取一系列优惠政策，提高航线服务质量。

7）建立航运综合信息中心

依托航运交易所，开展政策研究、运价指数及成本指数研究，定期发布相关研究报告与数据信息，提供船舶交易、运价信息等港航信息发布服务；建设航运中心综合信息管理平台；建设以武汉为中心的全国物流公共信息平台；建设综合运输系统共享平台。

8）构建连接三大城市群综合立体交通走廊

争取交通运输部支持，抓紧完成长江中游航道"645工程"模型试验研究，尽早启动"645工程"前期工作，早日实现武汉至重庆5000吨级船舶直达、武汉至上海万吨级船舶直达的目标；扩大三峡枢纽通过能力，重点挖潜提升三峡过闸设施的通过能力，完善"两坝、两翼、两港"的翻坝转运体系，着力推动三峡物流中心建设，促进区域现代物流业发展。

9）强化与流域港口合作

推动与上海港、重庆港在港口功能互补、航线中转、口岸通关一体化等方面的合作，实现三大航运中心联动发展；加快落实武汉与成都、泸州三市港口物流战略合作框架协议，确保武汉与长江中上游地区铁水、水水运输通道畅通稳定，谋划与宜宾市的航线合作；推动中游城市群武汉、黄石、岳阳、九江等地主要港口航运合作，促进互联互通、促成一体化大市场。

8.3 基于中部崛起的武汉长江中游航运中心自生能力提升战略

8.3.1 航运中心资源要素优化战略

航运中心自生能力的核心之一是航运资源要素的集聚能力，资源要素的数量也是航运中心自生能力涌现的重要影响因素，因此对航运中心资源要素进行优化有利于武汉长江中游航运中心自生能力的提高。

8.3.1.1 航运基础设施优化战略

1) 建设标准统一的高等级航道网

美国、德国等发达国家内河航运发展较好,且一贯重视内河航道的建设,借鉴这些发达国家内河航道建设经验,按照统一标准建设高等级航道,实施"深水战略"。长江上游航道加快梯级开发,中游航道开展长河段整治,下游航道推进系统治理等,使长江干线航道全线达到一级航道标准。其中中游航道实现长江干线武汉至安庆 6 米水深航道、武汉至宜昌 4.5 米水深航道工程。湖北省在加快长江干线航道整治的同时,积极推动汉江、江汉运河等水运主通道和江汉平原航道网的建设,形成以长江干线为中心,联通汉江及其他支流河域的高等级航道网。根据《湖南省内河水运发展规划》(以下简称《规划》),湖南省将于接下来 20 年左右的时间内,投入 1700 亿元,大力推进内河水运的发展,实现"一纵五横十线"为骨架的高等级航道网,基本适应全省经济社会发展需求。《规划》显示,湖南将用 20 年左右的时间,建成以长江为依托,以洞庭湖为中心,以湘江、沅水 2 条高等级航道和资水、澧水、淞虎—澧资航道、涟水 4 条地区重要航道为骨干,以耒水、舞水、南茅运河、塞阳运河、渌水、汨罗江、浏阳河、藕池—华容河、酉水、马凌航道等 10 条具有较大水运开发价值的一般航道为基础的"一纵五横十线"的航道布局。实现对区域内中心城市、主要经济区、重要矿区、重点旅游景区、综合交通枢纽以及长江干线等周边航区的有效沟通。江西省"十二五"时期,以长江黄金水道为依托,以鄱阳湖区为重点,以"两横一纵"(长江江西段、信江、赣江)高等级航道为架构,实施长江干线(江西段)和鄱阳湖、赣江、信江 465 千米高等级航道整治,到 2015 年全省高等级航道里程达到 789 千米,内河高等级航道达标率达到 74%。同时,推进航道建设、管理、养护协调发展。安徽省的高等级航道建设重点为"两干三支"布局,即长江、淮河 2 条干线以及合裕线、沙颍河、芜申运河 3 条支线航道。高等级航道网的建设为大型船舶化的推广应用提供了基础条件。

2) 建设专业化码头

集装箱运输是当今世界最先进的货运方式之一。集装箱运输能力的大小最终取决于服务区域的经济发展水平、产业结构、航运中心在区域经济中的地理位置和服务功能等多种因素。因此,应加强集装箱码头的建设,满足集装箱较快增长的需要。

注重集装箱码头建设的同时,也应重视其他类型码头的建设。虽然目前武汉港口码头平均规模较大,港口机械化程度也在逐渐提高,但从长期发展考虑,建设一些专业化码头是必要的。这些专业化码头应包括:

（1）重型装备装卸作业码头，以适应重型石油炼化设备、重型电力供变电设备、重型发电设备、重型工业装备等装卸的需要。

（2）专业化的 LNG、LPG 码头。城市建设发展离不开能源的支持，大量进口 LNG、LPG 是必然趋势。LNG、LPG 装卸运输有很高的技术性、安全性要求，必须要有专业化的港口码头。

（3）其他专业化码头。依据国家中部崛起的战略，国家对于长江内河航运发展的重视，以及中部城市经济的发展，长江内河航运运输规模日益扩大。量的增长必然带来专业化运输要求，运输服务的精细化分工也成为必然趋势，因此也应考虑相应的专业化码头建设，如：木材运输专业化码头、散装货物运输专业化码头、汽车滚装运输码头，等等。

3）推进船舶标准化和大型化

坚持不懈地推进船舶标准化和大型化，尽快启动实施《全国内河船型标准化实施方案》。加大中央、地方政府资金补贴力度，带动企业资金投入，加快推进船舶标准化、大型化建设。加速淘汰老旧、落后、高耗能运输船舶，提高船舶平均吨位、降低运输成本、提高运输效率。积极支持长江中游重点发展干散货船、集装箱船、液化危险品船和汽车滚装船等专业化船舶，推动中游形成集装箱、煤炭、矿石、石油化工、汽车滚装等专业化船舶运输体系，增强长江中游航运中心自生能力。

8.3.1.2 资本资源优化战略

1）港航业资本资源优化

（1）创新航运项目融资体制

创新航运融资的方式，支持航运相关企业、金融机构等共同建立航运产业基金，为航运金融、航运物流、航运制造业融资等提供服务。

项目融资有多种方法和形式，其中 BOT、TOT、ABS 等是国际上近年兴起的新项目融资方式，在基础设施建设融资中的应用较为广泛和成熟。

（2）鼓励港口发展"地主港"模式

"地主港"模式，是指政府委托特许经营机构代表国家拥有港区及后方一定范围内的土地、岸线及基础设施的产权，对该范围内的土地、岸线、航道等进行统一开发，并以租赁的方式把港口码头租给国内外港口经营企业或船公司经营，实行产权和经营权分离。特许经营机构收取一定租金，用于港口建设，而码头的上部设施，如库场、机械、设备等经营性设施则由经营人自己建设、维护、管理和使用。

（3）鼓励实施航电结合

航电结合有利于航道建设资金的筹集，是水资源综合利用的一条成功道路，国内外类似成功经验不少，如法国罗纳河、德国美茵—多瑙河的开发，我国湖南湘江和广西西江的开发。

"以电养航，航电并举"项目的性质与一般内河航运项目的性质有所区别。就航道本身来说，它是纯公共物品，不具有投资吸引力。而"以电养航"项目有了水电站的加入，将水电站与航道作为一个整体来看，就不再是纯公共物品，而是准公共物品。

为鼓励以电养航，政府应出台有关政策，对部分项目实行将航道开发资金纳入水电站电价中，并实行水力发电收入不纳税的特殊政策，以水电站收入建设航道，实现以电治河，以电兴航，滚动开发。

（4）鼓励国内外资本投资港航基础设施

根据国家投融资体制改革方案，创造市场公平竞争环境将是一个重要方向，其核心应是收缩政府直接投资范围，全面放开民间投资实业的领域限制。

政府可以出台以下政策鼓励外资和国内资本（包括民间资本）进入港口行业：①实行优惠政策，简化审批程序，增加让权让利幅度；②放宽经营范围及延长经营年限，允许港口进行综合开发，以增强港口建设融资的能力；③在不危害我国政治和经济安全的条件下，适度提高外商投资公用码头建设所占比例。

（5）鼓励有条件的港航企业发行债券

港航企业通过银行贷款仍然无法满足资金需求的情况下，可以考虑债券融资。债券可以享受所得税税前抵免，因此资金成本较低。为加大航运服务业建设的筹资力度，政府应出台政策鼓励符合条件的航运服务企业发行债券。同时可通过规定债券持有者的利息收入不纳税等优惠条件吸引更多居民购买航运服务企业发行的债券。

2）船舶运输业资本资源优化

对于船舶运输业资本资源进行优化，鼓励发展融资租赁。企业租入现代化船舶营运，同时出卖、拆卸亟须淘汰的船舶或长期出租，优化船队结构。

融资租赁方式灵活且具有较强融资能力，主要表现如下：第一，船舶企业采用金融租赁方式能够降低各种风险损失，且可获得减免关税、允许加速折旧、减免固定资产投资方向调节税等优惠。第二，融资租赁方式操作便捷，方法灵活。第三，通过融资租赁方式，船舶企业能够分期偿还租金，避免资金积压，加速资金周转，能以较少投资获取较大的经济效益。

8.3.1.3 人力资源优化战略

在航运要素中,首先就是知识资源方面,武汉长江中游航运中心的建设除了要具备航海、轮机、电气、港口工程、机械等高级工程技术人才外,为适应时代发展的需要,还需要熟悉国际贸易和国际运输业务的复合型交通运输高级专业人才。目前,武汉各大高校和培训机构的航运人才的培养虽然满足各层次的需要,但这些机构多注重某一专业或者某一层次的重点培养,缺乏高层次、复合型人才培养的师资投入、专业建设。因此武汉市应采取措施积极鼓励培训机构向多元化的方向发展,努力培养复合型人才。

1)制定航运业人才培养规划,建立航运人才培养体系。

通过多种途径培养和吸纳航运人才,并向发达国家学习,在一定时期内拨出专项资金用于航运专业人员的培养和培训,尽快建立航运业的职工终生教育系统。

2)鼓励和允许高等院校按照市场需求开办和设置航运专业及课程。

引导和帮助有条件的企业、民间团体和行业协会同高等院校联合办学,有组织、有计划地对在职人员进行技术培训,不断提高从业人员的素质,及时为现代化航运业的发展提供急需的航运人才。

3)鼓励和引导高校学者、市场研究机构、机关、企业工作人员进行航运产学研合作。

4)从政策上鼓励有关部门和企业积极从国外引进高端航运服务业人才。

8.3.2 航运中心产业集群优化战略

航运产业集群是航运中心自生能力的外在表现,通过分析航运中心产业集群的发展状况可以较全面地把握航运中心自生能力的发展层次和所处阶段。

从产业构成的角度来理解,现代意义上的国际航运中心应该由基础航运业、航运服务业所构成。基础航运业主要包括航运、港口等产业,其核心业务涉及货物运输、货物装卸、拖船作业、码头服务、集装箱场站、仓储服务等,属于劳动密集型和资本密集型产业。航运服务业是指为航运业提供信息、人才、技术、管理、服务和保障等的产业与机构,属于知识、人才、信息密集型产业,其中的航运物流业是现代物流理念下,在与航运、港口相关的运输、仓储、包装、流通加工、配送等环节中形成的商品、资本、技术、信息、管理和人才的集成与创新,其核心业务主要包括港口保税物流、仓储物流、航运物流信息服务、航运物流供应商和客户一体化服务与协作等。

武汉长江中游航运中心产业集群与香港、荷兰和伦敦相比有很大的差距,主要表现在:一是航运集群主要是由区域外部力量,特别是政府引导驱动而成,而区域内部力量经济腹地的市场需求还未被积极调动起来,武汉内河航运中心的地位未被广泛认可。二是航运产业的集群效应不明显,在武汉聚集起来的航运要素,在行业内和行业间尚未形成竞争合作的关系网络。三是部分航运服务功能较弱,如金融、海事保险、海事法律咨询、海事仲裁、船舶和航运交易、公估公证、船舶注册登记等。四是部分航运服务门类存在着企业数量多、规模小、服务不规范或标准较低、市场垄断经营、服务资源不能共享、高层次航运服务专业人才匮乏等问题。武汉航运中心要实现其远期的战略目标,其产业集群水平还有待优化。

1)优化临港产业布局

临港产业是以港口为中心,以城市为载体,以腹地为依托,以产业为支撑,以运输体系为动脉,以综合服务为配套的开放型产业体系。本课题中临港产业主要包括临港工业和临港服务业,临港产业的发展状况反映了航运中心产业集群的发展程度。临港工业是指依托港口资源优势,以产业集群、成片开发为基础,以重化工业为主体,以大型化为典型特征的生产组织形式,如船舶工业、石油化工业、钢铁工业、电力工业等。临港服务业就是与港口以及航运相联系的服务行业,涉及船舶靠泊服务、临港物流服务、海事服务、信息服务、金融保险服务等。

加快武汉长江中游航运中心临港工业的发展,第一,可以充分利用武汉的人力、技术、自然等资源,发展造船、重型装备制造等临港工业;第二,可以将湖北省腹地作为临港工业的核心基础,将湖北省的农业、林业、矿业等资源引入武汉长江中游航运中心,通过深加工或者粗加工实现增值;第三,可以利用武汉长江中游航运中心港湾众多、岸线资源优良的条件,创造更多的临港加工区,在全球新一轮结构调整中接受全球经济转移,并促进武汉加工业的结构调整和技术升级;第四,可以利用建设装备制造、船舶、石化、电子信息基地的机会大力发展相关配套产业,这样才能造就真正的"适箱产业",而"适箱产业"是现代航运中心物流量的关键所在。例如造船业要围绕建设航运中心的目标,把与造船配套的机电、仪表、新材料等零部件产业带动起来,增加集装箱的运量。

关于武汉长江中游航运中心临港服务业的发展,要进一步加强港口与城市的互动,依托港口形成完备的临港产业体系和产业集聚区,武汉市要为临港服务业的发展提供强大的要素支撑和需求来源。在港口与城市的互动中,要注重产业融合发展、注重产业形态创新、注重产业核心部门培育。

借鉴上海、天津、重庆、广州等地临港经济区建设经验,规划建设武汉长江中游航运中心产业总部区,集中布局海关、国检等机构,集聚航运政务服务中心、航交所、物交所、商品交易所,以及航运、物流、贸易企业总部,致力于建成环境品质最好、政策最优、交易成本最低、产业辐射能力最强的现代航运产业功能区,形成武汉长江中游航运中心产业发展的标杆和主要支柱。

（1）培育服务主体

对于临港服务业的发展,需培育核心服务主体。通过出台相关优惠政策,及建立良好的投资环境,吸引国际知名服务企业前来设立分支机构,学习其先进服务理念、服务技术、服务标准、管理方法等。扶持若干精英临港服务企业,促进临港服务企业集聚,提高临港服务业服务水平及效率。重点发展骨干型物流企业,形成以第三方、第四方物流企业、供应链企业为主体的物流产业群,促进现代物流企业共同发展,提高物流产业竞争力。研究制定相关激励政策及措施,扶持一批具有发展潜力的服务中介机构,鼓励中介机构实行不受所有制类型及地域限制的联合、重组,形成核心服务。

（2）推动产业融合

现代服务业与制造业联系的紧密性日益提高,两者形成一种共生关系。临港服务业的发展会促进临港工业的生产运营效率的提高,生产成本的下降。同时临港工业的发展会促使临港服务业需求的增加。武汉航运中心临港产业融合重点如下:第一,建立先进的航运信息中心。按照第三代港口的功能标准,建设航运信息中心。航运信息中心建设的重点工程是港口的网络工程、软件工程,集成港口生产操作系统,建立港口数据库,全面优化港口网络信息平台,实现港口信息化的拉动作用。第二,建设大型航运物流中心。学习世界先进港口现代物流业发展的相关经验,发展集疏运、配送调度、信息共享、综合服务、口岸检验等系统,全面推进航运中心物流建设。加强市场调研,依据客户需求,有针对性地发展航运物流。第三,建设航运中心融资主体。应扩大开放范围,充分利用国际国内两种资源和两个市场,多渠道、多领域地融入航运中心建设资本,实现航运中心建设投资主体多元化。

（3）建立服务标准

武汉航运中心临港服务业的发展必须建立一定的服务标准。标准的建立反映了现代服务业发展的程度以及自主创新能力。有了标准作为评价依据则可以对企业的服务水平进行公正合理的衡量。对于同行企业,有了标准,产品差异化难度增大,就会产生技术壁垒及产业壁垒;对于产业链,可以利用标准合理分配利润。因此,企业服务标准化能帮助企业降低营销成本,增强市场竞争力。武汉航运中心服务业的发展必须建立服务标准,全面提升服务水平和服务质量,提高临港服务业的区域竞争力。

2)优化航运集疏运系统

(1)合理配置运输资源

武汉长江中游航运中心集疏运系统的优化首先要进行运输资源的合理配置。对于长途运输,尽量配置铁路、水路运输方式,加强铁水联运;对于短途运输以及长途运输两头的衔接以公路运输方式为主;由于公路运输成本较高,对环境污染较大,应制定有关政策引导公路运量向铁路、水路转移,合理配置运输资源,充分发挥各种运输方式的优势;对于铁路、水路的建设发展可以从财政税收政策上及其他方面予以倾斜,推动其联合发展,例如可以通过货运配载信息共享,规定远距离货物由铁路、水运承担。结合已经出台的《武汉集装箱铁水联运专项补贴资金管理办法》制定具体操作方案,对从事武汉集装箱铁水联运的经营企业进行补贴,推动构建陕、川、渝等周边地区铁路货运运输和武汉水路货运运输对接转运的枢纽。

(2)建设无水港(Dry Port)

无水港,顾名思义是指"无水的港口",实际是指在内陆地区建立的具有报关、报验、签发提单等港口服务功能的物流中心。在无水港内设置有海关、检验检疫等监督机构为客户通关提供服务。同时,货代、船代和船公司也在无水港内设立分支机构,以便收货、还箱、签发以当地为起运港或终点港的多式联运提单。内陆的进出口商则可以在当地完成订舱、报关、报检等手续,将货物交给货代或船公司。无水港直接与沿江港口相连,运用铁水联运的方式将货物运送到沿江港口,其中省掉了一系列复杂环节,节省了大量的时间成本和运输成本。无水港对于拓展沿江港口经济腹地、促进内陆经济发展、合理配置运输资源以及实现环境保护等方面具有积极作用。

武汉长江中游航运中心通过建设无水港,可以充分发挥铁水联运的优势,同时,公路运输量将显著减少,航运中心的集疏运系统将会得到一定程度的优化,物流成本也会大幅降低。无水港的建设对于缓解武汉城市的交通拥堵,减轻环境压力也会起到积极作用。

(3)发展铁水联运

铁水联运的实现是运输方式的优化,大部分的公路运输可以转换为铁路运输和水路运输。由于铁路运输和水路运输成本低于公路运输,因此这种运输方式可以显著降低运输成本,企业竞争力也会得以大幅提升,同时还有利于绿色交通的建设。对港口而言,采用铁水联运的运输方式会带来港口货运量及吞吐量的增加,港口的服务效率以及服务质量也会得以提升。宏观层面,铁水联运有利于产业升级和转移,制造业向内陆的延伸更容易实现,这对于优化资源配置、拉动区域经济增长意义重大。

目前,武汉相继与上海、成都、重庆、西安、乌鲁木齐、襄阳、麻城等地建立了铁水联运运输方式。同时,为加快武汉至西安客运专线、沿江新建铁路等重大项目建设,可将武汉目前 6 个方向辐射发展成为 12 个方向,使武汉真正成为亚欧陆上通道和长江经济带的重要支点,真正成为中国经济版图中中转效率最高的中心枢纽。

3)优化港口物流系统

(1)提升港口物流服务理念

港口物流服务水平的高低可以衡量港口的发展程度,随着港口不同代际的演进,港口物流服务水平也应随之提升。港口相关政府管理部门应提供相关政策法规支持,引进竞争机制,加速物流产业市场化,为港口物流企业创造公平、公正的市场环境。同时,港口相关职能部门应提升服务意识,积极建立先进的物流服务体系及评价体系。

(2)科学制定港口物流发展规划

科学制定港口物流发展规划是航运物流发展的关键所在。对应于现代综合交通的发展,港口物流更加重视多种运输方式的综合集成。港口物流业的发展要求相关职能部门科学制定港口物流发展规划,为港口物流的发展提供有利的市场环境及政策环境,建立港口物流发展的激励机制。同时,加强铁路、公路、水路和其他交通方式的一体化建设发展,建成合理高效的综合交通网络,拓展港口的综合服务功能。另外,要重点突出临港产业的发展,以建设临港工业基地为重点,吸引众多企业依水建厂,加快发展工业园区集聚的临港产业群。

(3)建立港口物流园区综合信息平台

港口物流园区综合信息平台主要包括以下平台系统:物流公共信息平台系统、口岸信息服务平台系统、生活服务信息平台系统等。建设综合信息平台,应将整个港口各物流节点进行连接,通过国家通信专线、因特网、港区局域网,同时与全球定位系统、导航系统、地理信息系统等共同构建。港口物流园区综合信息平台应能提供国际国内物流企业相关信息、港区相关信息、交通仓储以及气象信息等。同时,还能提供国际国内市场相关物流市场信息和物流相关政策法规,以及提供海关、商检、税收、交易、金融等商务服务和口岸服务。

（4）提升港口物流管理水平

提升港口物流管理水平,应以建设全程运输服务中心和商贸后勤基地为重点,利用港口集货、存货、配货、流通加工、多式联运的特长,以区域性经济为中心,形成一个开放互通的物流系统平台,发挥其对港口周边区域物流活动的辐射能力,为用户提供多功能、一体化的综合物流服务。同时,改变物流活动对环境的作用模式,抑制其对环境造成的危害,形成一种港口物流与环境共生型的物流管理系统。

（5）加强港口多式联运物流监管

做好长江中上游"小中转"业务,学习青岛、天津等地多式联运监管中心建设运营相关经验,积极研究、推动建设武汉长江中游航运中心集水运、空运、铁路、公路等交通方式为一体的多式联运物流监管中心,加强港口多式联运物流监管。

（6）建立港口物流行业标准

物流标准化是流通业现代化的必要条件。为了更好地融入全球经济,适应国际物流标准体系,港口物流应建立相关标准以规范物流基础设施、物流技术设备、物流相关服务,例如,货品包装加工的规格化、系统化,商品物流信息的条码化,装卸、运输、仓储作业的服务标准化,托盘、集装箱、卡车车厢尺寸的标准化等。

（7）优化港口物流园区发展环境

港口物流园区的建设与发展,需要创造一个良好的发展环境。园区内,可以将园区物流服务和口岸功能进行一体化集成,同时提高港口信息化水平,改善物流园区的投资环境和运营环境。港口管理部门应加大物流园区的对外宣传力度,建立保税区管委会、海关和港口等相关机构参与的协调合作机制,定期研究解决物流园区发展的关键问题,构建一个开放合理的物流园区,使其自主创新能力得到更大的发挥。

4）优化航运服务业体系

（1）发展航运金融保险高端服务业

随着现代航运业的发展,航运产业与金融行业的关联度有了大幅提高,航运产业的发展需要更多更合理的金融服务支持。有关金融机构正积极探索建立能够有效服务于航运产业的投融资体系、支付结算体系、保险服务体系等。对于有关具有政策支持性的银行及融资租赁机构,可以专门研发航运金融、船舶融资类金融产品服务,有针对性地为航运中心港航企业制定本外币项目融资、支付结算等解决方案,多方位地提高航运产业融资能力。探索航运金融的创新模式,研发船舶资产评估、船东征信评估、航运金融指数等专业产品,打造航运金融专业服务机构集聚区,提升对航运金融的全面支撑。同时,应积极创新航运保险业务,开发系列航运物流保险产品,扩大航运保险服务对象范围,提升航运保险服务水平,完善航运保险风险评估系统,提高航运保险的风险管理和理赔能力。航运金融保险等高端服务业的发展,具体可从以下几个方面优先着手:第一,加强航运金融产品的研发;第二,丰富航运保险业务产品;第三,实施自由贸易区政策;第四,鼓励航运金融方式创新;第五,积极争取相关政策支持;第六,推进航运金融保险系统信息平台建设。

(2)建设航运服务集聚区

航运服务集聚区的建设有利于航运资源的优化配置及航运产业集群的形成,这样有助于航运中心自生能力的提高。航运服务集聚区的建设应制定相应规划,划分功能区,实行差异化发展。在航运服务集聚区,依托大量集聚的航运产业,整合提升航运服务功能,形成航运产业集群的极化效应和扩散效应。积极吸引世界著名班轮公司、物流企业、船代货代企业、邮轮公司、金融机构、海事法律机构等进驻航运服务集聚区,推进航运资源要素市场建设发展,重点培育航运市场服务、航运物流服务、金融保险服务等三大服务功能,形成航运企业集聚、航运要素市场繁荣、配套服务完善、服务特色鲜明的多元化航运服务平台。

(3)建立现代航运交易中心

现代航运交易中心设立的目的在于为现代航运交易提供规范运作平台,它应具有的功能如下:政策研究、市场交易与监管、信息集散、行政服务、人才交流培养等。现代航运交易中心的主要业务应包括:航运交易的执行与监管、航运实务的咨询与代理、航运市场的规范与服务、航运信息的处理与发布、航运公约的宣贯与执行、航运政策的研究与建议等。

(4)制定合理制度与政策

在现代航运服务业的发展过程中,需要政府制定财政税收政策、航运产业扶持政策、金融保险支持政策、人才培养政策等方面的优惠政策以支持其发展。同时,应加强现代航运服务业的规划组织,形成航运服务业务的协调工作制度。重点如下:第一,建立符合国际惯例、公正透明的政策法规平台,制定并实施有利于航运服务业发展的地方配套性政策法规体系;第二,建立航运服务企业高效合理的协调机制,制定与国际接轨的市场运行规则;第三,进行航运服务业建设发展的相关课题研究,力求为政府管理部门、航运服务企业及其他相关企业提供决策咨询和信息服务;第四,加强与航运中心建设以及现代航运服务业发展相关的航运文化宣传,形成航运中心航运文化。

8.3.3 航运中心信息化战略

现今,世界范围内典型的国际航运中心发展模式有以伦敦国际航运中心为代表的,以航运业务交易为主的模式;以鹿特丹和纽约国际航运中心为代表的,以提供腹地货物集散服务为主的模式;以香港和新加坡国际航运中心为代表的,以货物中转为主的模式。

这些具有代表性的国际航运中心发展模式的选择依据是自身所处的地理位置、长期货物流通业务组织方式以及不同时间阶段制定的发展规划。虽然最后呈现出的模式类型特点各不相同,但其共同点是在模式的形成过程中,这些航运中心都注重信息化的建设,例如,港口业务信息化、贸易通关信息化、港口物流信息化、集疏运系统信息化等。因为航运中心演进的代际中高级别的航运中心就是智能化、数字化航运中心,只有借助信息化的实现,航运中心综合服务的效率才会得以提高,航运中心才能进一步实现代际的演进。

2015年3月5日十二届全国人大三次会议上,李克强总理在《政府工作报告》中首次提出"互联网+"行动计划。李克强总理在《政府工作报告》中提出,"制定'互联网+'行动计划,推动移动互联网、云计算、大数据、物联网等与现代制造业结合,促进电子商务、工业互联网和互联网金融健康发展,引导互联网企业拓展国际市场。"2015年7月4日经李克强总理签批,国务院印发《关于积极推进"互联网+"行动的指导意见》,这是推动互联网由消费领域向生产领域拓展,加速提升产业发展水平,增强各行业创新能力,构筑经济社会发展新优势和新动能的重要举措。值此机遇,武汉长江中游航运中心应充分利用信息通信技术以及互联网平台,让互联网与长江中游航运业进行深度融合,创造新的发展生态。

目前,武汉长江中游航运中心正进行信息化的初步建设。信息化基础设施设备还不完善;港口业务信息系统、港口物流信息系统、口岸服务信息系统等还不能有效融合统一,还存在信息孤岛的问题;现行的相关机制法制等还不能适应信息化发展的要求;航运信息安全的技术等级、航运信息的监管功能都还亟须发展;航运中心信息技术创新水平还需要完善提高。因此,武汉长江中游航运中心应凭借"互联网+"平台,重塑创新体系、激发创新活力、培育新兴业态和创新运作模式。

1)武汉长江中游航运中心信息化战略建设思路

(1)加快航运中心信息化基础设施建设

　　航运中心信息化基础设施建设是航运中心信息化的前提和基础。信息资源的开发应用共享、各种信息系统的建立、信息服务的开展都需要信息基础设施作为载体。加快航运中心信息化基础设施建设也有利于信息技术的应用推广,这对于航运中心信息化的发展将起到倍增器的作用。在武汉长江中游航运中心信息化基础设施建设过程中,应首先进行统筹规划,合理配置各方资源;其次,航运中心信息化基础建设应与国际接轨,统一标准,规范建设;最后,应制定相关鼓励政策,形成多元投资建设局面。

　　(2)推进航运中心信息化软件平台建设

　　①航运中心信息系统建设

　　武汉长江中游航运中心的信息系统建设主要包括港口业务信息系统、港口物流信息系统、港口集疏运信息系统、口岸服务信息系统等系统建设。信息系统建设前期应对航运中心主要港口的货物吞吐能力、运输组织方式、集疏运能力及其他方面进行充分调研,建立相应数据库,在此基础上充分整合航运中心的各种资源要素,建立航运中心信息共享平台,进而提升航运中心的自生能力。

　　②航运中心综合电子网络建设

　　航运中心形成之前各主要港口都有各自的一定程度的信息化建设,各自采用的建设标准不尽相同,信息化建设的内容可能会有部分重叠,且各港区之间的信息资源还未能实现互联互通,资源共享。因此有必要进行航运中心综合电子网络建设,建立网络互联和软件硬件支持环境,实现航运中心内部各港区的内部电子数据交换,同时满足航运中心与相关职能管理部门的信息互通共享,提高信息化基础设施的利用效率。

　　③航运中心通航监管建设

　　航运中心通航监管建设重点在于:第一,加大对先进通航监管技术及设施设备的应用,例如,AIS、VTS、CCTV等,加强对船舶通航秩序的实时监管;第二,完善航运中心的应急管理体系及应急处理机制。

　　④航运中心电子政务建设

　　航运中心电子政务建设作为航运中心行政管理部门运行的平台,是实现航运中心智能化、数字化不可或缺的基础设施。航运中心行政管理部门通过在管理和服务职能中运用现代信息技术,组建电子政务网络,实现航运中心行政组织结构和工作流程的重组优化,超越时间、空间和部门分隔的制约,建成一个精简、高效、廉洁、公平的政务运作模式。航运中心电子政务建设主要包括两个方面:一是行政管理部门内部利用先进的网络信息技术实现办公自动化、管理信息化、决策科学化,提高办事效率、促进政务公开,等等;二是航运中心电子政务系统与航运中心其他信息系统可利用网络信息平台充分进行信息共享与服务,加速航运中心数字化进程。

(3)完善航运中心信息化配套环境建设

航运中心信息化建设还需要相关配套环境的支持,应加快形成完善的信息管理体制和服务体系,确保航运中心的信息系统运行高效。同时,地方政府应加强配套政策支持与宣传,促进航运中心各项业务与信息服务业的深度融合。航运中心信息化建设还需要相关法律法规作保障,应加强地方立法,完善相关法规体系,确保航运中心信息化建设的安全进行。除了政策法规的支持保障以外,航运中心信息化建设还需要大量人力资源作为基础,因此应该积极培养引进航运专业以及信息专业的优秀专业人才,并给予一定的优惠政策支持。

2)武汉长江中游航运中心信息化战略建设重点

(1)建设武汉长江中游航运中心综合信息管理平台

由于航运中心形成之前各主要港口都有各自的一定程度的信息化建设,各自采用的建设标准不尽相同,且各港区之间的信息资源还未能实现互联互通,资源共享,因此,必须搭建武汉长江中游航运中心综合信息管理平台,实现航运中心港口企业、航运企业、物流企业、口岸服务、海关检验检疫监管部门及其他相关产业等信息共享和信息管理,促进长江中游流域航运产业发展。

武汉长江中游航运中心综合信息管理平台应在前期深入调研的基础上,通过合理规划,充分满足各方功能需求。主要功能如下:第一,建成港航业务信息化体系、航运物流信息化体系、集疏运信息化体系、航运服务业信息化体系等综合信息化体系,实现武汉长江中游航运中心各港区之间港口、航运、物流、口岸等业务信息互联互通;第二,提升电子口岸平台服务能力,推进电子通关政务实施,拓展航运物流服务信息化应用,提高交易效率。

(2)建设以武汉为中心的全国物流公共信息平台

随着信息技术和互联网技术的普及发展,我国物流业也在逐步实现从传统物流向现代物流的转型发展,但对于物流信息服务市场,还没有统一规范,相关信息数据资源不够真实,不够及时,导致企业物流成本较高,物流效率低下。为此,有必要构建一个整合物流信息资源的公共平台,提高全社会物流信息资源开发利用水平。通过物流公共信息平台,可以实现区域之间以及区域内物流信息共享,使全社会物流资源得到最优配置,同时,也可以实现行业之间、企业之间信息互联互通,提高全社会物流资源利用效率。

因此,考虑以武汉为中心,组织各区域相关部门共同制定物流信息公共平台建设规划,进行物流信息数据采集、平台功能设计与开发等,实现物流行业网络信息共享功能。武汉长江中游航运中心可借由该信息公共平台进一步推动航运中心信息化建设,促进航运物流的快速发展。

(3)建设综合运输系统信息平台

综合运输系统信息平台建设的重点是:第一,以信息技术和互联网技术为基础,建立各区域间、区域内多种交通方式的信息交互系统,实现交通智能化;第二,通过跨区域、跨部门、跨运输方式的信息共享,实现交通运输资源的优化配置,以及运输过程的统一化,各种运输方式的协调化;第三,综合运输系统信息平台建设标准应能够与国际运输系统信息平台兼容,以利于推进综合运输体系的国际化。武汉长江中游航运中心信息化系统通过综合运输系统信息平台可以协调组织运输资源,提高货物运输效率。

9 武汉长江中游航运中心自生能力提升政策与措施研究

自 2011 年以来,国务院《关于加快长江等内河水运发展的意见》、湖北省政府《关于加快推进湖北水运业跨越式发展的意见》、《湖北长江经济带"十二五"规划》等文件的相继出台,武汉长江中游航运中心建设成为湖北省"中部崛起"战略深入实施的"前沿阵地"。为促进武汉长江中游航运中心的建设,进一步促进中部崛起,武汉市政府应研究制定相关的政策和法规,推进武汉长江中游航运中心的建设和功能完善,逐步提升武汉长江中游航运中心的自生能力,进而为中部崛起添加新动力。

航运资源要素、航运产业集群是航运中心自生能力的根本。本章主要针对航运资源要素和航运产业集群的能力提升,结合绿色智能化航运中心的理念,来研究武汉长江中游航运中心自生能力的提升政策及相关措施建议。

9.1 资源要素提升政策与措施

航运中心自生能力的核心之一是航运资源要素的集聚能力,航运要素的数量也是航运中心自生能力提升的重要影响因素。武汉在建设长江中游航运中心上具有得天独厚的优势,但是其航运产业要素之间的集群效应不是很明显,未能充分发挥出航运产业集群的竞争优势。由于航运产业集群对航运中心建设的作用是不言而喻的,因此需要科学有效的政策来促进航运资源要素在武汉航运中心形成集群,从而提高武汉长江中游航运中心的自生能力。

下面主要从人才、资金、土地三个方面来具体探讨武汉长江中游航运中心航运资源要素的提升政策与措施。

9.1.1 人才培育政策

9.1.1.1 武汉长江中游航运中心人才现状分析

在武汉长江中游航运中心建设的过程中,人才培育对其自生能力提升具有重要意义。航运人才集聚水平关系到航运中心建设的速度和质量,还能使航运人才能力得以发挥,提高武汉长江中游航运中心的自生能力。

武汉是全国重要的科教中心,也是最具规模和影响力的航运科技研发机构、航运人才培训基地的集聚地。以武汉理工大学、海军工程大学为代表的高等院校,以中船重工719所、长江船舶设计研究院等为代表的船舶科研设计院所,以长航规划设计院为代表的水运规划单位,以武汉理工大学船员培训中心为代表的航运人才培训机构,为武汉长江中游航运中心的建设提供了全方位的科技与人才支持。截止到2012年,武汉市共有航运研发机构15家,共有航运类教育机构19家。

但是,按照武汉长江中游航运中心的建设要求,航运人才还存在以下问题:

1)人才分布不均匀。整个人力资源的构成呈"硬型结构",缺乏企业管理、航运管理、物流管理、国际货运、国际经济法等"软"专业人才,经济管理人才和法律人才所占比例太低。

2)人才的综合素质与建设现代国际航运中心的要求有很大的差距。具体表现在:(1)综合管理型人才少,在人力资源的构成中,缺乏系统掌握管理、经济、法律和金融等方面知识并能从事行业组织管理、企业管理及具体运输管理工作的综合性管理人才;(2)人才的知识更新速度缓慢,由于再培训和继续教育机会比较少,目前绝大多数人才忙于日常的业务工作,造成知识结构老化,无法及时跟踪和把握现代科学技术和管理理论的最新发展动态;(3)人才的基本素质和理念与现代国际航运中心发展的要求相比还存在一定差距,尤其是在创新意识、可持续发展、信息化等方面表现得更为突出。

3)虽然人才的年龄结构基本合理,但存在着高级人才年龄偏大的不足。

针对这些问题,武汉应出台相应的人才培育政策,集聚人才,提升武汉长江中游航运中心自生能力。

9.1.1.2 武汉长江中游航运中心人才培育政策与措施

1)专业教育政策与措施

在航运资源要素中,首先就是知识资源方面,武汉长江中游航运中心的建设除了要具备航海、轮机、电气、港口工程、机械等高级工程技术人才外,为适应时代发展的需要,还需要熟悉国际贸易和国际运输业务的复合型交通运输高级专业人才。目前,武汉各大高校和培训机构的航运人才的培养虽然满足各层次的需要,但这些机构多注重某一专业或者某一层次的重点培养,缺乏高层次、复合型人才培养的师资投入、专业建设。因此武汉市应采取措施积极鼓励培训机构向多元化的方向发展,努力培养复合型人才。

(1)积极发展航运高等教育,设立航运高端人才培养专项基金政府应支持水运建设的发展,加大对水运教育的资金投入。还要加大航运高端、紧缺人才的引进,制定人才引进的优惠政策和创新的奖励政策。建立由政府、航运企业、人才个体共同参与的成本分担机制,适当减免学费或提供在校学习生活费,吸引青年学生报考航运类专业,不断扩大未来人才的储备。

(2)有效整合航运院校资源,充分发挥武汉教育优势

武汉要善于利用良好的教育优势,大力培育航运人才。武汉长江中游航运中心建设,需要一批既熟悉国际贸易又懂国际航运业务,既熟悉船舶建造又懂金融贸易的复合型高级专业人才。需要各高校通过联合培养、师资交流、实验室共享等方式,调整专业结构,优化课程设置,课程内容趋向高度综合,并形成跨学科、跨船岸行业的多通道方式培养复合型航运高端人才的模式。

(3)鼓励开展企校联合办学,支持航运院校间合作交流

支持和鼓励高校和航运领域大型企业、融资银行、律师事务所等的联系与合作,提升学生实践能力,促进航运人才教育与企业用工的顺利对接。支持以武汉理工大学、海军工程大学为代表的高等院校加强与世界海事大学等国际知名院校和科研机构的国际交流与合作,采取合作办学、引进国际人才培养项目,提升航运人才的国际化素质。

(4)建立国家级船员评估中心、中部最大船员劳务外派基地

依托各航海院校和专业培训机构的教育资源,建立全方位、多层次航运人才培养体系,建成国内一流的水上训练基地、船员实操训练基地、国家考试基地,争取建立国家级船员评估中心;建立与国际海事组织(IMO)接轨的船员培养标准体系和职业能力评价制度,促进船员培训机构教育、管理水平的国际化。积极拓展中部地区船员培训生源基地和劳务外派国际市场,推进船员培训和船员租赁的国际化合作,使武汉航运人才培养在规模、层次和质量上处于国内领先、国际一流水平,逐步建成我国中部最大的船员劳务外派基地。

2)提升培训政策与措施

航运高端人才的培养有其特殊性,需要大量的投入,仅仅依靠高校自身的力量是远远不够的,政府也应在航运企业人才培养、科研、学员实践、招聘新人等方面给予支持。

(1)支持完善航运人才在职学习培训制度,建立岗位资格性培训、岗位适应性培训、继续教育和技术等级培训为主的航运教育培训格局。

(2)有重点地资助航运高端人才培训项目,委托航运院校承担定向专业

培训,有计划地派遣有关人才到国外研修和见习。实施航运高端人才工程,引导港航企事业单位发挥自身优势,充分利用专业团体、国(境)外友好航运跨国公司等资源,采取内部岗位培训、联合办班、赴国外基地锻炼、访问学者互派等模式,不断拓宽培训渠道,提高培训层次。

(3)增强职业教育培训投入,与世界知名海事培训机构或组织形成战略合作关系。围绕航运产业发展,建设一批航运领域公共实训基地,健全市场化、社会化的职业培训机制,充分发挥社会各类培训资源的作用。

3)人才引留政策与措施

武汉作为全国的科教重镇以及最具规模和影响力的航运科技研发机构、航运人才培训基地的集聚地,人才流失是一个重大问题。因此武汉不仅要做到培育良好的航运人才,更要留住这些航运人才。

(1)财政补贴和税收政策

设立用于培养航运人才的专项基金,以财政补贴的方式对在武汉接受教育或来自海外的高级人才给予资助,以奖励的方式对在航运业获得突出贡献的人员进行奖赏,为航运业的高级人才(高级技术人才、高级经营管理人才等)建立个人所得税退税制度,允许这类人才的个人所得税实行先征后退的方式,且由地方财政承担所得税退回部分。

(2)居留政策

在户籍和人才引进政策方面对高端航运业(航运金融、海事法律等)所需的高级人才及其家属、子女给予适当的照顾,并通过简化居住证申请与审批办理所需的程序,将居住证制度予以完善,丰富居住证功能,进而增加产业导向分值。大力引进武汉长江中游航运中心建设急需的关键行业人才,如现代航运业务中的职业化、市场化、专业化和国际化的经营管理人才以及以船长为主的高级船员;多渠道解决关键人才的配偶及子女的教育就业问题;制定对航运业外籍人才的资助和奖励办法;简化出入境手续;简化就业许可手续等。实现国内外航运人才的柔性流动,采用技术咨询、聘请顾问等柔性方式吸引航运业所需的高端人才。

(3)奖励政策

组织航运科技攻关,通过设立奖学金等方式培养航运高端人才,形成人才梯队;支持船员考试中心建设,在省级扶贫资金中安排补助专项,建立船员培训奖、贷学金机制,做大做强武汉船员外派劳务市场;大力引进高层次人才,对航运研发和产业相关领域引入的国内外行业领军人物和技术团队,加快落实人才引进政策,优先推荐领军人才进入国家"千人计划",对在航运研发及产业领域做出突出贡献的领军人物和优秀人才给予重奖。

9.1.2 资金扶持政策与措施

9.1.2.1 设立专项发展资金

研究设立武汉长江中游航运中心发展专项资金,重点支持重大产业和基础设施建设项目。对武汉长江中游航运中心相关的航运基础设施、配套设施、产业园区等重大建设项目,加大财政性资金投入。继续实行"以陆补水"政策,适当提高省、市交通建设资金用于航运建设专项资金的比例,并根据需要逐步扩大资金规模。设立专项资金扶持港口、航运业、港口物流业、航运相关服务企业,对其税费依法予以减免,对其办公用房予以补贴,并提供相应的资金资助。此外,要在武汉长江中游航运中心发展专项资金中设立武汉新港专项资金,加大和支持对武汉新港的建设投入。

设立专项发展资金还应注意以下两个方面的问题:

1)专款专用

由航运中心管理部门及省、市财政部门进行协商制定专项资金和年度资金的使用管理方案。由省、市财政部门负责专项资金的归集,并对专项资金的分配、使用过程进行监督。

2)按资金来源划分专项资金的使用范围

针对武汉长江中游航运中心的建设规划、项目招商引资、基础设施的建设、航运高级人才的培育和信息技术平台的搭建等专项项目的所需资金,由省、市财政在本级预算中安排专项资金予以资助。并借助其他形式的专项资金补贴,扩展航运业投融资平台,对武汉长江中游航运中心基础设施、临港产业园区、口岸监管、保税物流园区等重大项目建设予以资金补助。

9.1.2.2 建立投融资平台

加快武汉长江中游航运中心投融资平台的建设,制定政府引导资本、引进外来资本和激活社会资本等有关政策,扩充投融资渠道,服务于武汉长江中游航运中心建设。建立以多元化投资为基础的港航建设投融资模式和以政策性引导资金为导向的交通物流投融资模式,推进金融政策创新;大力培育武汉长江中游航运中心建设运营主体,支持条件成熟的重大项目采取 BT、BOT 等多种形式筹集建设资金;鼓励港航企业会同具有较大影响力的金融机构筹资建设具有高水平的航运保险、航运融资、航运金融等机构;鼓励航运、港口、造船及关联产业间相互投资、参股、合资经营,以资本为纽带联合开展港口基础设施建设以及航运业务经营,逐步发展为互补互利、合作双赢的现代化企业运营模式;鼓励证券公司积极探索柜台市场,为非上市的高新技术航运企业提供股权转让、价值发现平台;推进航运企业跨境人民币融资业务发展,支持企业拓展海外融资业务;鼓励有关金融机构按照现行管理制度依法合规参与设立股权投资基金、产业投资基金、并购基金等,投资船舶产业和航运业,满足航运企业的资金需求。

对在航运中心注册的企业,大力支持其在投融资平台、资产证券化、信托基金、金融租赁、船舶抵押等各方面的建设。同时为了构建稳定的投融资平台所需的资本金补充机制,应不断注入优良的资金,不断提升和改善投融资平台的融资能力。

9.1.3 土地优惠政策与措施

在符合武汉航运中心相关规划的前提下,优先保证武汉航运中心重点建设项目的建设用地,公益性配套项目用地、港航企业外迁改造等参照鄂政办发(2010)90号文件给予政策支持,港航企业的存量土地出让收益,扣留国家规定的各专项资金后,剩余金额用于武汉航运中心发展专项资金支出;积极探索以土地开发带动港口建设的发展模式,在符合土地利用总体规划、体现集约用地的前提下,将港口建设与周边土地开发结合起来,吸引社会投资,形成港口建设与区域经济互为支撑、协调发展的新格局。

1)保障武汉新港项目建设用地。优先保障符合武汉新港总体规划和专项规划项目的建设用地,省国土资源部门保证武汉新港重点建设项目的新增建设用地,并由武汉新港管理委员会统一管理有关的市政用地规划,而不占用其他市政用地指标。

2)保障航运中心配套的硬件设施建设用地。与航运中心配套的硬件设施如集疏运网络、枢纽港站等设施建设,要符合区域性规划,并在合理情况下给予一定的预留。

3)规范土地流转及供应。支持武汉长江中游航运中心的项目建设,对于办理土地征转用、土地利用规划衔接、土地规划调整和土地占补平衡等予以支持。政府有关部门通过及时供地和监督工作进程,加快征地、腾地、搬迁工作,补偿安置涉及存量的建设用地,做好土地腾退、土地供应。依据所需的投融资平台,武汉市、鄂州市、黄冈市、咸宁市参与本地航运中心建设项目范围内的土地储备,由各市与武汉新港管理委员会协商确定储备的土地数量和范围。

4)鼓励整合港航企业的资源,盘活存量资产。武汉市、鄂州市、黄冈市、咸宁市支持其在中心城区的港航企业、老港区的外迁改造。以财政扶持、国有资产注入、收购成本支出等方式,将存量土地出让价款的50%用于搬迁企业的补偿安置。

9.2　产业集群发展政策与措施

航运产业集群是航运中心自生能力的外在表现,培育航运中心产业集群是航运中心建设的一项重要任务。本节主要从以下几个方面研究航运中心产业集群的发展政策与措施。

9.2.1　航运金融保险发展政策与措施

作为航运中心建设的重要环节和航运中心软环境的重要组成之一,航运金融保险的建设是成熟的航运中心所应具备的,发达的航运金融服务业可以支撑航运中心的发展。全球知名的12个国际航运中心均具备发达的航运金融服务业。

航运金融作为金融市场的重要组成,它对航运中心资金供给、资金引导和信用催化等方面都有着深远的影响。航运业本身的特点决定了航运金融的出现,航运业作为资本密集型的产业,投资回收期长,投资额巨大,行业风险性高等特点使得航运企业的投资活动难以独自运作,因此航运金融发展与保障政策的必要性就凸显出来。

因此,作为航运中心建设的不可忽视环节之一,航运金融保险发展政策与措施应当考虑以下几个方面:

1)制定可行的优惠政策,将内资、外资的金融机构或其法人公司吸引到武汉落户,完善金融中介机构,逐步发展健全武汉市金融体系,鼓励金融机构将业务市场向外拓展,增强武汉金融行业的综合竞争力。

2)积极推动诚信体系的建设,规范金融市场秩序。努力培育金融诚信主体,积极建设信用担保体系、诚信体系,将诚信管理体制加以完善,在规范市场行为、防范金融风险等方面,发挥信用制度的积极作用,实现公平公正、诚实守信的市场竞争环境。

3)全面推动金融改革和加大金融创新力度。引入基金投资、投资创业、发行债券、集资合作以及资金信托等途径拓宽融资渠道,鼓励区域各金融机构在机制、技术、制度、服务等领域的创新,增强金融机构的竞争力。借助融资方式的创新,社会资金的融通,实现金融在城市建设和经济发展中的资金贡献。

4)加快转变政府职能,优化各金融机构的服务水平。通过落实金融配套设施建设,对中外金融机构设立和开办业务的手续进行简化,努力解决金融机构建设过程中遇到的各种问题。

9.2.1.1 促进航运金融业务创新

创新航运金融保险服务,实行服务创新试点,即产品创新和服务创新。

1)首先是创新金融产品,丰富航运金融的融资渠道,如发行短期融资券、质押贷款专利权或商标权等创新产品。在改善中国船舶交易指数编制的基础上,与相关金融机构进行合作,开发中国船舶交易指数的衍生产品,建立船舶评估、船舶交易、船舶拍卖、船舶融资、船舶资信评估机构等配套辅助服务。另外,设立船舶基金,结合绿色航运产业发展,股权投资或股权注入高技术船舶,实现船舶基金的有效管理。

2)金融机构创新金融服务,完善船舶融资管理模式。目前中资银行提供船舶融资以出口信贷为主,船舶租约首先要进行船舶贷款,金融机构的金融贷款工具未具体针对港航产业的特点而设计,船舶企业亟须解决船舶抵押和在建船舶质押中存在的贷款难问题。因此,需要创新金融机构服务,加强与国际知名的金融银行合作,逐步发展为船舶企业抵押贷款、按揭贷款、在建船舶抵押贷款等多种形式的贷款服务。同时,可以利用离岸金融平台的离岸、在岸一体化综合金融服务,满足航运企业资金周转、回避风险的要求。

9.2.1.2 积极发展本地航运保险

随着上海国际航运中心、天津北方国际航运中心以及重庆长江上游航运中心的建设发展,我国航运保险业迎来了新的发展机遇,但对于航运中心航运保险服务的建设也提出了更加严格的要求。

1)开放保险机构经营许可和外资航运金融。总的来说,由于我国保险公司在认知度和服务的国际化水平上还存在不足之处,造成了航运企业以保单担保的有效性认定产生了较大的困难。和国外企业相比,中资保险公司在国际服务网络、产品竞争力、产品种类等方面还存在一定的差距。然而国际大型保险公司在世界主要航运城市都有相应的分支机构,且跟当地的保险公司有合作,可以及时掌握最新资料和理赔情况。基于此,建议武汉长江中游航运中心可以对开放保险机构许可和外资航运金融试点,促进内河航运保险和金融机构之间的交流合作;也可以引进国外金融机构在国内进行融资,从而让国外资本实现本土化,避免融资和保险业务经常流失海外的状况。

2)支持发展专业性保险和再保险。国内中小船东甚至航运企业对于风险防范的意识不够,同时,由于中小船东的船舶船龄较老、管理较差、船籍得不到保障而经常被国内保险公司拒保,建议对国内船舶强制推行保险业务。从现在国内航运保险发展现状来看,应该大力发展航运的专业性保险及再保险,促进国内航运互保协会的相应功能得到充分发挥。为了提升国内保险业务的国际化水平,还应该采取"引进来"的策略促进国外互保协会开设分支机构。

3)增加航运的保险品种。航运保险尤其要重视航运责任险。就目前来说,航运保险产品的开发速度还不能满足航运业的发展,对于集装箱保险、物流综合责任险、多式联运责任险、各种危险品承运责任险、无船承运人险等险种保险公司不能及时推出。在今后的发展中,应该不断研发拥有国际竞争力的航运保险新险种,其中推动航运责任险的发展尤为重要,要明确航运责任险相应的法律效力。为了提高国际航运保险的多样化和国际化,还要根据国际航运的具体发展需求,积极创新复杂险种,例如大型运输项目的航运保险和运输责任险等。

4)加强航运保险人才的培养与引进。武汉长江中游航运中心航运保险服务体系的完善、服务能力的提升要求加强对国际知名航运保险中介机构及再保险人才的引进;鼓励保险机构引进各类高端、紧缺人才,加大人才培养力度,加强人才储备,提高国际化服务能力,促进武汉长江中游航运中心航运保险市场繁荣。

5)加强航运保险基础信息建设。按照十八届五中全会提出的"实施国家大数据战略"的要求,借鉴国际经验,充分运用现代化信息技术手段,研究建立综合海关、海事、交通、港口、银行、保险在内的综合数据大平台,加强信息共享,提高航运产业链的运行效率,促进监管机构全面掌握航运业信息,提升航运保险服务能力。

9.2.1.3 完善金融基础环境建设

金融基础环境的建设,可以帮助港航企业完善其信用体系。通过信用风险评价,降低企业贷款门槛,将信用催化机制应用到航运产业,推进信用体系发展,把隐藏的资源,利用信用体系使其形成资本。

首先,成立船舶交易和融资中心,实行船舶融资优惠政策;简化船舶抵押登记程序;适当放宽融资租赁等机构的投融资渠道;在船舶交易过程中使用组合政策优惠以利于低能耗船舶的购买。其次,在税收政策方面,一方面通过降低银行对船舶贷款、保险公司对航运保险的营业税,减少航运保险税负,加大保险公司用于防灾防损费用的税前扣除比例;另一方面,优惠融资租赁的税收,比如降低承租人的租金等。

9.2.2 港航企业扶持发展政策与措施

武汉长江中游航运中心的建设不仅需要企业自身努力,更需要得到政府的支持和帮助,加强对航运中心建设的领导,在规划上、政策上给予实质性的支持。同时要整合各种资源,优化结构,让中部长江航运更快缩小与上海、重庆发展上的差距,更好地满足经济发展的需求。对于港航企业的扶持发展政策与措施重点如下:

1)实施土地、资金、税收优惠措施,加大对港航企业的政策倾斜力度,培育和壮大港航、物流企业,支持企业做大做强。

2)建立联合服务体系。集中海关、检验检疫、边检、海事等部门人员到武汉航运中心联合办公,优化运营环境,降低运营成本。加快口岸配套设施建设,进一步创新工作方式,简化通关流程,提高通关效率,对在通关时间上有特殊要求的企业,特事特办。

3)重点制定对武汉航运中心入驻企业的扶持政策。对入驻武汉航运中心的港口、航运、物流、航运服务企业等,依法给予用地保障、税费减免、办公用房补贴、资金奖励等方面的扶持。

4)拓宽企业融资渠道。推进金融创新,通过开展资产证券化、金融租赁、资金拆借、信托基金以及船舶抵押等方面的研究和探索,进一步完善融资体系。大力培育武汉航运中心建设运营主体,支持参与跨区域、跨行业、跨所有制的资产重组。

5)完善法制环境。借鉴国内外航运中心建设经验,积极开展促进武汉长江中游航运中心发展的地方立法工作,营造有利于武汉长江中游航运中心建设和管理的法制环境。

6)制定相关政策,促进船舶标准化、大型化发展。出台"拆船基金",制定"以旧换新"等奖励政策,通过发放船舶更新补贴、提供造船融资担保等措施,支持港航企业淘汰老旧船舶、提高船舶运能、降低船舶能耗和排放;设立港航企业技改和创新基金,鼓励企业加快船舶技术改造,促进运输船舶标准化、大型化进程;研究制定发展江海直达、集装箱、液化危险品和汽车滚装等高端运力的税收支持政策,建设长江中游最具规模的现代化船队。

7)加大航运企业结构调整力度,引进、建造大批适航船舶。整合武汉航运中心的航运资源,发展航运企业核心竞争力,各航运单位需研发和建造标准化、系列化的运输船舶。金融单位对航运业要实行信贷倾斜,营造优良的航运企业发展环境,吸纳各国、各地船舶在汉入籍,使武汉成为中国的巴拿马。

此外,要特别解决好企业用地和配套生产所需资金的问题,进一步落实配套产业园区内企业土地使用费的优惠政策,着力解决中小企业融资难的问题,为企业疏通融资渠道。要加快社会信用体系建设,制定与社会信用体系相关的政策、法规,鼓励引导信用中介组织的发展,建立社会联合征集信用信息机制,为临港产业集群的发展奠定信用基础。

9.2.3 集装箱运输发展政策与措施

集装箱运输作为先进的运输组织方式,是港口现代化的重要标志,是衡量开放型经济发展水平的重要指标,对带动港口开放、优化产业布局、推动经济转型、促进经济发展具有重要作用。因此,制定相关税费减免、资金扶持等政策,促进武汉长江中游航运中心主要港口集装箱码头建设,提升航运中心港口集装箱运输规模和辐射力,为武汉长江中游航运中心自生能力发展提供基础和动力。

1)开展集装箱多式联运规划研究。武汉航运中心相关部门要及时组织开展集装箱多式联运的规划研究,充分发挥长江中游主要港口的综合交通优势,构建集装箱运输铁路-水运、公路-水运联运体系,吸引周边省份的集装箱来武汉航运中心中转。铁路、交通运输等部门也应将集装箱多式联运纳入相关专业规划。

2)鼓励集装箱码头资源整合。加快老集装箱码头改造和搬迁工作,对集装箱码头搬迁给予适当的资金补贴。加速以武汉新港为代表的区域内集装箱码头的跨区域整合,如集装箱码头的基础设施、信息化资源等有效整合,不断提升航运中心内主要港口集装箱运输竞争力。

3)加强集装箱码头建设和功能完善。鼓励国内外著名港口企业、航运企业、有实力的货主以及民间资本投资武汉长江中游航运中心内主要港口集装箱码头建设,扩大集装箱运输规模和辐射范围,确立主要港口在长江中游集装箱运输业务中的地位。

4)加强集装箱船型标准化研究及应用。港航部门可以安排专项资金,会同相关企业、科研设计部门,抓紧研究并大力推广适合江海联运、长江水运特点和岸线环境的集装箱船型,促进武汉长江中游航运中心航运事业的发展。

5)优化港口集疏运体系结构,逐步加大铁路、水路集疏运的作用,解决公路在港口集装箱运输中比例过高的问题。大力发展"水水中转",提高内河航道等级,改善通航条件,开发沿江中转。目前港口集疏运体系中铁路运输发挥的作用还比较小,应完善铁路网络,增加铁水联运集装箱班列的密度,着力提高口岸集装箱换装能力,适时进行大型集装箱装卸机械的采购和安装,实现集装箱铁-水联运、公-水联运、水水中转"一票到底、一次通关"的无缝衔接。

此外,还可制定促进集装箱市场培育和拓展箱源的优惠政策;采用降低集装箱中转运输车辆通行费、水路中转集装箱的中转装卸船包干费用、给予物流公司揽货奖励等措施,吸引箱源集聚,扩大、加快集装箱中转量;通过给予航运公司航次补贴、载运箱量奖励等优惠政策,巩固发展江海直达、江海联运集装箱班轮航线,形成集装箱进出口贸易大通道。

9.2.4 临港产业发展政策与措施

从全球看,临港产业的发展是促进地区产业结构调整和升级,实现规模效益的一个重要平台,许多国家的沿海地区都把临港工业的发展作为本地工业化发展的重点,取得显著效果。如鹿特丹港、新加坡港、日本太平洋带状工业地带等,都形成相当规模的临港大工业区。因此,出台相关政策促进临港产业的发展,对武汉长江中游航运中心建设和自生能力的提升作用十分明显。

1)加大招商引资力度

利用多种渠道,逐步形成"高端制造"的临港产业区形象;坚持"联合大集团、引进大项目、建设大基地"的招商引资思路,抓住符合国家发展规划的新兴产业重大项目,加强重点项目的储备力度和推进落地力度,保证项目开工一批、落地一批、储备一批开发态势的持续。不断提高产业区城市配套功能,通过相应商品房、公寓的提供和人才基金的设立等手段,吸引优秀企业、人才与优质项目到临港产业区落户。通过改善工业项目和配套服务项目土地开发的互补机制,并使之与产业区功能规划相结合,从而把产业配套服务项目地块开发收入作为弥补招商引资土地出让亏损的重要来源。

2)提高行政管理和服务效能

加强行政管理部门的能力建设,尤其是统筹协调、解决具体问题和资金资产管理能力的建设。一方面,健全航运中心企业的联系制度和服务体系,深入了解企业的发展和相应需求,加强对重大产业项目的政策与服务聚焦,打破常规,在现有基础上进行创新。加快行政审批速度,保证各种落地项目尽早开工、投产、盈利以及后续的正常运营。另一方面,通过管理机制的完善,加强对各类财政资金的全过程管理,完善临港专项资金的管理办法。

3)建立与周边区域联动发展的机制

(1)与长江中游主要港口联动发展。要进一步发挥和完善现有合作机制的影响,扩大配套设施的规模,提高产业配套质量。

(2)与临港的腹地联动发展。要充分依托港口腹地相关基础设施和重大项目的规划布局和建设,加强与腹地之间的基础设施、综合交通建设的衔接,充分发挥港口在城市功能设施方面的作用,完善产业区的生活配套体系。

(3)与保税区联动发展。要充分依托武汉新港保税港区的优势,在危险品、冷链、超重大件等特种物流和非保税物流等功能上充分发挥自身优势,实现和保税港区之间的功能联动和互补发展,最终形成港、区、城、镇联动发展、共同繁荣的良好局面。

4)加强政府宏观调控引导和市场配置资源的基础性作用

不仅要发挥政府在人才引进、财政税收、规划控制、基础性社会事业、公共设施建设等方面的主导作用,同时也要注重市场配置资源基础性作用的发挥。通过政策引导,让更多的社会资本进入,加快产业区整体配套体系建设和水平的提高。

5)加快港口物流业的发展

港口物流为临港产业提供专业、高效的物流服务,提升加工业水平,进而又促进港口经营效益的提高。港口物流要从港口辅助基础设施与服务、物流技术与信息两方面重点扶持发展。

(1)港口辅助基础设施与服务相关扶持政策主要包括以下六个方面内容:

①武汉航运中心有关部门应从实际出发,研究制定相关港口物流发展规划或专项规划,并与全市及周边地区规划进行衔接。

②城市规划、交通发展规划、土地利用总体规划和城市道路交通管理规划等规划的制定和编制,应充分考虑港口物流发展的需要,合理规划布局城市物流功能区、物流园区和配送中心以及相关道路等设施。

③解决行业分割等体制性问题,加强铁路、公路、水运、空运和管道等部门的协调,修订有关不合理的政策法规。

④尽快完善各大物流园区功能设施、仓储配送设施、配套的综合运输网络,搭建先进的综合运输网络平台。

⑤对于对城市交通及环境影响不大的物流配送项目,配发市域物流配送的"绿色通道证",提高配送速度。

⑥在港航基础设施及港口配套服务的建设中,特别要加快实现与保税区的功能对接,提升服务功能,提高快速通关能力。

(2)物流技术与信息相关扶持政策主要包括以下五个方面内容:

①通过多种形式,鼓励、引导物流企业积极利用 EDI、互联网等技术,通过

网络平台和信息技术将各物流节点连接起来,优化资源配置,实现资源共享、信息共用,对物流各环节进行实时跟踪、有效控制与全程管理。

②建设城市智能运输管理系统、全球定位系统和基础地理信息系统。

③加强对物流信息关键技术的研究和开发,促进物流技术的标准化和规范化。借鉴国际上比较成熟的物流技术和服务标准,组织有关学者主持或参与对物流服务技术标准的研究制定工作。

④强化政府对物流信息系统建设标准化的宏观管理协调职能。成立专职部门统一负责物流相关部门的信息系统建设协调、管理、技术标准制定及投资管理等工作,避免多头建设、标准混乱的现象。

⑤加快先进适用技术的推广应用。大力推广标准化、系列化、规范化的运输、仓储、装卸、搬运、包装机具设施及条形码等技术的应用。

9.2.5 保税港区发展政策与措施

从长江流域来看,作为下游国际航运中心的上海已设立了保税港区,长江上游航运中心的重庆也建立了保税港区,考虑长江上中下游的协调发展,武汉亟须建立保税港区。武汉长江中游航运中心应以武汉市阳逻集装箱保税港区的建设为核心,进一步加强配套设施的完善,用保税港区的平台优势,增强区域投资吸引力,推动产业集聚;利用保税物流、保税仓储的优惠政策叠加,吸引更多企业进驻,促进武汉长江中游航运中心自生能力的提升。

1)税收优惠政策

一是免征进口关税。针对区内的企业生产以及生产性基础设施建设所需的机器、设备及其维修用零配件,仓储设施、生产厂房建设所需的基建物资,行政管理机关使用的办公用品等境外入区货物免征进口关税和海关代征税。二是不予征税。流转于保税港区与海关特殊监管区域或者保税监管场所的货物,不征收进出口环节的相应税收。三是申请享受优惠税率。货物符合优惠贸易协定的即可申请享受相应优惠税率。在优惠贸易协定项下,符合海关总署相关原产地管理的规定,经保税港区运往区外的货物,可申请享受协定或特惠税率。四是免征出口关税。除法律、行政法规特殊的规定外,对保税港区运往海外的货物免征出口关税。五是入区退税。从区外进入保税港区的正常出口货物,供区内企业开展业务的国产货物及其包装物料,海关按照货物出口的相关规定,对区内企业和行政管理机构使用的机器、设备等实行入区退税。

2)加工贸易政策

一是针对区内加工贸易企业,海关不实行合同核销制度、银行保证金制度。二是针对区内加工贸易货物,海关不实行单耗标准管理。三是"以查代核"。自开展业务之日起,区内企业定期向海关报送货物的进出区和储存情况,不需要向海关申请办理核销手续,海关根据企业报送的情况以核查代替核销。四是允许"外发加工"。原材料、模具、半成品由区内企业运往区外进行加工,在外发加工之前,凭承揽加工合同或者协议以及企业营业执照复印件、签章,承揽企业生产能力状况等材料,向保税港区主管海关办理外发加工手续。五是针对企业的加工生产过程以及储存、运输等过程,区内企业将过程中产生的边角料、废品、包装物料,向海关提出运往区外的书面申请并经海关批准的,按出区时的实际状态征税后,方可运往区外。六是针对加工生产过程,区内企业须出区内销加工过程中产生的残次品、副产品,按内销时的实际状态由海关予以征税。

3)保税政策

一是海关对从境外进入保税港区的货物予以保税,对于保税港区与境外之间进出的货物,实行备案制管理。二是对保税港区内的货物,除存储期限超过2年的,应当向海关备案外,一般不设存储期限。三是对于在保税港区与其他特殊监管区域之间进出的货物,海关实行保税监管。

4)货物进出政策

(1)对进出保税港区与境外之间的货物,不实行进出口配额、许可证件管理,除法律、政策、法规等特殊规定外。海关在进区环节,已经对同一配额、许可证件项下的货物实行验核配额的,出境环节海关无须要求企业出具配额、许可证件原件。

(2)在保税港区内展览的货物,经保税港区主管海关批准,对其免于办理展览审批手续。若在区外的其他场所举办商品展示活动,还应参照暂时进境货物的相关管理规定办理有关手续。

(3)保税港区内可实现货物的自由流转。区内的双方企业在转让或转移货物时,应当将转让或转移货物的品名、数量等信息,向海关及时报送,以方便海关登记备案。

(4)对出口机电产品,保税港区可开展售后维修业务。保税港区内申请开展维修业务的企业一方面要具备企业法人资格,另一方面应在保税港区主管海关登记备案。

(5)企业自由选择申报地。保税港区主管海关办理进出保税港区与境外的货物的海关手续;对于不在保税港区海关辖区内的进出境口岸,在保税港区主管海关批准的条件下,相应海关手续在口岸海关办理。

(6)保税港区的企业实行集中申报机制,经海关核准,可集中办理申报手续。具体如下:实行该机制的企业,应归并1个自然月内的申报数据,填写进出口货物报关单,于次月底经海关核准办理集中申报手续。

(7)可依据进境维修货物相关规定,在区外对保税港区内的机器、设备、办公用品等海关监管货物进行监测、维修。

9.3 绿色智能化航运中心构建政策与措施

绿色智能化航运中心是指航运中心的建设和发展有利于环境友好、资源利用、节能减排,并且利用先进的计算机网络技术、信息技术,发展智能化综合信息服务体系的航运中心。建立以现代化信息高科技手段为媒介的航运中心智能信息服务平台,促进航运中心相关企业的沟通交流、信息共享、便捷交易等,有利于武汉长江中游航运中心自生能力的持续发展和提高。

9.3.1 绿色航运发展政策与措施

绿色发展是当今世界经济社会发展的重要主题,已经成为各国经济复苏转型、可持续发展以及有效解决环境问题的战略需要和有效途径。对于武汉长江中游航运中心,必须以超前的发展眼光,把长江航运建设与绿色发展统一起来,坚持长江航运的绿色发展、可持续发展。

9.3.1.1 绿色航运发展的相关法律法规

1)完善防治船舶污染法制体系,为绿色航运提供良好的法治环境

绿色航运发展的法律法规建设要求依法加强船舶污染防治工作,推进船舶防污染管理法制化、规范化、标准化,从而促进绿色航运长足发展。现阶段发展状况下,环保和效益还处于对立位置,要发展绿色航运必须有完善的法治环境。目前国际海事组织IMO已制订通过了20余个有关船舶防污染的国际公约及其议定书,我国已结合国情加入了部分公约。建议进一步加强国际公约的跟踪学习,积极做好国内化对策研究,提出借鉴公约好的环保理念和技术要求的具体措施,适时出台绿色航运政策。在国内立法方面,《防治船舶污染海洋环境管理条例》经过多年的努力已于2010年3月生效,为了保障条例的有效实施,应尽快制订发布相关配套文件,细化条例相关规定,使船舶污染防治法制体系更趋完善,为绿色航运发展提供良好的法治环境。

2)完善船舶防污染管理体系,促进绿色航运相关规定高效落实

海事部门应站在保障经济社会和航运科学发展的新高度,围绕"航行更安全,海洋更清洁"的海事管理目标,创新思路和举措,构建更加科学完善的船舶防污染管理体系,抓好船公司、船舶、船员管理主线,强化船旗国监督和港口国监督管理,完善船舶污染立体监视监测手段,规范船舶污染物接收处理,通过完善船舶污染物的源头消除、过程控制、规范处置等环节的管理,确保有效控制和消除船舶对环境的污染,保障绿色航运发展。

9.3.1.2　绿色航运企业发展的相关扶持政策与措施

1)对低污染运输方式和清洁燃料进行补贴

鼓励企业使用以甲醇、乙醇、液化石油气、压缩天然气等替代燃料及新型燃料为动力的运输工具,提高燃料燃烧效率,减少尾气排放,从而减少空气污染;鼓励企业采用水运、铁路运输等污染小的运输方式,降低这些低污染运输方式的价格,提高高污染运输方式的价格。

2)对绿色标准化较高的航运企业进行补贴

对环保表现突出的航运企业可实行低增值税率、对符合绿色包装或绿色服务要求的企业可返还部分所得税、对企业采用的先进环保设备实行加速折旧等。

3)通过政策倾斜鼓励新技术的研究和应用

从绿色航运看,航运企业的硬技术主要包括包装运输设备、装卸设备、仓储设备等;其软技术主要包括运输污染防治技术、运输系统管理技术、环境综合评价技术、信息技术、计算机网络技术、通信技术等。绿色航运的发展离不开强有力的技术支撑,必须加大对新技术研发的扶持力度,鼓励新技术尽快向生产能力转化。

4)为航运企业提供绿色技术支持

为了实现绿色航运的发展,应加快有关绿色技术的研发和推广。海事部门除了及时关注国际航运船舶绿色技术的动态外,还应重点了解国际海事组织关于提升绿色环保技术的要求,熟悉国际有关组织的技术审核标准。同时,海事部门还要与航运企业、科研机构、造船厂和设备制造商等企业机构加强沟通,建立协作互动机制,发挥航运职能和航运优势,为绿色环保发展提供信息和技术支持,实现航运绿色技术的研发推广,从技术层面减少船舶污染物排放,降低绿色环保成本,保障绿色航运的科学发展。

5)提高船舶污染事故应急处理能力

航运业存在难以规避的船舶污染风险,为了缓解污染风险所带来的危害,符合绿色航运的发展要求,需要更加完备的防备措施以应对船舶污染事故问题。除科学评估长江中游地区的船舶污染风险外,还应积极加快船舶污染应急能力的规划建设,合理规划船舶污染应急响应机制,配套部署应急反应设备设施,实现船舶污染应急防备体系的快速反应、科学决策和高效专业化,保障绿色航运的科学发展。

9.3.1.3　绿色航运的创新发展政策与措施

1)创新绿色发展内涵

绿色航运的发展,除考虑到生态与环保等方面的因素,还应考虑小生产投入取得大生产成果的原则。依据"大绿色"的理念,优化长江航运的运力结构,保证运输组织的科学管理、生态环保的良好发展。

2)创新绿色发展机制

绿色发展机制的创新需要相关人才的支撑。为了加快航运科研人才的培养,政府等有关部门应与著名的高等院校、科研机构签订合作协议,积极建设航运科技产业的研发中心,积极开展绿色发展机制相关课题攻关,通过研发将科技成果转化为生产力,如将绿色环保的材料应用到施工建设中,采用绿色的施工工艺,将生态护岸技术应用到长江中下游航道整治等。

3)创新绿色发展方式

内河航运应当注重绿色发展方式的创新,其中,政府调控与市场调节的作用应同时发挥,有机协调生态环境保护、资源开发利用、速度和效益、规模和质量、监督和管理等方面,实现长江航运绿色发展方式创新。

4)大力发展绿色航运技术

鼓励港航企业大力发展绿色航运技术研发,将政府、航运上下游企业、科研院所等部门机构组建成为战略联盟。在共性与关键技术领域,通过深入合作研究,开发拥有自主知识产权的产品、技术和品牌,不断优化标准水平,增强标准公信力,建立完善的标准执行机制,进而实现绿色航运技术的快速发展。

9.3.2　智能航运发展政策与措施

为了满足长江航运现代化的需求和沿江地区经济的快速发展,武汉长江中游航运应重点建设"数字化、信息化、智能化"的航运示范工程,为全面推动长江航运信息化和智能化奠定扎实的基础。

1)加强协调管理、统筹规划标准

建立统筹规划机构,统一协调管理长江航运信息化工作,对信息化建设管理、信息化安全等方面的规章制度进行完善,对信息化发展战略加以强化研究,对中长期信息化规划编制进行统筹管理。加快研究并制定武汉长江中游航运中心信息化的标准规范体系,避免低效建设,实现资源共享及合理使用,进而推动信息化建设的合理高效发展。

2)加强实施智能航运建设基础工作

为了实现"数字航道"、"智能航运"目标,武汉长江中游航运中心相关部门应合理编制航运中心信息化规划方案,科学制定建设规模、具体实施安排等。同时,为了推动数字化航道建设以及智能化航运建设,应积极进行"长江干线电子海图"的相关研究,该研究结果应符合 S57、S52 的国际标准。

3)建设"智能航运"示范工程

对信息网络及传输系统进行完善,高速化干线传输,打造船岸通信无盲区、无障碍接入节点,电子海图符合国际标准,航道测量、电子海图生成、发布及改正实现自动化。提供船舶导航、航道维护、安全监控等方面的共享信息;建立长江航运基础信息资源库群,其中主要包括长江航运基础设施数据库、船舶数据库、航运企业数据库、长江航运地理空间信息数据库等。同时,构建长江航运信息化社会服务系统,完善电子政务系统、航运物流系统等子系统,搭建航运企业的电子商务平台,进而将信息引导服务于航运市场。借助GPS、无线通信技术,建成航运干线航标遥测遥控、水位监控和航道测绘等信息采集系统,建设 VTS、CCTV、AIS 等安全监控体系,实现航运中心网络化,完善长江干线的安全管理、营造安全通航环境,并针对海事、海关、通信、航道建立相应的保障系统管理业务的应用系统。

4)实现现代航运技术创新,加快信息化和智能化建设

积极推广 AIS、GIS、VHF、VTS 等先进的信息技术在航道维护建设、水上治安管理、船舶水上安全、港口生产调度、航运物流等方面的应用,促进信息技术与航运重点业务的融合,创新现代航运技术,不断提高港航管理水平和服务水平,促进航运产业结构调整,转变经济增长方式。不断提高武汉长江中游航运中心航运通过能力,逐步实现长江全流域的智能化、信息化航运服务,为全面建设"黄金水道"提供重要保障,进而充分发挥"黄金水道"的战略性地位。

武汉长江中游航运中心智能化、信息化建设,应采取政府引导、企业为主、市场运作的模式,有效整合航运电子政务、港航企业及市场体系信息资源,提高信息服务水平;快速推进航运中心物流信息发布平台和电子数据交换(EDI)平台等项目建设;有效整合贸易、运输、保险、引航、海关、海事和企业等部门信息,实现报关、报检、订舱交易、物流信息等各种服务活动的网络化

和电子化；利用航运中心公共信息服务体系，连接海关口岸、检验检疫、海事等单位的"电子口岸"系统，完善公共物流信息平台的基础网络建设，将物联网、智能交通、云计算等现代化信息技术应用于航运中心的物流信息平台建设，无缝对接电子政务、电子商务与电子口岸信息系统，实现三位一体的功能；对平台运营商实行高新企业经营的优惠政策和配套政策，鼓励行业龙头企业参股投资信息平台建设，推动行业信息化应用水平整体提升，进而形成适应于长江全流域航运市场的现代化航运信息服务基地。

10　结论与展望

10.1　研究结论与观点

本课题研究工作的主要结论和观点有以下几个方面：

1）有关武汉长江中游航运中心与中部崛起关系的研究结论与观点

武汉长江中游航运中心是构建中部支点的重要抓手,武汉长江中游航运中心的建设必将带动长江经济带产业集聚,增强武汉的增长极效应。同时,航运中心的建设会增强地区间要素合理流动与资源优化配置能力,并可通过长江等水运通道构成的轴线传导至长江中游各城市群,从而撬动整个中部地区经济发展。中部经济发展为武汉长江中游航运中心建设提供多方面的支持和保障,起到了强有力的促进作用。

2）有关武汉长江中游航运中心自生能力界定的研究结论与观点

自生能力是自创生系统在自组织作用下不断突破,尽快实现从低层次自创生系统到更高层次自创生系统演进的能力。航运中心是指在一定的航运活动区域内,以港航业为重要载体来实现与港口和航运贸易活动相关的各种产业集聚的经济区域。"武汉长江中游航运中心自生能力"是指在一定外部环境下通过武汉航运中心内部机制,对某些航运要素集聚和航运资源优化配置,使武汉航运中心内各要素具备自主生长和自我造血的功能,并最终将外部输入和内部投入转化为持续且内生的发展驱动力,从而在长江中游地区内获得突出的区域影响力的能力。

3）有关武汉长江中游航运中心自生能力体系结构的研究结论与观点

武汉长江中游航运中心自生能力的核心是要素集聚和优化配置能力,外部资源供给是增强航运中心自生能力的重要因素。航运中心自生能力可划分为自我生存能力、自我生长能力、自我升级能力三个层次。武汉长江中游航运中心自生能力可分解为航运中心自然资源的潜在支持力、航运中心经济社会资源的潜在能力、航运中心产业发展能力、航运中心企业竞争力和地方政府的调控能力,各分力间存在相互作用。

4）有关航运中心自生能力涌现及机理的研究结论与观点

航运中心是一个复杂适应系统,自生能力可以在这一复杂适应系统涌现。要素集聚和优化配置的过程即主体相互作用进行集聚形成产业集群的过程,主体相互作用的实质就是使航运中心成为复杂适应系统的内部原因,航运中心主体的行为模式和相互作用机制是通过要素集聚形成产业集群,并最终涌现出自生能力的桥梁与途径。航运中心的自生能力不完全取决于要素资源禀赋的比较优势,通过交易效率的比较优势和规模经济也能获得自生能力。

5)有关武汉长江中游航运中心自生能力形成与演进机制的研究结论与观点

武汉长江中游航运中心相对长江中游其他主要港口综合区位、人力资源、航运科研教育、资本基础、航道等自然资源、码头等基础设施等方面都具有较明显优势,甚至有些方面具有绝对优势。这些优势让越来越多的航运产业要素集聚在武汉航运中心,但是其航运产业要素之间的集群效应不是很明显。武汉航运中心自生能力处于航运中心萌芽的自我生长阶段,正在引导武汉航运产业集群规模进一步壮大,为获得向第一代航运中心跃迁的自我升级能力奠定基础。武汉航运中心自生能力形成与演进机制主要包括航运产业集聚机制、协调发展机制、投融资机制和学习创新机制。通过完善和改进这些机制,将对武汉长江中游航运中心自生能力的快速形成和代际演进产生更大的促进作用。

6)有关武汉长江中游航运中心自生能力提升的研究结论与观点

航运中心内部存在不同的利益方,航运中心的服务由这些利益方共同作用完成。航运中心的利益方之间,从横向角度来看,相互之间的替代作用导致了横向主体之间的竞争;从纵向角度来看,利润的分配导致纵向产业链主体之间的竞争。通过对武汉长江中游航运中心港口群之间,港口群内部以及产业之间进行博弈分析,以完善航运中心的利益协调和整合功能,提升其自生能力。在研究如何提升武汉长江中游航运中心自生能力时,还可以借鉴哈耶克的自生自发秩序理论及其自由市场秩序思想,结合现阶段我国经济体制改革重点,使航运中心市场的自由发展与政府的适度调控有机结合。基于中部崛起的武汉长江中游航运中心自生能力提升战略主要包括航运中心资源要素优化战略、航运中心产业集群优化战略、航运中心信息化战略;自生能力提升政策措施重点在于资源要素提升、产业集群发展、绿色智能化航运中心构建等方面。

10.2　创新点

本课题主要有以下四个创新点：

1）武汉长江中游航运中心自生能力的形成与演进

本课题立足于武汉长江中游航运中心自生能力的现状与内河航运特色，在对自生能力和航运中心再理解的基础上提出了航运中心自生能力的概念，在研究自生能力形成与演进机理的基础上，就如何建立和完善自生能力形成机制进行理论思考，为内河航运中心的建设提供重要的理论支撑，并为制定与实施提升自生能力的相关政策提供参考。

2）武汉长江中游航运中心自生能力涌现

本课题从供需平衡出发分析航运要素在各港口间的流动和抉择行为，建立了要素集聚的动态空间模型，运用 Netlogo 模拟了航运中心自创生系统在自组织下的自生能力涌现过程，并从模拟中分析了航运中心自生能力涌现的影响因素。立足于武汉长江中游航运中心产业集群的要素集聚现状和空间集聚特点，建立指标体系综合衡量长江中游港口城市体系的位序-规模结构；同时对长江中游港口城市体系的分形特征与幂律分布进行分析，研究武汉长江中游航运中心自生能力的形成与演进。

3）武汉长江中游航运中心自生能力提升博弈模型构建

本课题分析了武汉长江中游航运中心自生能力发展过程中各利益方的冲突，构建了提升武汉长江中游航运中心自生能力的横向和纵向博弈模型，切实解决了港口间、港区间、产业间等各种利益关系的矛盾，完善了利益协调和整合功能。

4）武汉长江中游航运中心自生能力提升战略

本课题运用自生自发秩序理论分析了自生自发秩序在武汉长江中游航运中心自生能力形成中的限度，提出了市场秩序与政府计划衔接路径相关启示，并就如何提升武汉长江中游航运中心自生能力进行了战略与政策上的思考，着力改善自生能力形成的内外部环境，创造能充分发挥比较优势、促进要素合理流动、推动航运产业集聚的自生能力形成条件。

10.3　研究展望

对于武汉长江中游航运中心与自生能力这样的复杂系统，本课题作为一种探索性研究,对它们所涉及的问题不能一一加以探讨,但却为作者指明了今后的研究方向。

1)继续深化自生能力一般性理论的研究

本课题的自生能力是站在研究具有自生系统特征的事物的一般方法论的角度提出的,因此在理论思考、系统构建和应用上还有很长的路要走,对自生能力更深入的专项研究是今后努力的方向。

2)开展武汉长江中游航运中心要素配置机制研究

虽然武汉长江中游航运中心集聚的航运资源要素在长江中部地区总水平最高,但资源要素的配置结构才是对武汉长江中游航运中心可持续发展至关重要的。也就是说,武汉长江中游航运中心根本的生产要素和它们之间的互动关系所导致的结构优化的要素组合是实现自生能力的基础。这里还有很大的研究空间。

3)努力实现更贴近武汉长江中游航运中心现实情况的仿真模拟

本课题只在理论上对港口体系中航运中心自生能力涌现进行了一般性模拟,没有将长江中游地区港口间的实际航线网络和港口起始实际航运要素数据包含在模型中,专门针对武汉长江中游航运中心开展仿真模拟。因此,在对现实的仿真模拟中还有很多工作值得去做。

参 考 文 献

[1] 国务院.促进中部六省崛起2015年发展目标设定[Z].http://www.dahe.cn/xwzx/gn/t20090924_1660635.htm.

[2] 发展和改革委员会.促进中部地区崛起战略规划实施意见[Z].http://wenku.baidu.com/view/260c510af78a6529647d53fd.html.

[3] 晏涛.促进中部崛起研究[D].中国社会科学院研究生院,2014.

[4] 程璐,陈莹.武汉长江中游航运中心时代的呼唤[N].中国水运报,2011-11-18(14).

[5] 赵虎.武汉长江中游航运中心亟待破题[N].中国水运报,2011-10-9(4).

[6] 陈莹.武汉长江中游航运中心扬帆起航[N].中国水运报,2012-10-10(4).

[7] 鞠宝源.武汉长江航运中心建设对区域经济发展的贡献度研究[D].武汉:武汉理工大学,2012.

[8] 杨建勇.现代港口发展的理论与实践研究[D].上海:上海海事大学,2005.

[9] Lin J Y,Tan G. Policy Burdens,Accountability and Soft Budget Constraint[J]. American Economic Review:Papers and Proceedings,1999(89):36-55.

[10] 林毅夫,刘培林.自生能力和国企改革[J].经济研究,2001(9):60-70.

[11] 林毅夫.自生能力、经济转型与新古典经济学的反思[J].经济研究,2002(12):15-24.

[12] 王丽萍.知识经济时代无形资产管理方略[J].财会通讯(理财版),2006(9):74-75.

[13] Kornai,Janos. The Soft Budget Constraint. Kyklos . 1986,39 (1):3-30.

[14] 林毅夫.发展战略、自生能力和经济收敛[J].经济学(季刊),2002(1):269-300.

[15] 廖国民,王永钦.论比较优势与自生能力的关系[J].经济研究,2003(9):32-39+48-93.

[16] 刘明宇,赵守国.竞争性行业国有企业的盈利软约束与自生能力[J].中国软科学,2004(1):79-84.

[17] 傅立文,何卫江.市场竞争与国有商业银行的自生能力[J].金融研究,2005(2):106-114.

[18] 吴金明,张磐,赵曾琪.产业链、产业配套半径与企业自生能力[J].中国工业经济,2005(2):44-50.

[19] 赵建吉,王艳华,苗长虹.基于资源禀赋、技术学习的企业自生能力构建[J].商业研究,2008(11):67-69.

[20] 周丰滨,刘文革,梁琦.东北老工业基地产业自生竞争力研究[J].中国工业经济,2004(7):63-69.

[21] 张玮.基于产业价值链与垂直产业内分工的武汉生物制药产业自生能力研究[J].

现代商贸工业,2008(5):118-119.

[22]   唐魁玉. 自生能力:信息产业的市场化、集群化与创新化[J]. 哈尔滨工业大学学报(社会科学版),2005(3):62-66.

[23]   李飞跃,林毅夫.发展战略、自生能力与发展中国家经济制度扭曲[J].南开经济研究,2011(05):3-19.

[24]   李季先.政策扶持重在培育产业自生能力[N].证券时报,2006-11-23(A12).

[25]   岑杰,吴忠贵,韩郁.创业型经济与区域自生能力提升研究——基于区域要素整合的视角[J].湖北社会科学,2009(5):77-79.

[26]   成学真,陈小林.区域发展自生能力界定与评价指标体系构建[J].内蒙古社会科学(汉文版),2010(1):99-104.

[27]   李庆春.基于区域自生能力的中部崛起战略[J].特区经济,2007(2):176-177.

[28]   苗长虹.经济全球化、自生能力与中部地区崛起战略[J].黄河文明与可持续发展,2008,1(2):35-44.

[29]   苏基才.激发与再造农村自生能力是新农村建设的前提条件[J].南方农村,2007(6):24-28.

[30]   郭德君.基于自生能力的西部乡镇财政收支矛盾研究[J].西北农林科技大学学报(社会科学版),2011(6):35-39.

[31]   康晓玲,师耀武.发展战略、自生能力与西部城市新贫困[J].西北大学学报(哲学社会科学版),2004(6):49-53.

[32]   John Mingers. An introduction to autopoiesis—Implications and applications[J]. System practice, 1989,(2):2.

[33]   Humberto Maturana. Autopoiesis:A Theory of Living Organization [M]. New York:North Holland,1981.

[34]   李恒威.意向性的起源:同一性,自创生和意义[J].哲学研究,2007(10):70-78.

[35]   Varela F, Maturana H, Uribe R. Autopoiesis:the organization of living systems, its characterisation and a model[J]. Biosystems, 1974(5):187-196.

[36]   Thompson, E. Mind in Life:Biology, Phenomenology, and the Sciences of Mind [M]. London: The Belknap Press of Harvard University Press,2007.

[37]   Humberto Maturana, Francisco Varela. Autopoiesis and cognition:the realization of the living [M]. Holland:Reidel Publishing Company, 1980.

[38]   Niklas Luhmann. Modes of Communication and Society. Essays on Self-reference [M]. New York: Columbia University Press, 1990.

[39]   Niklas Luhmann. Social Systems [M]. Stanford: Stanford University Press, 1995.

[40]   杜健荣.自创生视域中的法律与社会——卢曼法律自创生理论研究[J].中山大学法律评,2011(3)2:109-141.

[41] Hall W P. Organisational autopoiesis and knowledge management[C]. ISD '03 Twelfth International Conference on Information Systems Development，Melbourne，Australia，25-27 August，2003.

[42] Hall W P. Biological nature of knowledge in the learning organization [J]. The Learning Organization 2005,12(2):169-188.

[43] Hall W P. Emergence and growth of knowledge and diversity in hierarchically complex living systems. [C]. Workshop Selection，Self-Organization and Diversity CSIRO Centre for Complex Systems Science and ARC Complex Open Systems Network，Katoomba，NSW，Australia,17-18 May，2006.

[44] Hall W P,Nousala S. Autopoiesis and Knowledge in Self-Sustaining Organizational Systems. [C]. 4TH International Multi-Conference on Society，Orlando，USA，June 29-July 2，2010.

[45] 董樑,于涵伟,何伟华.复杂自创生经济系统的涌现分析[C].第25届中国控制会议论文集,2006(8):7-11.

[46] Milan Zeleny. Autopoiesis and self-sustainability in economic systems [J]. Human Systems Management，1997，16(4)：251-261.

[47] 向吉英.近年来自组织理论的哲学问题综述[J],系统辩证学学报,1994(2):90-93.

[48] 杨斯博.基于自组织多 Agent 系统的智能控制与决策研究[D].天津:天津大学,2010.

[49] 何跃.自组织城市新论[D].太原:山西大学,2012.

[50] 仵凤清.基于自组织理论与生态学的创新集群形成及演化研究[D].秦皇岛:燕山大学,2012.

[51] 许国志.系统科学[M].上海:上海科技教育出版社,2000.

[52] Khan F. Representational approaches matter ⌊J⌋. Journal of Business Ethics，2007，73(1)：77-89.

[53] 张杰.基于自组织理论的区域系统演化发展研究[D].哈尔滨:哈尔滨工程大学,2007.

[54] 张彦,林德宏.系统自组织概论[M].南京:南京大学出版社,1990.

[55] 孙光圻.大连建设东北亚国际航运中心总体发展战略[M].大连:大连海事大学出版社,2005.

[56] 真虹,李钢,周德全,金嘉晨.上海国际航运中心的实践与探索[M].上海:上海财经大学出版社,2011.

[57] 周跃.建设厦门东南国际航运中心的可行性研究[J].中国港口,2012(1):17-19.

[58] 张颖华.港航产业成长与上海国际航运中心建设[D].上海:上海社会科学院,2010.

[59] 马硕.什么是国际航运中心?[J].水运管理,2010(7):1-5.

[60] 李旭旦. 人文地理学[M]. 北京:中国大百科全书出版社,1984.

[61] 秦耀辰. 区域系统模型原理与应用[M]. 北京:科学出版社,2004.

[62] 郑度,陈述彭. 地理学研究进展与前沿领域[J]. 地球科学进展,2001,16(5):599-606.

[63] 马硕. 软实力是建设上海国际航运中心的关键[J]. 水运管理,2007(5):1-4.

[64] 王欣. 信息产业发展机理及测度理论与方法研究[D]. 长春:吉林大学,2008.

[65] 董湧. 基于复杂性的产业集群研究[D]. 上海:上海交通大学,2008.

[66] 张凤杰. 生产性服务业集群中的创新扩散机理研究[D]. 上海:上海交通大学,2008.

[67] 宁钟. 企业集群理论的演进及其评述[J]. 武汉大学学报社会科学版,2002(6):687-696.

[68] 王立平,任志安. 空间计量经济学研究综述[J]. 湖南财经高等专科学校学报,2007(6):25-28.

[69] 李琼. 基于集群效应的中小企业竞争力研究[D]. 武汉:武汉理工大学,2008.

[70] 陈晶璞. 基于复杂适应系统理论的企业财务能力系统演进研究[D]. 秦皇岛:燕山大学,2010.

[71] 任锦鸾. 基于复杂性理论的创新系统理论及应用研究[D]. 天津:天津大学,2002.

[72] 陈禹. 复杂适应系统(CAS)理论及其应用——由来、内容与启示[J]. 系统辩证学学报,2001(4):35-39.

[73] Valerie Brett,Michael Roe. The potential or the clustering of the maritime transport sector in the Greater Dublin Region[J]. Maritime Policy & Management,2010,37(1):1-16.

[74] 王杰. 国际航运中心形成与发展的若干理论研究[D]. 大连:大连海事大学,2007.

[75] Brownrigg M. The United Kingdom's maritime cluster[C]// WIJNOLST N. Dynamic European Maritime Cluster. Holland:IOS Press,2006.

[76] Curtis S. The future of london's maritime services cluster:A call for action[J]. Economic Development,2004(4): 1-2.

[77] 毕浩然. 共享挪威海事业集群的经验[J]. 中国远洋航务,2007(10):58-59.

[78] Jessen J. Innovation capabilities and competitive advantage in Norwegian shipping[J]. Maritime Policy & Management, 2003(2): 93-106.

[79] Bech M S. The Danish maritime cluster[C]// WIJNOLST N. Dynamic European Maritime Cluster. Holland:IOS Press, 2006:93-103.

[80] Huisink G J. Shipping innovation[D]. Rotterdam:Erasmus University Rotterdam,2004.

[81] Doloreux D,Melan Y . On the dynamics of innovation in Quebec's coastal maritime industry[J]. Technovation,2008(28):231-243.

[82]   Mazzarol T. Industry Networks in the Australian Marine Complex: Strategic Networking within the Western Australian Maritime Engineering Sector [R]. Australia: University of Western Australia, 2004.

[83]   Sedler B. Polish maritime cluster[R]. Bremen: Maritime Industries Forum, 2005.

[84]   Meade R. Jewel in the crown? [J]. Dredging and Port Construction, 2006(4): 34-36.

[85]   Dolereux D, Shearmur R. Place, space and distance: Towards a geography of knowledge-intensive business services innovation[J]. Industry & Innovation, 2009(1): 79-102.

[86]   Mack K. When seafaring is(or was)a calling: Norwegian seafarers' career experiences[J]. Maritime Policy & Management, 2007, 34(4): 347-358.

[87]   Inoue Kinzo. Maritime Community and its Human Resource Mobility[J]. Journal of Navigation, 2011, 64(4): 633-643.

[88]   Karlsen A. The dynamics of regional specialization and cluster formation: Dividing trajectories of maritime industries in two Norwegian regions [J]. Entrepreneurship & Regional Development, 2005(17): 313-333.

[89]   Wijnolst N. To reinforce and promote the Dutch maritime cluster[J]. Schiff and Hafen, 2001(53): 51-52.

[90]   Michiel H, Nijdam Peter de Langen. Leader Firms in the Dutch Maritime Cluster[C]// Erasmus University: ERSA 2003. Rotterdam Congress, 2003.

[91]   Sommers P, Evans D J. Seattle's maritime cluster: characteristics, trends and policy Issues[R]. Seattle: Seattle Office of Economic Development, 2004.

[92]   Herstad S J. Asheim B T. Regional clusters under international duress: Between local learning and global corporations [C]// Proc of Innovations, Regions and Projects. Sweden: Nordregio, 2003: 3-5.

[93]   Brett V, Roe M. The impact of the Irish maritime cluster[R]. Ireland: National College of Ireland, 2006: 6-7.

[94]   张颖华, 孔訸炜, 邓彦龙. 港航产业成长与国际航运中心建设关联研究[J]. 华东经济管理, 2011(2): 53-56.

[95]   沈晓明. 加速上海国际航运中心建设提升上海海事产业和海洋经济发展水平[J]. 上海造船, 2010(1): 6-8.

[96]   刘维林, 张娜. 构建与国际航运中心相适应的天津现代服务产业体系[J]. 港口经济, 2008(12): 33-35.

[97]   杨绍波, 陈体标. 国际航运中心航运相关产业税制比较[J]. 中国港口, 2011(11): 48-50.

[98]   任声策, 宋炳良. 航运高端服务业的发展机理——服务业融合的视角[J]. 上海经

济研究,2009(6):112-117.

[99] 熊晓亮. 武汉航运产业群现状及航运中心建设[J]. 中国港口,2011(5):16-17.

[100] 陈继红,真虹. 上海国际航运服务业集群发展对策[J]. 港口经济,2009(9):27-30.

[101] 周翔. 发展现代航运服务体系,打造上海国际航运中心[J]. 世界海运,2010(3):26-29.

[102] 葛春凤,黄小彪. 国际航运中心的现代航运服务业发展经验及启示[J]. 港口经济,2010(6):14-16.

[103] 陈继祥,等. 产业集群与复杂性[M]. 上海:上海财经大学出版社,2005.

[104] Ahokangas Herd. Hot spots and blinds Pots:geographical clusters of firms and innovation [J]. The Academy of Management Review, 1999, 21（4）: 1192-1222.

[105] Brenner. Siegfried Greif Thomas. The Dependence of Innovativeness on the Local Firm Population-An Empirical Study of German[R]. Patents Economics & Evolution,Max Planck Institute,2003.

[106] 李刚. 论产业集群的形成与演化——基于自组织理论的观点[J]. 学术交流,2005(2):78-82.

[107] 郑文智,孙锐. 基于系统自组织演化的区域产业集群政策选择[J]. 华东经济管理,2006(12):38-41.

[108] 何铮,谭劲松. 复杂理论在集群领域的研究——基于东莞 PC 集群的初步探讨[J]. 管理世界,2005(12):108-115.

[109] Menzel, Dirk Fornahl Max-Peter. Cluster life cycles-dimensions[J]. Industrial and Corporate Change, 2009(19): 205-238.

[110] 陈雅辉. 复杂系统与产业集群演进[J]. 市场论坛,2006(10):29-31.

[111] 芦彩梅,梁嘉骅. 基于复杂系统视角的产业集群演化研究[J]. 山西大学学报(哲学社会科学版),2009(1):122-126.

[112] 王向誉,高光锐. 山东省船舶制造产业集群复杂网络分析[J]. 技术经济,2010(1):13-18.

[113] 张智勇,何景师,桂寿平,等. 物流产业集群服务创新研究——基于复杂系统涌现性机理[J]. 科技进步与对策,2009(3):75-77.

[114] Chiles. Managing the emergence of cluster:an increasing returns approach to strategic change[J]. Emergence, 2001(3): 58-59.

[115] 罗芳,王琦. 产业集群的涌现性与产业集群共性技术创新体系研究[J]. 现代情报,2006(11):178-180.

[116] 郭政,陈继祥. 产业集群涌现中的受限生成过程仿真[J]. 上海交通大学学报,2008(9):1579-1582.

[117] Niu Keui-Hsien. The Involvement of Firms in Industrial Clusters：A Conceptual Analysis[J]. International Journal of Management，2009(26)：445-455.

[118] Von Bertalanffy L. General System Theory：Foundations，Development，Applications [M]. New York：George Brazille Inc，1968.

[119] Simon H A. The Sciences of the Artificial [M]. Cambridge，MA：The MIT Press，1969.

[120] Holland John H. Emergence：From Chaos to Order[M]. New York：Addison Wesley，1998.

[121] 约翰 H 霍兰，自然与人工系统中的适应[M]. 张江，译. 北京：高等教育出版社，2008.

[122] 杨国亮. 论范围经济、集聚经济与规模经济的相容性[J]. 当代财经，2005(11)：10-14.

[123] Teece D. Economies of Scope and the Scope of the Enterprise[J]. Journal of Economic Behavior and Organization，1980(1)：223-247.

[124] 韦伯. 工业区位论[M]. 北京：商务印书馆，1997.

[125] 贾明江. 企业集群演化的行为特征研究[D]. 成都：西南交通大学，2006.

[126] 常婧. 复杂性视野中的社会政治文化系统转型[A]. 首届、第二届中国科技哲学及交叉学科研究生论坛获奖文集[C]，2009.

[127] 资雪琴，曹小玲. 高校学生工作系统的复杂性解读及其对策[J]. 思想教育研究，2010(3)：92-94.

[128] 吴孙华，罗映光. 基于系统结构与功能关系的企业组织研究[J]. 科技管理研究，2004(1)：72-73.

[129] 黄春萍. 基于 CAS 理论的企业系统演化机制研究[D]. 石家庄：河北工业大学，2007.

[130] 林菲. 趋向自然：唯信息论世界观下的生态工业系统演化[D]. 天津. 天津大学，2011.

[131] 滕燕. 我国城市公用事业市场化改革的经济法规制研究[D]. 重庆：西南政法大学，2012.

[132] 张君弟. 论复杂适应系统涌现的受限生成过程[J]. 系统辩证学学报，2005，13(2)：44-48.

[133] 季托. 国际石油价格波动行为机理及预测模型研究[D]. 大庆：东北石油大学，2011.

[134] 黄红兵. 基于涌现视角的多 Agent 系统分析研究[D]. 长沙：国防科学技术大学，2009.

[135] 唐启国. 交易效率及其提升的主要途径分析[J]. 改革与战略，2009(1)：8-11.

[136] 石正方. 城市功能转型的结构优化分析[D]. 天津：南开大学，2002.

[137] 闫卫阳,王发曾,秦耀辰.城市空间相互作用理论模型的演进与机理[J].地理科学进展,2009,28(4):511-518.

[138] 唐小波.西方空间相互作用模型评析[J].北京教育学院学报,1994(2):26-34.

[139] 张保林.基于CAS的产业集群形成[D].南昌:江西财经大学,2011.

[140] 王广平,白锦表.基于电子商务的市场交易效率改进问题的探讨[J].知识经济,2012(4):12-13.

[141] 李曼.港口码头建设项目可行性研究[D].天津:天津大学,2012.

[142] 王红双.武汉新港发展战略研究[D].武汉:武汉理工大学,2008.

[143] 庄峻,范远汇,吴蓉.第四代国际航运中心模式创新初探[J].港口经济,2010(5):16-17.

[144] 茅伯科.国际航运中心的代际划分[J].水运管理,2010(11):6-8.

[145] 张明龙,等.产业集群与区域发展研究[M].北京:中国经济出版社,2008.

[146] 武汉新港管理委员会.湖北武汉航运资源调查研究[R],2011,11.

[147] 长江中游城市群,http://baike.baidu.com/view/869332.htm♯3.

[148] 张嗣瀛.复杂系统、复杂网络自相似结构的涌现规律[J].复杂系统与复杂性科学,2006(3):41-51.

[149] 张济中.分形[M].北京:清华大学出版社,1995.

[150] 分形理论(fractaltheory),http://www.lailook.net/qdsw/06/2010-02-26/2577.html.

[151] 陈佳.语音信号情感识别[D].长沙:中南大学,2008.

[152] 陈运迪.分形理论:大自然的几何学[J].计算机教育,2004(7):39-40.

[153] 金凤清.哈耶克的自由市场秩序思想研究[D].大连:东北财经大学,2010.

[154] 陈曦.哈耶克经济理论述评[D].长春:吉林大学,2012.

[155] 王寅娜.武汉长江中游航运中心建设大提速[N].中国水运报,2012.

[156] 唐冠军.加快建设武汉长江中游航运中心,着力构建中部崛起重要战略支撑[J].中国水运,2011(12):6-9.

[157] 史恩义.自生自发秩序、外部秩序与金融发展——基于政府行为影响的金融动态演变机制分析[J].西北农林科技大学学报(社会科学版),2011,11(6):52-57.

[158] 李克强.用勇气和智慧打造中国经济的升级版[Z].人民网:http://politics.people.com.cn/BIG5/n/2013/0329/c1001-20970510.html.

[159] 唐任伍.李克强经济理念和改革思想述要[J].改革,2013(1):5-13.

[160] 蒋巍巍.上海服务业发展报告[Z].http://blog.sina.com.cn/s/blog_6074b9c90100odfp.html.

[161] 冯社苗.我国港口发展政府筹资政策研究[D].武汉:武汉理工大学,2006.

[162] 宋莉.我国船舶发展政府投融资政策研究[D].武汉:武汉理工大学,2006.

[163] 陈柳钦.论港口物流园区的合理建设[J].港口科技,2009(6):1-6.

[164] 甘旭峰,黄青青.宁波临港服务业发展分析及对策[J].港口经济,2011(3):24-26.

[165] 汪传旭,董岗.航运中心与城市协调发展的国际经验与上海策略[J].科学发展,2012(2):47-54.

[166] 马怡济.大连东北亚国际航运中心软实力提升策略研究[D].大连:大连海事大学,2011.

[167] 甘爱平.发展航运金融与国际航运中心金融生态软环境的优化[J].经济研究导刊,2010(32):119-121.

[168] 陈静.上海国际航运中心信息化建设思考[J].上海信息化,2009(12):90-93.

[169] 苏奇.上海国际航运中心竞争力研究[D].上海:上海交通大学,2007.

[170] 李亚萍,杨宏.谈新时期我国航运人才的培养[J].航海教育研究,2004(1):19-21.

[171] 吴晓卉.上海国际航运中心的软环境建设和政府的作用[D].上海:上海海事大学,2004.

[172] 刘丽华.大连东北亚国际航运中心之人力资源问题研究[D].大连:大连海事大学,2004.

[173] 真虹.上海国际航运高端人才发展策略[J].人才开发,2011(5):12-14.

[174] 湖北省人民政府办公厅印发关于加快武汉新港发展若干扶持政策的通知[Z].湖北省人民政府公报,2010.

[175] 李勤昌.大连国际航运中心政策法律环境的建设[J].大连海事大学学报(社会科学版),2007,6(2):16-20.

[176] 黄发义,王明志.上海航运金融现状及问题探析[J].港口经济,2008(6):18-20.

[177] 王婧,刘一展.航运金融促进产业发展的机制及对策[J].中国经贸导刊,2012(6):57-60.

[178] 陈继红.我国航运金融服务业务模式及创新发展对策[J].武汉理工大学学报(社会科学版),2013,26(2):191-195.

[179] 周鑫,季建华.港口竞争合作策略的演化博弈分析[J].中国航海,2008,31(2):185-185.

[180] 上海临港产业区十二五规划.百度文库,http://wenku.baidu.com/view/2be9602d0066f5335a812136.html.

[181] 吕安勤.发挥海事职能 保障绿色航运发展[J].世界海运,2010(2):25-28.

[182] 唐冠军.坚持绿色发展 加快实现长江航运现代化[J].学习月刊,2012(10):40-41.

[183] 李杰.基于物联网的智能快速发展及政策建议[D].北京:北京邮电大学,2011.

[184] 与时俱进 建设水路智能运输管理体系.http://www.njslys.com/readcontent.asp?id=293&tblname=study.